PITY THE BILLIONAIRE:

The Hard-time Swindle And

The Unlikely Comeback Of The Right

실패한 **우파**가 어떻게 **승자**가 되었나

Thomas Frank

실패한 우파가 어떻게 승자가 되었나

토마스 프랭크 지음
함규진 · 임도영 옮김

Thomas Frank

갈라파고스

차례

서문: 조짐, 그리고 놀라움

이 책은 혼돈의 시기를 다룬 연대기다. 이 시기 동안 미국인들은 있지도 않은 위협에 맞서 싸웠고, 자신들이 그저 얄팍하게만 이해했던 경제학 이론들에 너나없이 몰려들었다. 이것은 급진주의자들이 국민의 삶에 그 어떤 영향도 미칠 수 없게 된 지 오래되었음에도 불구하고, 이들이 정권을 장악할지도 모른다는 두려움이 마치 전염병처럼 퍼져버린 나라에 대한 이야기다. 텔레비전 엔터테이너들이 만들어낸 이데올로기의 악몽은 이 나라에서 신문 기사 따위와는 비교도 안 될 만큼 선명하고 또 강렬했다.

다른 관점에서, 이것은 기적과도 같은 시기에 대한 연대기다. 이 시기는 또 다른 '신앙부흥운동'의 시기였으며, 자유시장이라는 옛 종교의 복음을 전파한다는 점에서 새로운 십자군전쟁의 부활이라고도 볼 수 있었다.[1] 이 이야기는 풀뿌리 민중의 반란과 우울한 패배의 수렁에서도 믿기 힘든 속도로 회복되는 보수주의 운동에 대한 것이다. 따라서 예상한 것처럼 '포퓰리스트'(여기에 쓰인 포퓰리스트의 의미는 한국에서 흔히 오남용되는 부정적 의미의 '대중영합주의자'를 의미하는 것이 아닌, 대표적으로 1981년 미국에서 결성된 인민당People's Party 그리고 그들이 있기 이전부터 꾸준히 활동을 전개해왔던 다양한 노선을 가진 좌우 인민주의자들을 두루 지칭하는 말이다—옮긴이)와 '저항' 이라는 단어가 사용된다. 전면에 나오는 구호는 워싱턴의 거물이자 주된 저항 그룹을 이끈 딕 아메이Dick Armey가 사용한 이른바 '진정한 아래로부터의 혁명' 이다.[2]

우리는 이 모든 것이 실로 기적적이고 놀라운 것이었음을 실토할 필요가 있다. 가장 노골적으로 드러나는 사실들을 고려해보자. 이것은 지난 반세기 동안 일어난 네 번의 성공적인 보수주의 반동들 중 하나였다(1. 베트남 전쟁 시기에 대한 반동, 리처드 닉슨의 당선에서 그 최고점에 달함. 2. 재산세 인하운동과 70대들의 문화전쟁, 1980년대 레이건 혁명과 함께 절정을 이룸. 3. "미국 국민과의 약속" 그리고 1994년 깅리치Gingrich 혁명). 각각의 반동은 앞서 있었던 포퓰리스트들의 거센 외침보다 더욱 강력했고, 점점 더 우편향이었으며, 시대에 한 획을 긋는 더욱 엄청난 움직임들을 만들어냈다. 나는 이를 '거대한 반동' 이라 부르는데, 다른 이들은 '레이건의 시대' (역사학자 션 윌렌츠Sean Wilentz), '탐욕의 시대(저널리스트 제프 매드릭Jeff Madrick)', '보수주의의 지배(저널리스트 갓프리 호지슨Godfrey Hodgson)', 혹은 '워싱턴 컨센서스(여러 경제학자들)' 등으로 부른다.

이렇게 한번 생각해보자. 공급자 중심의 혁명이 워싱턴을 평정하고 자유방임주의가 이 나라 지배계급의 도그마가 돼버린 지 이제 30년이 넘는 세월이 흘렀다. 공화당뿐만 아니라 민주당의 상당수조차 이런 가치를 공유하고 있다. 우리는 수십 년 동안 규제 완화, 노동조합 폐쇄, 민영화, 자유무역협정 속에서 살아왔다. 신자유주의적 이상은 국민들의 삶 구석구석까지 녹아들었다. 요즘 대학들은 스스로를 시장에 내맡기려 하며, 이러한 움직임은 병원, 전기 공급 회사, 박물관을 비롯하여 우체국, 미국 중앙정보부, 미 육군 역시 마찬가지다.

그리고 이 모든 것들이 지난 수십 년에 걸쳐 일어났고 또 일어나는 지금, 우리는 자유시장의 제단 앞에 무릎을 꿇으라는 '민중의 소리'에 귀가 아플 지경이다. 더군다나 이 현상은 바로 저 엄청난 세상의 진리가 전 세계를 가장 거대한 경제 재앙의 구렁텅이에 빠트린 지 얼마 되지도 않아 나타났다. 분명 '놀라운 일'이었다. '일어날 리 없는 일'이기도 했다. 아니 '터무니없는 일'이 더 정확할 것이다.

2008년 미국의 금융 시스템은 완전히 무너져버렸다. 신뢰할 만한 거의 모든 관찰자들이 동의한 것처럼, 이것은 주로 은행 감독을 줄이고 재정 실험을 부추기는 지난 수십 년 동안의 노력이 가져다준 결과였다. 은행들은 휘청거렸고 이에 미국을 비롯한 전 세계는 순식간에 1930년대 이후 최악의 불경기에 빠져들었다. 이것은 평범한 경기순환상의 불황이 아니었다. 수백만의 미국인들과 대다수의 은행들은 불과 몇 주 만에 파산상태에 이르렀고, 월 가가 불을 지핀 장작더미 위에서 16조 달러의 가계자산이 눈 깜짝할 사이에 잿더미로 변해버렸다. 하지만 지금 내가 적고 있는 것처럼, 이러한 상황들에 대한 정치권의 반응은 규제 완화, 단체교섭권을 보장하려는 정부 관리들의 옷 벗기기, 연방지출을 단속하자는 등의 캠페인을 벌이는 것뿐이었다.

여기에 의문을 가져보자. 지난 몇 년 동안 벌어진 보수주의의 재빠른 복귀는 미국 사회운동의 역사상 실로 독특한 것임을 인정하자. 어려운 시기에 대한 대응책으로 자유시장 이론을 지향하는 움직임은 정말로 폭넓게 지지를 얻고 있다. 나는 지금의 경기 불황 이전까지, 불경기의 희생양이 된 대다수가 신고전주의적 경제학에 박수를 치거나 혹은 프랭클린 루스벨트의 업적에 대해 마음에서 우러난 적대감을 드러내는 모습은 본 적이 없다. 확실히 그랬다. 과거 은행가들에게 속았던 사람들 대부분은 그자들을 정부기관의 '불필요한 절차'나 법에 의한 철저한 조사에서 벗어나게 해주어야 한다는 대안은 결단코 선택하지 않았다. 적어도 2009년 이전까지, 빈곤층 사람들이 요트 위에서 빈둥거리는 자들을 위해 울어주는 일 따위는 없었다.

첫 합의에 따르면

이러한 경향은 2008년 당시의 주도적 여론에 비춰보면 더욱 놀라운 일이 아닐 수 없다. 조지 W. 부시 정부가 결국 월 가의 대참사라는 재앙을 가져다준 뒤였고, 벨트웨이(미국 워싱턴 D.C. 외곽을 순환하는 495번 고속도로를 가리킨다. 수도를 허리띠처럼 둘러싸고 있기 때문에 '벨트웨이Beltway'라고 불리며, 미국인들에게 일종의 심리적 경계선으로 작용한다. 많은 미국인들은 워싱턴의 정치인, 로비스트, 변호사들이 벨트웨이 안쪽에만 신경을 쓰고 벨트웨이 바깥에 대해서는 눈길 한번 주지 않는다고 생각한다. '벨트웨이 베이비'라는 말은 이처럼 벨트웨이 안쪽만을 바라보는 이들을 조롱하는 말로 쓰이며, 이를 의식한 미국 정치인들에게 자신이 '벨트웨이 베이비'가 아님을 보여주는 것은 매우 중요한 일 중 하나다—옮긴이) 안쪽을 대표하는 인사들은 이제 온 나라가 새로운 방향으로 내달리는 중이라 여겼다. 그들은 예전에 이러한 광경을 본 적이 있었고, 따라서 앞으로 어떻게 흘러갈지도 알고 있었다. 판은 바뀌고 있었다. 수십 년 동안 계속된 보수주의의 지배는 안녕을 고했고, 자유주의의 시대가 눈앞에 있었다. 이것은 버락 오바마의 연설을 듣기 위해 그의 선거 유세장에 몰려들었던 어마어마한 인파처럼, 분명 별다른 어려움 없이 이룰 수 있는 역사의 요구였다. 이러한 흐름을 거스르기란 땡전 한 푼 들어 있지 않은 계좌에서 수표를 발행하는 것보다 더 어려운 일이었다.

그리하여 베테랑 저널리스트 시드니 블루멘털Sidney Blumenthal이 쓴 『공화당 미국의 낯선 죽음The Strange Death of Republican America』은 심지어 월 가 붕괴 전인 2008년 4월에 발간되었고, 그는 이 책에서 '근본 보수주의자' 조지 W. 부시가 공화당을 '원내 소수 정당'으로 떨어뜨려버렸다고 이야기했다.[3] 11월 '레이건의 시대'를 말한 역사학자 션 윌렌츠는 《유에스뉴스앤월드리포트》에 이 시대가 '무너졌음'을 알려왔다. 보수주의 지식인 프랜시스 후쿠야마 역시 이보다 몇 달 앞서 《뉴스위크》에 거의 같은 내용을 이야기했다. 《폴리티코》의 기록자들은 특히 자랑스러운 레이건 시대의 상징과도 같은 말이자 이제는 (그간 규제로부터 더욱 자유로웠던) 월 가의 붕괴로 치명상을 입은 '규제 철폐'라는 말이 더는 사용되지 않을 거라고 언급했다.[4]

이 모든 것들 뒤에 자리 잡은 생각은 분명한 인과관계에서 나온 것이다. 2008년의 금융위기는 보수주의 운동의 상징인 자유시장이라는 이상에 대한 강력한 불신을 불러일으켰고, 공화당 내부의 정치 스캔들과 무능력은 이들의 우스꽝스러운 도덕적 가식을 드러나게 만들었다. 더불어 보수주의가 선호하는 공격적 수사는 초당적 그리고 탈인종적 정치를 지지하는 신세대 유권자들에게 대단히 불쾌한 구호였다. 게다가 2008년 당시에는 현재의 상황이 과거와 유사하다는, 다음과 같이 명백한 인식을 나라 곳곳에서 찾아볼 수 있었다. 그것은 바로 "지금 미국에서는 과거 1929년부터 1931년까지 있었던 금융 재앙이 묘하게 반복되는 중이다. 따라서 이제 전문가들은 1932년에 그랬던 것처럼 왼쪽으로의 자동 방향 전환이 머지않았다고 속삭이고 있으며, 과거 프랭클린 루스벨트의 역할은 새로이 선출된 버락 오바마가 맡을 것이다"라는 인식이었다.

공화당에 있어 이 같은 전문가들의 시나리오는 그 자체적으로 적당히 느슨해지거나, 혹은 오랜 기간 동안 이런 일이 아예 벌어지지도 않았음을 보여주어야 하는 문제로 다가왔다. 덧붙여 이 시나리오가 다음 단계로 나아가는 데 실패함으로써, 현명한 사람들이 놀라움에 혀를 내두를 준비를 하게 해야 하는 것이었다. 2009년 초 라디오 쇼 진행자 러시 림보Rush Limbaugh가 자신은 새 대통령 오바마가 "실패하길" 바란다고 크게 떠들었을 때, 부시의 연설문 작성자였던 데이비드 프럼David Frum은 《뉴스위크》에 기고한 표지기사를 통해 그를 맹렬히 비난했다. 이 말이 불러일으킨 파장에 비하면 실로 림보의 표현 자체는 고풍스럽기까지 한, 아니 심지어 예의 바른 표현이었다. 하지만 그 와중에 프럼이 이 말을 "공화당을 약화시키는 크립토나이트Kryptonite(슈퍼맨 시리즈에 등장하는 가상의 물질. 슈퍼맨의 유일한 약점이다—옮긴이)"로 묘사한 것은 무척이나 놀라운 일이다. 독기 가득한 림보의 표현은 아마 공화당 강경파들의 가려운 곳을 긁어주었을 것이고 프럼 역시 이에 대해서는 이견이 없었다. 그 대신 공화당은 "공화당이 너무 극단적으로 변해버렸다"는 사실을 파악하기 시작한 "교육을 잘 받았으며 유복한" 사람들의 지지를 잃어버리는 대가를 치러야 했다. 프럼은 이 사실 또한 잘 알았다.

공화당의 이해하기 어려운 자멸적 행동은 전문가들에게 아주 즐거운 이야깃거리였다. 전 부통령 딕 체니가 자신은 림보의 노선을 지지한다고 이야기하자, 《뉴욕타임스》의 칼럼니스트 찰스 블로우Charles Blow는 체니가 "정치적 자폭을 시도했다. 만약 공화당이 이로 인해 부수적 피해를 입는다면, 그들은 이를 군말 없이 받아들여야 할 것"이라며 폭소했다. 또 어떤 보수주의자들이 공화당 정치인들 중 이단자를 가려내고 처단해야 한다고 제안하자, 《워싱턴포스트》의 논객 캐슬린 파커Kathleen Parker는 이를 "동반자살 합의"라 불렀다. 존경받는 정치 평론가 스튜 로젠버그Stu

Rothenberg는 2009년 4월 다음과 같이 결론을 내렸다. "공화당이 2010년 있을 양원 중간선거에서 승리할 확률은 제로다. '제로에 가까운' 것이 아니다. 제로에서 '눈곱만큼이라도 벗어나는' 일은 없을 것이다. 틀림없이 제로다."[5]

쓰레기통으로? 천만의 말씀

전 세계가 미국의 우파들에게 바라던 것은 이들이 자신들의 잘못을 뉘우치는 것이었다. 많은 사람들이 보수주의 지도자들은 이제 그들의 투사인 조시 W. 부시에게 닥친 재앙으로 인해 몸을 낮출 것이며, 공화당 역시 자신들의 잘못을 시인하고 서둘러 과거 자신들이 내보인 극단적인 우파 성향을 누그러뜨릴 것이라고 생각했다. 전 세계는 참회하는 모습을 바랐던 것이다.

하지만 결과는 정반대였다. 그들은 오히려 더욱 거세게 나왔다. 우파가 선택한 전략은 새로운 제한속도를 지키는 대신 가속페달을 힘껏 밟는 것이었다. 그들은 자신들의 성향을 누그러뜨리기는커녕 더욱 오른쪽을 향해 내달렸고, 협상하려들기보다는 이데올로기적 순수성을 좇아갔다. 더불어 공화당 내부에 남아 있던 중도 성향의 인사들 역시 그 입지가 강화되기는커녕 오히려 설 자리를 잃어버렸다.

자, 그렇다면 생각해보자. 어떤 정치집단이 사태를 완전히 엉망진창으로 만들어버렸다면, 사람들은 더 이상 그들에게 표를 던지지 않을 것이다. 또한 선출된 관리들이 원래 있어야 할 곳과는 한참 동떨어진 이데올로기의 영역에 정신이 팔려 있다면, 언제나 어떤 알 수 없는 정치적 힘이 그들을 '중도'로 돌아오게끔 만들 것이다. 그 당시 틀림없다고 생각했던 이 가정대로라면, 부시 행정부 시절의 재앙이 곧 보수주의의 마지막을 가져올 것이라는 이야기는 분명 맞는 말이었다. 아주 간단한 이야기였다. 그들이 존경해 마지않는 조지 W. 부시의 우익은 제 손으로 스스로의 얼굴에 먹칠을 했고, 이제는 상대팀이 공격할 차례였다. 정치적 판세는 30년 주기로 되풀이되는 흐름 아니면 다른 무엇인가가 뒤따를 것이었다. 그리고 이제 공화당의 30년은 그 끝자락에 닿아 있었다.

공화당은 이러한 어려움에서 벗어나기 위한 탈출구를 찾으려 했을 것이다. 하지만 그것이 중도 성향에 등을 돌리고 심지어 자신들의 우파적 신념에 더욱 힘을 실어버리는 것은 아니어야 했다. 오히려 탈출구는 당시 널리 퍼져 있던 생각 즉, 상식적으로 나올 수 있을 법한 대안이어야 했다. 유명한 사례들 역시 왜 그랬어야 했는가를 잘 보여준다. 1983년으로 돌아가 비슷한 이야기를 해보자. 그 당시 영국 노동당은 마거릿 대처가 이끄는 보수당이 집권하자 스스로에게 어떤 확신을 불어넣는 것으로 응수했다. 바로 대중이 진정으로 바라는 것은 이념에 충실한 그리고 심지어는 더욱 좌파적인 대안이라는 생각이었다. 그러나 이 전략 덕에 그들은 쓰디쓴 추락을 맛보아야 했다.

당연히 치밀하게 고려되어야 할 이 모든 생각들은 현실 정치 세계에 발도 붙이지 못했다. 보수주의자들은 그전에도 이들을 물리쳤으며, 놀라운 속도로 수렁에서 빠져나왔다. 그들은 유권자들이 어떤 아이디어를 판단할 때, 그 아이디어를 몇 가지 도표 위에 올려보며 이것이 벨트웨이에서 그래도 받아들여질 만한 것인지 아니면 한참을 벗어난 것인지를 가늠해보는 일 따위는 안중에도 없다는 사실을 알고 있었다. 그랬다. 공화당이 '왼쪽'으로 갔느냐 아니면 '오른쪽'으로 갔느냐보다는 이들이 온 나라에 불어닥친 경제 재앙에 대해 뭐라고 이야기했느냐가 훨씬 중요한 일이었다. 그리고 보수주의자들은 일관된 논리를 갖고 있었다. 그들은 다음과 같이 선언했다. "당신이 본 것은 평범한 사람들과 이들의 자유를 빼앗으려는 '엘리트들' 사이의 거대한 투쟁이다. 경제위기 이후 정부와 월가가 막대한 규모의 긴급구제책을 내놓을 수 있었던 것은 바로 우리가 저축해둔 돈이 있었기에 가능한 것이었다. 규제라는 이야기는 단지 작은 사람들을 억누르려는 큰 사람들의 수작과 음모에 지나지 않는다." 이처럼 반대쪽이 넋 놓고 앉아 어떤 불가사의한 역사적 흐름이 사태를 정리해줄 것을 기다리는 동안, 보수주의자들은 가만히 앉아 있지 않았다. 그들은 자신들의 전통 깊숙한 곳에 들어가 어려운 시기 속에서도 기회를 움켜쥘 방법을 찾아냈다.

보수주의자들은 그들이 30년 동안 모든 것을 쥐고 흔들었다는 사실을 인정하기는커녕 도리어 자신들은 단 한 번도 진정으로 뜻을 펼쳐본 적이 없었노라 선포했다. 진정한 '보수주의의 지배'는 실질적으로 이루어진 적조차 없었으며, 따라서 최근의 재앙 같은 사건들이 보수주의 아이디어 자체에 대한 불신을 불러일으킬 수는 없다는 것이다. 따라서 자연스럽게도, 문제에 대한 해결책은 보수주의 교리를 다시금 생각해보는 것이 아니었다. 오히려 이를 곱절로 강화하고, 심지어는 온힘을 다해 자유방임주의 유토피아로 내달리는 것이었다.

이런 종류의 순수한 이상주의는 미국 정치에서 보기 드문 것이었지만, 쓸모도 없는 전문가란 사람들은 넋 놓고 앉아 막연하게 어떤 시스템이 이 다루기 힘든 자들에게 벌을 내려주기를 또는 '중도'로 끌어당기는 힘이 사태를 바로잡는 마력을 발휘해주기를 기다릴 뿐이었다. 그러나 이번에는 이 신과 같은 존재들이 여느 때처럼 힘을 써주지 않았다. 2010년 더욱 과격해진 공화당은 수십 년 동안 치러진 미국 의회 선거 역사상 가장 큰 승리를 거두었다.

작은 사람, 이제는?

보수주의의 재기에 대해 가장 단순하게 설명하자면, 어려운 시기가 오면 사람들은 누가 되었건 간에 지금 당장 권좌에 앉아 있는 자들을 마구 몰아세우게 된다는 것이다. 이에 따르면, 그러한 일은 공교롭게도 2009년 민주당에 일어났다. 바로 그렇기 때문에 라이벌인 공화당이 다시금 무대에 들어섰다. 하지만 두 정당은 분명 코카콜라와 펩시콜라처럼 쉽사리 바꿀 수 있는 성질의 것이 아니다. 그들은 모두 어느 정도 스스로의 운명을 통제할 수 있으며 상대방과 자신을 차별화시킬 수 있다. 뿐만 아니라 다양한 역사적 사례들은 대중들의 정서가 특정한 방향으로 일관되게 흘러왔음을 보여준다. 대중들은 언제나 아무런 목표도 없이 오락가락 갑자기 태도를 바꾸지 않는다.

널리 받아들여진 또 다른 관점은 보수주의의 부활을 백인 우월주의의 결과로 본다. 이들 백인 우월주의자들은 흑인 대통령의 당선으로 말미암아 거의 입에 거품을 물 지경이 되었다. 물론 이처럼 혹자는 사태의 원인을 흑인 대통령과 그의 당을 향한 밑도 끝도 없는 어떤 편견이 눈 깜짝할 사이에 이글이글 불타올랐던 것이라 이야기할 수도 있다. 그러나 우리가 본 선입견과 문구들이 아무리 보기 안 좋은 것들일지라도, 개인적 선입견 그리고 불과 한 줌밖에 안 되는 몇몇 비방 사건들이 이 같은 움직임 전체를 불러일으킬 수는 없다. 타 인종에 대한 두려움을 염두에 두지 않더라도 일부 열렬한 지지자들조차 백인 우월주의를 마음속 깊은 곳에 숨겨두며, 새로운 보수주의는 체계적으로 인종차별적 발언이나 정책을 내놓지도 않는다. 더불어 그들의 지도자들 역시 정중하게 다양성의 언어로 이야기하려 애쓴다.[6]

이에 더해 다른 평론가들은 보수주의의 부활을 과거 버락 오바마가 그러했던 것처럼 이들 보수주의자들이 인터넷상에서 '막대한 영향력'을 휘두르고 있다는 점을 통해 설명하려 든다. 보수주의자들은 추종자를 모으는 데 웹을 이용하고, 블로그에 미친 듯이 글을 써대며, 트위터를 통해 분노 가득한 메시지를 전달하느라 바쁘다. 이 관점에 따르면, 중요한 것은 그것이 담고 있는 내용이 아니라 전달하는 매체 그 자체다. 내용은 별다른 가치를 갖고 있지 않으며 수단이 모든 것을 말해준다. 이런 식이라면, 만약 끝내주는 모습의 한 웹사이트를 만들고 아울러 딸깍딸깍 클릭해대는 상호작용 패턴을 장악할 수만 있다면, 왕좌를 물려받은 조지 3세가 아닌 선출된 조지 3세도 만들어낼 수 있다.

보수주의에 대한 기존의 사고방식 역시 새로운 상황을 제대로 짚어내지 못하기는 마찬가지였다. 이에 따르면, 최근 수십 년간 나타난 자유방임주의의 부흥은 지난 몇 해 동안 여러 가지 형태로 신비화된 문명의 충돌과 같은 문화적 이슈들을 통해 이해할 수 있다. 실제로 경제와 관련된 논의는 이들에 밀려 언제나 베일에 가려져 있었다. 1970년대부터 조지 W. 부시 행정부 시절까지 거대한 경제 이슈들은 논쟁거리가 되거나 선거 슬로건으로 자리 잡지 못했다. 오히려 이 문제들은 당시 대중들이 낙태 문제와 진화론 등을 놓고 씨름하는 사이 워싱턴 정계 내부자들끼리의 합의를 통해 결정되었다.

하지만 2009년 초부터 꽃피기 시작한 보수주의는 무엇인가 다르다. 우파는 수십 년 만에 처음으로 경제 문제에 대해 공개적으로 이야기해보자고 요구했고, 문화전쟁이라는 안개는 잠시 뒷전으로 물러났다. 되살아난 우익의 대표적 집단이자 강경보수주의 단체인 티파티가 운영하는 온라인 토론장에 가입해서 살펴보면, '사회적 이슈들에 대한 논의 금지'라는 경고문을 볼 수 있다. 또한 참가자들 스스로는 토론 주제를 '작은 정부, 책임재정, 자유시장' 따위에 한정시키고 있다. 보수주의 운동이 2010년을 위해 내놓은 공약인 '미국 국민으로부터의 약속'에서 앞선 수십 년 동안 다뤄왔던 문화전쟁 이슈는 단 한 마디도 찾아볼 수 없다. 《워싱턴포스트》에서 거의 대부분의 티파티 회원을 상대로 실시한 설문조사는 "동성결혼이나 낙태할 권리와 같은 사회적 이슈들은 그들의 주요 관심사가 아님"을 보여주었다.[7] 그리고 나 역시 지난 몇 년 동안 수차례 티파티 집회에 가보았지만 연단에 오른 사람들이 임신중절 반대를 호소하거나 이를 결의에 집어넣는 모습은 단 한 번도 보지 못했다[수백 명의 티파티 회원들은 2010년 티파티의 소책자 『우리를 짓밟지 마라Don't Tread on Us』를 위해 보수주의자들 스스로가 사진 찍고, 고르고, 인쇄한 내용들에 서명했다. 이들 중 낙태 문제에 관심을 보인 사람은 단 두 사람뿐이었다. 이와 대조적으로 오바마 대통령과 민주당이 공산주의자 혹은 사회주의자라고 이야기하는 사람은 백 명 이상이었다. 다음을 살펴보라. Mark Karis, ed., *Don't Tread on Us: Signs of a 21st Century Political Awakening*(Los Angeles: WND Books, 2010)].

그렇다고 이것이 우파가 이제 자신들의 일을 진행하는 데 있어 현상을 신비화하거나 혼란시키는 방식을 포기했음을 뜻하는 것은 아니다. 오히려 정반대다. 보수주의는 이제 '자본주의'를 지켜내는 과정에서 심지어 자본주의가 매일 온 나라 신문들의 첫머리를 떠들썩하게 장식하는 무시무시한 내용들에 한 몫 크게 거들고 있더라도, 최근 몇 년 동안 드러난 이 같은 진짜 자본주의의 모습에 정말로 눈 하나 깜짝하지 않게 된 것이다. 그들은 대체로 과거 자신들을 악당으로 만들었던 신용부도스와프(금융기관에서 대출을 받거나 채권을 발행해 자금을 조달한 기업의 부도 위험만을 따로 떼어내어 사고파는 신용파생상품을 가리킨다. 기업 부도에 따른 금융기관의 손실 위험을 줄여 거래 안정성을 높여주고 자금 융통 역시 손쉽게 만들어주지만, 부도가 발생하거나 부실화되었을 경우 전체가 연쇄적으로 부실화되는 위험성을 갖고 있다—옮긴이)나 규제 철폐적인 방식 따위는 이야기하지 않는다. 2010년 여름 내내 여러 신문들의 첫 페이지가 온통 보수주의의 승리 소식들로만 가득했던 것처럼, 멕시코만에서 있었던 엄청난 기름 유출이나 '은행들과 관련된 주택차압사태'에 대해서도 그들은 별다른 언급을 하지 않았다. 몇 달 뒤 폭로된 바에 따르면, 은행들은 대출자들을 가능한 한 빨리 문 밖으로 내쫓으려고 관련된 모든 법규를 어겼는데도 말이다.

이러한 것들을 이야기하는 대신 순수한 관념적 차원의 논의가 들어선다. 우파들이 던진 이슈는 자유 그 자체에 대한 것이다. 서브프라임 책임자들의 행동에 대한 것도, 제 기능을 잃어버린 담보대출기관들이 지난 십여 년 동안 보여준 방식에 대한 것도 아니다. 분명 이러한 것들이 경제를 무너뜨렸을 수도 있지만, 다시 돌아온 우익들에게 이 같은 사항은 전혀 중요하지 않다. 중요한 것은 자유시장 그리고 더 나아가 보통사람들에 대한 특정 정치인의 성향이다. 그리고 그 사람은 시장의 충실한 전도사여야만 한다.

자유시장이 곧 자유의 본질이라는 생각은 별로 새롭지도 않다. 진짜 놀라운 것은 바로 그런 생각을 찬양하는 목소리가 들리기 시작했다는 사실이다. 더군다나 자유시장 이론이 그 스스로 파멸과 엉터리 철학임을 똑똑히 밝힌 바로 그 시점에! 우익의 부활은 마치 대중이 스리마일 원자력발전 사고(미국 스리마일 섬의 원자력 발전소에서 발생한 핵연료 누출 사고. 미국 원전 역사상 최악의 핵연료 누출 사고로 기록되었다—옮긴이)라는 대재앙이 일어난 지 불과 며칠 뒤에 더 많은 원자력 발전소를 지어달라고 요구하거나, 워터게이트 사건(1972년 6월 닉슨 대통령의 재선을 위해 비밀공작원들이 워싱턴 워터게이트 빌딩에 있는 민주당 전국위원회 본부에 침입하여 도

청장치를 설치하려다 들켜 체포된 사건. 처음 닉슨은 이 사건은 백악관과 무관하다 주장하였으나 이후 그것이 거짓이었음이 탄로나면서 결국 1974년 대통령직을 사임하게 되었다—옮긴이)을 접한 뒤 리처드 닉슨을 국가적 영웅으로 떠받드는 것만큼 말도 안 되는 일이 될 것이었다.

지금까지 이야기한 이 새로운 우익의 모습을 살펴보자. 그들은 놀라우리만치 선언적인 내용들만을 말할 뿐이어서 이를 지켜보던 사람들은 자연스럽게 그들의 진짜 속내는 분명 다른 데 있다고 여길 정도다. 보수주의 운동은 현실의 삶과는 너무나 동떨어져 있고, 따라서 관찰자들은 종종 그들이 겉으로 내세우고 이야기하는 것들에 더는 신경 쓰지 말아야 한다고 느끼기도 한다.

그러나 이것은 잘못된 생각이다. 만약 최근 들어 나타난 이 같은 우익의 승리를 이해하고 싶다면, 우파가 그들의 집회에서 실제로 이야기한 내용은 무엇인지, 그들이 팻말에 적거나 그려온 것들은 무엇인지, 그리고 그들이 단상에서 외치는 바는 무엇인지에 대해 심각하게 받아들이는 작업에 들어가야 할 것이다. 우리는 반드시 우익에게 중흥기를 가져다준 복잡한 음모들과 자유방임주의의 헛된 꿈에서 벗어나 새로운 길을 찾아야만 한다. 그리고 부디 정치화된 기자의 말, 라디오 진행자들이 사용하는 과장된 구호, 티파티의 누군가가 이야기했던 종말론 등과 같은 보수주의자들의 이야기들을 그들의 언어로 읽어내야 한다.

이 책은 어려운 시기를 틈탄 보수주의를 설명하고자 한다. 더불어 그 어떤 것도 허용해주어야 한다는 자유방임주의적 방식에 대한 열광을 알아보고자 한다. 이 같은 열광은 과거 그것을 이루려던 노력이 여태껏 우리에게 엄청난 괴로움을 안겼음에도 그리고 은행들이 줄줄이 문을 닫는 대재앙과 온갖 실패에도 불구하고 여전히 이어지고 있다.

자유주의 시장경제는 매일 거리를 돌아다니는 보통사람들을 위한 시스템이 아니다. 이는 이른바 번영의 시기에도 마찬가지다. 한껏 자유로워진 시장은 불과 몇 달 뒤 자신들을 따르던 시민들을 서서히 실업과 파산이라는 쓰레기 더미 속으로 밀어넣을 것이다. 그리고 이것이야말로 온 나라에 가득한 정말이지 역겨운 소리들에 대해 많은 것을 이야기해주며, 누군가의 거칠고 노골적인 목소리를 불러일으킬 필요가 있음을 분명하게 일러준다.

또한 이는 다시금 힘을 되찾은 우파가 국가적 괴로움을 이용해 사실상 이 괴로움을 더욱 무겁게 만들 뿐인 저항적 움직임을 어떻게 만들어냈는지를 여실히 보여준다. 분명 이 이야기는 앞으로 끔직한 결과를 가져올 사기극에 지나지 않는다. 하지만 이상하게 들릴지 몰라도 새로운 우익은 단지 속임수(비록 그 종류는 수없이 많지만)뿐만 아니라 어떤 이상주의를 매우 강력하게 이야기함으로써 자신들의 목표를 달성했다. 그리고 그들을 열렬히 지지하는 사람들로 하여금 현실을 불투명하게 인식하게 했다.

이제 대안적 현실을 일구어내려면 엄청나게 불리한 상황 속에서 전세계 차원의 정치운동을 써나가야 할 것이다. 그러나 확실히 이번 경우는 과거와 다르다. 다시 태어난 우익은 이상주의를 '내세웠음에도' 성공한 것이 아니라 바로 이상주의를 '내세웠기 때문에' 성공했다. 커다란 차원의 이상주의, 그것이야말로 분명 우리의 망가진 경제계가 갈구하는 무엇이기 때문이다.

1. 미국발 대지진 일어나다

전 세계에서 가장 잘사는 나라 사람들에게, 불황이란 흔히 자신들의 존재 자체가 위협받는 어마어마한 위기이자 그동안 믿어왔던 모든 것들이 의심받는 상황을 뜻한다. 우리는 풍요로운 시기에는 경제생활과 관련해 가령 어떤 종목에 투자할 것인가 따위의 이른바 앞날을 내다보는 지혜가 아니면 어떤 브랜드의 운동화를 살 것인가 같은 아주 하찮은 것들만을 생각한다. 하지만 어려운 시기에 들어서면, 이러한 환상들은 길바닥에 널브러진 조각난 파편들에 지나지 않는다. 더욱이 끔찍한 현실은 앞서 손에 잡힐 듯 아른거렸던 꿈들 때문에 더더욱 받아들이기 힘든 것으로 변해버린다.

2008년과 2009년, 중산층은 폭삭 내려앉았다. 준비해 두었던 퇴직금의 가치는 제삼자에 의해 시시각각 바닥을 향해 곤두박질쳤고, 동료들은 직장에서 쫓겨났으며, 건설업과 제조업 같은 산업들은 그 자리에 얼어붙듯 멈춰서버렸다. 그리고 이내 담보대출금으로 인한 빚이 집값을 한참이나 웃돌았다는 사실을 알아차리고 소스라쳤다. 중산층의 삶과 관련된 대표적 기관들은 우리 주변 어디에서건 무너져 내리고 있었다. 제너럴 모터스와 크라이슬러는 파산을 선언했고, '평범한 사람들의 중개인'

(이러한 표현을 쓴 까닭은 과거 메릴 린치가 제2차 세계대전 이후 가장 먼저 증권투자의 대중화를 위해 노력했기 때문이다—옮긴이)이라던 메릴 린치Merrill Lynch에 있어 2008년 어느 주말은 스스로를 필사적으로 팔아치우기 바쁜 날이었다. 인디맥, 와코비아, 워싱턴뮤추얼, 베어스턴스, 리먼브라더스는 아예 눈앞에서 사라져버렸다. 사회 전체가 산산조각 나는 것처럼 보였고, 우리의 평화롭던 교외 생활은 처음으로 무시무시한 두려움 앞에 몸서리치게 되었다.

그러나 우리의 부모님, 할아버지, 할머니와 같은 윗세대들에게 이 같은 사건들은 좀 더 익숙한 광경이었다. 미국은 사실상 1929년부터 1933년까지 주식시장 폭락, 은행 파산, 공장 폐쇄, 담보물 압류 등 지금과 거의 똑같은 길을 걸었기 때문이다. 대공황 시절과 지금의 위기는 놀라우리만치 닮아 있었고, 이는 2008년 각종 매체에서 흔히 다루는 이야기였다. 또한 이들 사이에 존재하는 유사점은 현재의 대위기와 실패를 이해하고자 할 때 반드시 고려해야 할 모델이 되었다.

문학 평론가 에드먼드 윌슨Edmund Wilson은 대공황에 대한 자신의 에세이를 『미국발 대지진The American Earthquake』이라 이름 붙였다. 나는 지금껏 살아오면서 이 책을 여러 차례 읽었지만, 2009년 이전까지 그가 저 문구를 통해 무엇을 이야기하고자 했는지 정말로 알지 못했다. 만약 1920년대에 당신이 그간 벌어둔 돈을 모조리 주식시장에 투자한 사람 중 하나였다면, 당신은 그 돈의 절반이 사라지는 모습을 비롯하여 남아 있던 그 절반마저도 연거푸 반 토막 나는 광경을 지켜보게 되었을 것이다. 마찬가지로 당시 누가 되었든 신용 매입(소요자금의 일부를 빌려 증권을 매수하는 행위—옮긴이)을 통해 주식을 사들였다면, 그 사람은 처음부터 이를 아예 날려버리게 되었을 것이다.

심지어 당시 당신이 누군가가 은행에 모아둔 돈을 책임지고 관리하는 위치에 있던 사람이었을지라도, 당신은 어떤 식으로든 그 돈을 잃게 되었을 것이다. 왜냐고? 당시 금융기관들은 말 그대로 재앙을 맞이했기 때문이다. 그리고 실제로 1929년의 주식시장 대폭락 바로 다음 해 거의 절반 이상의 미국 은행들이 파산을 맞이했던 것처럼,[1] 지방은행들 역시 줄지어 도산하자 이제 연방예금보험공사의 그 누구도 이 상황을 개선시킬 수 없다는 것은 불 보듯 뻔한 이야기였다. 그야말로 예금해둔 돈의 거의 전부가 사라져버렸다. 여기에 더해 지역은행들이 문을 닫자 지역사회 역시 무너져 내렸다.

1933년 은행에 돈을 넣어둔 사람들 사이에서는 어떤 두려움이 마치 전염병처럼 퍼져 가고 있었다. 그것은 바로 정부 관리들이 은행들로 하여금 영업을 하지 못하도록 강제하거나, 미국 전역의 경제 관련 활동을 멈추게 만드는 '은행휴일'을 선택하려 한다는 두려움이었다. 어찌되었든 그때 당시 제조업과 건설업은 거의 죽기 일보 직전이었고, 경제 주체인 국가는 이미 한참 전부터 전체 노동력의 3분의 1가량이 처한 상황에 먼 산만 보고 있었다. 이제 전체 인구의 상당 부분에 해당하는 사람들이 아무리 노력해도 돈을 벌 방법이 없는 상태가 되어버렸다. 이리하여 한때 제법 이름 있던 노동 역사학자 어빙 번스타인Irving Bernstein이, 마찬가지로 한때는 꽤나 유명했던 어느 시점에 지적한 것처럼 "파트타임으로 일하는 사람들의 비율이 어느 정도인지 아무도 모르는" 상황이 된 것이다. 우리는 분명 당시 사람들이 자발적으로 일을 그만두는 경우는 없었다는 사실을 잘 알고 있다. 그 시절은 윗사람이 아무리 못되게 굴더라도 일을 때려치우기에는 너무나 절박했던 시기였으니까. 결혼율 역시 출산율과 함께 곤두박질쳤고, 반대로 자살률은 치솟았다. 또한 신문에서는 연일

미국의 굶주림이라는 믿을 수 없는 이야기를 쏟아내던 시절이었다.[2]

그때만 해도 실업수당은 전적으로 일부 지역 차원의 문제였고, 점차 줄어들어 1년쯤 뒤에는 기본적으로 더는 찾아볼 수 없게 되었다. 큰 도시들의 어떤 장소에는 번스타인이 말한 "약탈해둔 음식들"이 생겨났다. 심지어 그 시기의 달러는 금에 의해 완전히 뒷받침되었으며 어느 누구도 인플레이션을 두려워하지 않았는데도, 일자리가 없던 사람들은 곳곳에서 달러가 아닌 물물교환에 기초한 경제를 만들고 있었다. 1인당 소득 수준 역시 계속해서 곤두박질쳤고, 1933년에는 1900년대에 도달했던 수치를 밑돌았다.[3] 더욱 무서웠던 것은 이런 상황이 다시 '정상'으로 되돌아갈 것이라는 그 어떤 보장이나 확신이 전혀 없다는 사실이었다. 당시 경제학자들은 '평형'이라는 개념에 사로잡혀 있었다. 즉 이제 폭락은 멈출 것이고 곧이어 수요와 공급 또한 정상궤도로 돌아올 것이라는 생각이었다. 그러나 그들은 이런 종류의 평형이 3퍼센트 대의 실업률에서 이루어지듯, 33퍼센트 대의 실업률에서도 역시 아주 자연스럽게 만들어질 수 있다는 사실을 서서히 깨달았다.[4]

1929년부터 1933년까지의 대재앙이 자유방임주의 경제학의 확신들에 가했던 것은, 과학이 19세기 종교에 그리고 제1차 세계대전 때 벌어진 대학살이 케케묵은 애국주의에 가했던 바로 그것이었다. 전자는 후자의 기초를 박살내버렸다. "당연하게 여겼던 모든 것들이 무너져 내린다"는 그 시절 사람들이 입버릇처럼 하던 말이다. 대공황은 기업가들을 웃음거리로 만들었고 기존의 경제적 통념들을 그저 동화책에서나 볼 수 있을 법한 이야기로 바꿔버렸다.[5] 그것은 또 저 슬기로운 은행가들의 시대라는 것을 무색하게 만들고 온 나라가 믿어 의심치 않았던 지식을 산산조각냈다. 이 지식은 그전까지 우편배달원에서부터 대통령에 이르기까지 모든 사람이 동의했던 신성한 원칙들이었다. 피터 드러커는 1939년 출판된 그의 저서 『경제인의 종말The End of Economic Man』에 다음과 같이 적었다. "마치 전쟁터 속 군대처럼, 불경기는 아무 의식 없이 돌아가는 기계 속 의식 없는 톱니조각에 불과한 인간을 보여준다. 그것은 인간의 이해 밖에 있는 것이며, 그 어떤 목적도 아닌 그 자체를 위해 돌아가는 무엇이다."[6]

드러커가 이름 높은 경영 이론가였다는 점을 생각해볼 때, 그의 이러한 언급은 고전경제학적 방식이 가져온 꽤나 가혹한 폐단의 흔적을 보여주는 것으로 봐줄 수 있다. 하지만 이것은 진정으로 혹독했던 것들에 비하면 가혹한 축에도 들지 못했다. '어떻게든 친구에게 보상하려던 은행가들, 결국 파산으로 스스로를 구제하다', '감옥에 간 월 가의 영웅들', '재력가들, 타인을 안심시키려 던진 예측들이 몇몇 사건들로 인해 던지는 순간 곧바로 모순에 빠져버리는 상황에 처하다' 등 당시 신문들의 첫머리를 떠들썩하게 장식했던 기사들은 이러한 사실을 잘 뒷받침해 주었다.

붕괴는 그 시절 문학작품들이 가장 많이 다루던 주제였고, 작가들은 황량함과 희망 없음의 이미지를 몇 번이고 되풀이했다. 겨우 한두 명의 승객만을 태우고 달리는 특급 열차와 곳간차를 타고 여행하는 수많은 떠돌이 집단의 모습, 들판에서 썩어가는 과일과 굶주린 도시 사람들의 모습, 쓰레기 처리장의 쓰레기로 만든 정착지 등이 바로 그것이었다. 잘 알려진 것처럼 경제학자 존 메이너드 케인스는 이러한 붕괴를 중세 암흑기에 빗대었다. 《네이션스비즈니스》의 편집장은 다음과 같이 보았다. "우리의 동포, 기관을 비롯하여 개인과 정부 모두가 공포, 거의 공황상태와 같은 감정, 모든 것에 대한 믿음 상실에 빠져 있었다."[7] 심지어 비즈니스

문명의 선봉장이라고 할 수 있는 캘빈 쿨리지Calvin Coolidge(제30대 미국 대통령. 부통령이었던 1923년 당시 대통령인 W. G. 하딩이 사망하자 대통령직을 승계하고 1924년 재선되었다. 그는 제1차 세계대전 후의 보수적 풍조를 반영해 정부지출 절감, 기업규제 완화, 세금감면정책을 시행하였다—옮긴이)조차 더는 버티지 못했다. 그는 한때 "공장 하나를 짓는 사람이야말로 사원 하나를 짓는 것이다"라고 찬양할 만큼 기존 시스템에 자신만만해 하던 사람이었다. 1933년 눈을 감기 4일 전, 쿨리지는 주변에 널린 쓰레기들에 대해 곰곰이 생각한 뒤 친구에게 이렇게 이야기했다. "그래도 불경기의 다른 시점에서는 무언가 굳건하고 자네에게 있어 희망의 발판이 될 만한 것을 찾아볼 수 있었네. 하지만 내 이제 보니 희망으로 삼을 만한 것이 전혀 보이지 않네 그려."[8]

어려운 시절에 대한 시나리오

어려운 시기에 나타나는 사회적 패턴은 보통 아주 단순하다고 여겨진다. 그것은 공장 문을 닫게 하고 우리가 사둔 주식을 휴지조각으로 바꿔버리는 어떤 알 수 없는 힘처럼, 아주 비인간적이고 기계적이다. 시장은 무너져 내리고, 강제 휴업과 해고는 늘어나며, 각종 압류가 서서히 그 모습을 드러낸다. 그리고 미처 그것을 알아채기도 전에 길거리에 나앉은 사람들은 피를 요구한다. 따라서 우리는 자포자기, 불안 그리고 반항심 속에서 자라난다. 과거의 우상들은 이제 조롱의 대상일 뿐이다. 사람들은 정부가 사태의 책임자들을 처벌하고, 희생자들에게 구원의 손길을 뻗어주길 바란다. 더불어 앞으로 다시는 이런 엄청난 재앙이 일어나지 않도록 보장해줄 어떤 후속 조치, 더욱 엄격한 경제 관리와 감시를 기대한다.

적어도 1930년대에는 분명 이러한 것들이 있었다. 그리고 한때 미국인들은 그들이 겪었던 위기가 과거의 일이 되자, 자신들이 대공황 때 선택했던 길을 어떤 일반적인 경로라 믿게 되었다. 즉 그 길이야말로 어려운 시절을 맞아 사람들이 어떻게 행동해야 하는가를 보여주는 본보기라는 것이었다. 여러 경제학자들이 말한 '자동안전장치'(실업률이 특정 지점을 돌파했을 때 비로소 그 효과를 나타내기 시작하는 정부 지출)와 마찬가지로 극심한 불경기에 대한 대중의 반응은 거의 반사적이며 또 눈에 잘 보이는 것이어야 한다. 경제는 비틀거리고, 사람들은 비명을 지르며, 두 당의 정치인들은 우리를 악몽에서 구해내기 위해 부리나케 달려온다. 이 과정들은 마치 중력처럼 아주 자연스럽고 또 믿음직스럽게 한 과정에서 다음 과정으로 넘어간다.

1930년대 사람들이 우리에게 남긴 것은 대재앙이 닥쳐왔을 때, 이러한 확실한 입법적 움직임들이 신속하게 뒤따를 것이라는 가르침이었다. 고용보험은 확대될 것이며 그 범위는 더욱 넓어질 것이다. 공공사업들에 대한 대규모 투자 역시 이루어질 것이다. 더불어 위기의 원인을 조사하기 위한 위원회가 소집되고, 사람들이 압류 때문에 집 밖으로 내몰리지 않도록 그들을 보호해줄 기관들이 하나둘 만들어질 것이다.

경기침체로 발생한 상처는 스스로를 치료하기 위한 어떤 회복 조치를 취하기 시작할 것이다. 자본주의가 약속했던 것들은 완전히 박살나버리고 이에 온 나라에 노동조합 결성과 파업의 물결이 일렁이게 될 것이다. 물론 사람들 또한 저항할 것이다. 그들은 공공장소에서 자신들의 불만을 이야기할 것이며, 어쩌면 과거 제1차 세계대전에 참전했던 백전노장들이자 1932년에는 여기저기를 떠돌아다니는 실업자 신세가 되어버린 '보너스 아미'(1930년대의 대공황 당시, 제1차 세계대전에 참전했으나 대공황으로 직업을 잃은 사람들이 워싱턴에 모여 '밀린 임금을 내놓으라!'는 시위를 벌였으며 이들은 '보너스 아미', '보너스 원정대' 등으로 불렸다. 후버 대통령의 지시로 더글러스 맥아더가 강경진압에 나서 사상자를 발생시키기도 했으나 결국 적당히 타협하는 선에서 진정되었다—옮긴이)가 그러했듯 워싱턴으로 몰려들지도 모른다.

커다란 문화적 차원에서, 최저생활이라는 가장 기본적인 문제들은 그 어떤 고결하고 숭고한 원칙들보다 먼저일 것이다. 어찌되었든 이 이야기는 적어도 1930년대에는 분명 들어맞았다. 마치 경제 재앙이 미국인들로 하여금 금주법을 폐기하도록 만들었듯,(1920년 미국에서는 술의 제조, 운반, 판매가 금지되는 금주법이 시행되었다. 그러나 이 법은 오히려 미국을 주류 밀거래, 각종 범죄 등 불법과 무법이 판치는 나라로 만드는 데 크게 기여하는 등 원래 취지와는 전혀 다른 결과를 낳았다—옮긴이) 연방 정부 차원의 커다란 국가적 실험이 떠올랐다. 그들은 예술과 종교에서 앞선 10여 년 동안 유행하던 기괴한 것들에 더는 눈길을 주지 않았다. 파리에 있던 다다이즘(제1차 세계대전 말부터 유럽과 미국을 중심으로 퍼져나간 예술운동. 다다Dada라고도 하며, 이것은 원래 프랑스어로 아이들이 타고 노는 목마를 가리키는 동시에 '무의미함의 의미'를 암시하는 말이기도 하다. 재래 전통을 부정하고, 비합리적 사고를 내세우며, 일종의 허무의식과 이어지는 무의미의 예술을 추구한다—옮긴이)을 따르는 사람들 역시 켄터키 광부들에 대한 '르포'를 쓰기 위해 미국으로 돌아왔다.

경제가 무너짐에 따라 다음과 같은 가설이 등장한다. 그것은 바로 "우리는 빈곤을 함께 나누는 데서 나오는 공동체성 그리고 심지어는 집산주의와 같은 어떤 친밀한 이웃관계 또한 되살려야 한다"는 생각이다. 역사학자 워렌 서스먼Warren Susman은 "1930년대는 참여와 소속감의 10년이었다"라고 적었다. 허버트 후버Herbert Hoover가 극찬했던 "굳건한 개인주의"

는 스터즈 터켈Studs Terkel이 그의 『힘든 시절Hard Times』을 통해 이야기한 너그러움과 사회연대로 대체되었다. 당대의 작가들과 지식인들은 더 큰 집단이나 단체의 일원이 되기를, 경제 영역에서 느낀 허무감을 어떤 집단행동을 통해 극복하기를 간절히 바라게 되었다. "훌륭한 이웃"이 되는 일은 루스벨트 시기에 가장 큰 화두 중 하나였다. 대공황 연구에서 이름 높은 역사학자 로버트 매켈바인Robert McElvaine에 따르면, 이 모든 현상들은 커다란 가치관의 전환을 나타내는 것이었다. 구체적으로 "현대 산업 자본주의의 탐욕적 개인주의에 반대해 공동체와 나눔의 삶을 모색하려는" 시도였다.[9]

정치 영역에서는 계급과 관련된 문제가 다른 무엇보다 중요한 이슈가 될 것이다. 휴이 롱Huey Long이 1928년 루이지애나 주지사 선거에서 승리하자,(물론 1928년은 대공황이 발생하기 전이다. 하지만 심지어 붕괴가 발생하기 전에도 루이지애나는 매우 가난한 형편이었고, 휴이 롱은 이러한 대공황기 인물의 전형적 유형이 될 것이었다. 따라서 이 이야기를 하나의 훌륭한 사례로 써도 되리라) 역사학자 앨런 브링클리Alan Brinkley는 루이지애나의 정치가 완전히 바뀌었다고 말했다. 갑자기 전통적인 문화적 분열은 논의의 대상에서 모습을 감춰버렸다. 브링클리는 1930년대 저항운동의 역사를 다룬 자신의 책에 다음과 같이 적고 있다. "교구 주민들이 프로테스탄트인가 아니면 가톨릭인가, 북부인가 남부인가 따위의 문제는 더 이상 찾아볼 수 없었다. 이제 중요한 것은 재산을 얼마나 갖고 있느냐 아니면 그렇지 못하느냐의 문제였다."[10]

이러한 새로운 분위기는 자연스럽게 좋은 자리에서 배제되고 버림받은 사람들을 만들어낼 것이다. 한번 보자. 실업률이 10퍼센트가 넘어가도록 또 연금기금의 가치가 곤두박질치도록 그냥 내버려 둔다. 그리고 불현듯 우리는 부자들의 끝내주는 삶들에, 은행가들과 투자자들이 거둬들인 믿기 어려울 정도의 수익금에, 거물이라는 자들을 기쁘게 해주는 멋진 집과 차 그리고 그들의 전용기에 더는 열광하지 않는다. 1930년대에 대중은 어떤 조치들이 보통사람들보다는 정치인들의 측근과 같은 부자들을 살찌우는 것이라고 생각되면, 심지어 그것이 복구를 위한 조치들일지라도 어김없이 저항했다.

무엇보다 먼저 커다란 철학적 전환이 있을 것이다. 1930년대의 붕괴는 경제 영역에서 그전까지 하찮게 여겼던 생각들이 다시금 주목받을 수 있는 길을 열어주었다. 새로 등장한 학파의 대표주자인 영국의 경제학자 케인스는 끔찍했던 1933년에 다음과 같이 적었다. "우리가 전쟁 뒤 찾아낸 자본주의는 비록 국제적 수준이긴 했지만 지극히 이기적이었다. 그리고 그것은 성공적인 것이 아니다. 그것은 똑똑하지도, 아름답지도, 정의롭지도, 고결하지도 않다. 그리고 그것은 풍요로움을 가져다주지도 못한다. 더 말할 것도 없이 우리는 그것을 싫어하며, 경멸하기 시작했다."[11] 미국인들로서는 기꺼이 어떤 일이든 할 용의가 있었다. 경제학자들은 새 학파가 내놓은 생각에 빠져들었다. 경기를 조절하기 위한 정부의 적자지출이라는 케인스 경제학의 원칙은 자유방임주의 원칙을 앞지르기 시작했고, 그간 별로 주목받지 못했던 놀라운 생각들은 잠깐이나마 영광스러운 순간을 만끽했다.

만일 어려운 시절의 유형이 정해져 있다면, 마찬가지로 금지되어야 할 움직임들 역시 있을 것이다. 눈여겨보아야 할 가르침은 저 훌륭했던 루스벨트 시절이 아닌 그 앞의 재앙과 같았던 허버트 후버 시절에서 비롯된다. 앞으로 다시는 힘든 시기의 대통령이 후버식의 균형예산을 갈망하거나 혹은 금본위제로 나타나는 안정의 허상을 쫓는 일은 없어야 한다고 여겨졌다. 더불어 후버에게 "노동자 계급과 농부들을 없애버리고, 주식과 부동산을 팔아치워 현금화하십시오"라는 조언으로 유명했던 재무장관 앤드류 멜론Andrew Melon의 견해 따위에 귀 기울이는 사람들 또한 없어야 함은 물론이었다. 멜론은 이러한 조치들은 "사회의 썩은 부위를 도려내줄 것이다. 높은 생활비와 사치는 줄어들고, 사람들은 더욱 열심히 일할 것이며, 한층 더 도덕적인 삶을 살 것이다. 더불어 가치들은 알맞게 조정되고 진취적인 사람들은 경쟁에서 뒤처진 사람들을 위해 잔해들을 치워줄 것이다"라고 이야기했다.[12] 멜론의 조언은 당시의 통념을 적나라하게 보여준다. 뭐냐고? 바로 경기침체를 그대로 놓아두고, 실패한 이들은 더욱 실패하도록 내버려두며, 약자가 제거되도록 하면 어떤 강력한 의지가 그 어느 때보다 더 강렬하게 나타날 것이라는 터무니없는 확신이었다.

멜론의 생각은 그것이 실제로 시도되자 말 그대로 재앙이 되었다.[13] 그리고 정치적으로 마치 극약과도 같았다. 굳이 이야기할 필요도 없겠지만 그것은 멜론의 정치생명을 완전히 끝장내버렸다. 1954년이 되어서야 멜론의 이 유명한 견해는 비로소 존 케네스 갤브레이스John Kenneth Galbraith에 의해 "이 사례를 통해, 불경기를 가중시키는 일은 꼭 그것을 더 악화시키고자 하는 어떤 확고한 결정에 의해서만이 아니라 반대로 이를 완화시키려고 내린 결정에 의해서도 이루어질 수 있음"을 선언한 것이라고 다시금 이야기될 수 있었다(힘든 시기가 사람들로 하여금 '더욱 도덕적인 삶'을 살도록 만든다는 멜론의 기이한 격언은 로버트 복Robert Bock의 애처로운 명상록 『타락한 도시 고모라를 향해Slouching Towards Gomorrah』에서 다시금 메아리치고 있다. 그는 간단히 "심각한 경기침체"를 "도덕적 부흥"을 불러일으키는 한 가지 방법으로 여긴다. 이러한 생각은 "광범위한 대중의 지지 부재"로 인해 그 즉시 쓰레기통으로 들어갔다. 다음을 살펴보라. *Slouching Towards Gomorrah: Modern Liberalism in American Decline*(New York: Harper Collins, 2003). 갤브레이스의 인용은 다음을 보라. *The Great Crash: 1929*(Boston: Houghton Mifflin, 1955), p.199].

백만장자 노조

어려운 시절에 대한 시나리오가 되풀이되는 것은 사실 정치적 견해 차원의 문제가 아니다. 자유주의자들과 보수주의자들 모두 경기침체가 어떤 특정한 그리고 예상할 수 있는 결과물들을 가져다주길 바란다.

힘든 시절이라는 것이 좌파들에게 언제나 다음과 같은 기회로 작용해왔음은 두말할 나위 없는 사실이다. 즉 그들에게 이 시기는 구질서의 악랄함을 이제 그 누구도 부정할 수 없게 되었다는 것을 분명하게 보여줄 최고의 순간이었다. 자본주의 전체 시스템이 투자자들을 파산시키고 노동자들에게 파업에 가담하라 이야기한다. 그러자 이들 모두는 이 상황을 만든 시스템에 의구심을 갖기 시작한다. 이것이 바로 왜 경제적 위기 상황이 자동적으로 기존에 수립되었던 모든 질서의 근간을 뒤흔드는 '정당성의 위기'로 이어지는지를 보여주는 것이다. 이러한 과정은 거의 기계적인 것으로 여겨진다. 결국 옛말 하나 틀린 것 없이 옥수수가 한 포대에 2달러 하던 시절의 농부는 보수주의자가 되지만, 한 포대에 1달러 하던 시절의 농부는 급진주의자가 된다.

'한 포대당 1달러' 식의 급진주의는 '붉은 10년The Red Decade'(이 말은 저널리스트이자 역사학자인 유진 라이온스Eugene Lyons가 미국의 1930년대를 가리키고자 만들어낸 용어다. 그가 특징지은 이 시기는 전반적으로 공산주의가 그리고 특히 스탈린주의가 널리 퍼져나간 시기였다. 라이온스는 이러한 생각들이 당시 자유주의자, 지식인, 저널리스트 그리고 심지어는 정부 관료들 사이에 깊게 뿌리박고 있다 믿었다—옮긴이) 동안 어느 곳에서든 찾아볼 수 있었고, 좌파들은 늘 산업문명의 두 번째 붕괴는 그와 마찬가지의 처방을 불러일으킬 것이라 보아왔다. 개혁적 성향을 가진 텍사스 주 하원의원 라이트 패트먼Wright Patman은 1970년 스터즈 터켈에게 다음과 같이 장담했다. "만약 또 다른 대공황이 왔다면, 우리는 아마 혁명을 맞이했을 것이오. 사람들이 더는 가만있지 않았을 거야. 왜냐하면 그들은 전보다 아는 게 더 많아졌으니까"〔또 한편으로 그들은 가만히 있었을지도 모른다. 패트먼은 대공황 동안 불같은 좌파 인민주의자였다. 그러나 오늘날 그의 하원의원 선거구는 티파티의 총아인 루이 고머트Louie Gohmert로 대변되고 있다. 테러리스트들이 미국 땅에서 장차 지하드(성전)에 뛰어들 아기들을 만들려 계획하고 있다는 공포는 그가 유명세를 타도록 해준 상징과도 같은 것이었다. 패트먼에 대한 인용은 터켈의 *Hard Times: An Oral History of the Great Depression*(New York: Pantheon, 1970), p.285를 살펴보라〕.

이 시나리오는 보수주의자들에게도 예외가 없다. 그들에게 그것은 단순히 달갑지 않았을 뿐만 아니라 간담을 서늘케 하는 것이다. 어찌되었든 1930년대 초의 경제 붕괴는 자본주의의 황금시대를 끝장내버렸고, 자유방임주의 통념에 대한 믿음을 산산조각내버렸으며, 영웅이라 일컬어지던 일류 기업가들을 순식간에 얼간이로 만들어버렸다. 그 뒤의 10여 년은 적어도 보수주의자들에게만큼은 다시 없을 재앙이었다. 은행가들과 상인들은 온갖 종류의 세금을 떠안게 되었고, 정부 개입과 규제가 이루어지기 시작했다. 더불어 당연한 말이겠지만 보수주의자들 입장에서는 껄끄럽기 그지없는 노동조합 또한 힘을 받기 시작했다.

당시 보수주의자들은 거의 미쳐 날뛰는 수준이었다. 그들이 만들어낸 기관이나 단체들은 혹시나 혁명이 일어나지 않을까 전전긍긍했고, 모든 저항적 움직임 뒤에는 공산주의자들의 입김이 닿았다고 여겼다. "진짜 공산주의자들보다도 공산주의적인 것이 더 많다"는 1934년 언론 재벌 윌리엄 랜돌프 허스트William Randolph Hearst(1863~1951. 미국의 언론재벌. 20여 종이 넘는 언론사를 소유했으며 오락성을 강화한 대중 취향의 기사와 좌파 운동을 극렬히 공격하는 반공주의 논설로 당대를 풍미했다—옮긴이)가 루스벨트 행정부에 대해 내린 유명한 평가다. 그리고 같은 해 한 무리의 매우 부유한 산업가들은 한데 뭉쳐 미국자유연맹을 결성하기에 이르렀다. 이들은 수차례에 걸쳐 새로 만들어진 정책들을 맹비난하는 등 루스벨트가 내린 조치들을 거칠게 몰아세웠다. 1936년 라디오 연설을 통해 미국자유연맹 의장은 다음과 같이 엄포를 놓았다. "뉴딜은 미국에 전체주의 정부를 만들려는 시도입니다. 이러한 정부에서는 공권력으로부터 자유로운 사적인 혹은 사업적 영역은 눈 씻고 찾아볼 수 없으며, 개개인의 복지는 정부 복지라는 이름 속에 파묻혀버리게 된단 말입니다."[14]

그러나 우익은 잠시도 눈 돌릴 틈을 갖지 못했다. 전체주의라는 미끼는 1930년대 당시의 무시무시한 물결을 돌리기에는 역부족이었고, 오히려 대중들은 '백만장자연합'을 조롱하는 일에 훨씬 더 큰 관심을 보였다. 뉴딜은 보수주의자들에게는 자신들을 힘들게 만든 공포의 대상이었지만, 대중은 이들에게 힘을 보태주기는커녕 자유연맹을 풍자의 대상으로 삼아버렸다.[15] 바로 그러했기에 프랭클린 루스벨트는 블루칼라 노동자들 그리고 전통적으로 배제되었던 아웃사이더들과의 거대한 연립내각을 이뤄낼 수 있었고, 그의 민주당은 그때까지만 해도 찾아보기 어려울 정도로 높은 득표수를 기록하며 전체 하원 의석 4분의 3 이상을 차지하는 기염을 토할 수 있었다. 이리하여 민주당이 다수 의석을 보유하게 된 1930년대의 권력 재편성은 2번 정도의 짧은 휴지기를 제외하고는 1994년 깅리치 혁명 때까지 계속 이어졌다.

76년 정신

미국 중서부 역사의 한 장에서 어려운 시절의 시나리오를 아주 잘 보여주는 사례를 찾아볼 수 있다.

아이오와 주는 제1차 세계대전 직후의 농산물 가격 상승과 더불어 눈부신 번영을 맞이했다. 온 나라에 자신의 농장을 가질 수 있다는 확신이 사람들의 마음에 들어섰고, 모든 것을 담보로 삼아 대출받는 일이 반복되었다. 분명 그것은 비할 데 없이 번창하는 모습이었다. 10년이 흐른 뒤, 대공황의 수렁 속에서 농산물 가격은 전보다 한참이나 떨어져버렸다. 이제 아무리 열심히 일해도 농부들이 담보대출금을 갚아가기에는 들어오는 돈이 턱없이 모자랐고, 농장이 압류되기 시작했다. 1933년 아이오와 법원 전체 사건의 3분의 1이 압류와 관련된 것들이었다.[16]

상황이 더욱 악화되고 또 후버 행정부가 그 어떤 완화 조치도 내놓지 못하자 아이오와의 농부들은 스스로 '농부휴가협회'를 만들기에 이르렀다. 이 명칭은 '은행휴일'을 부드럽게 빗댄 우울한 우스갯소리가 된다. 농부들은 가격이 오를 때까지 그리고 정치인들이 자신들을 참담한 빚더미에서 버텨내게 할 조치를 취해줄 때까지 그들의 생산물을 시장에 내놓지 않으려는 속셈이었다.

하지만 당시는 1930년대였고, 사람들은 필사적이었으며, 문제는 순식간에 걷잡을 수 없게 변해버렸다. 농부들은 아이오와와 네브래스카 주 도시들의 외곽 도로를 막고, 트럭에 실린 농산물을 그들의 피켓라인 근처에 사정없이 쏟아버렸다. 그들은 경찰과 정부 관료들을 몰아붙였을 뿐만 아니라 수없이 많은 압류 집행 절차를 방해하였다. 한 목격자에 따르면, "농부휴가협회가 강성한 지역에서 압류를 추진하는 일은 사실상 불가능했다." 농부들은 은행가들에게 격분했고, 대공황 시절의 대표적 테마를 외치는 메니페스토(선거에서 각 후보들이 내놓은 공약들의 실현 가능성을 가늠해보고 그 사람이 당선된 뒤에도 이를 지켜나가게끔 하겠다는 의미를 가진 시민운동—옮긴이)를 전개했다. 즉 평범한 사람들은 이제 한데 뭉쳐 저 탐욕스런 세상에 맞서 스스로를 지켜야 한다는 것이었다. "우리는 모든 청구인들에게 맞서 우리의 집, 가축, 기계에 대한 실질적 소유권을 서로서로 지켜줄 것을 스스로에게 맹세했습니다." 한 저널리스트가 적은 것처럼, 여기서 '청구인들'은 농부들에게 '담보 보유자들'을 가리키는 말이었다.[17]

이 저널리스트는 농부들이 사용한 옛 방식의 '직접행동' 전략에 혀를 내둘렀다. 그는 이것을 대공황이 불러일으킨 '1776년의 어느 날'로의 회귀라 보았다. 1776년 당시의 저항적 분위기와 비교했던 것이다. 심지어 아이오와의 한 시위자는 동료 농부들의 행동을 다음과 같이 옹호했다. "그들은 고속도로를 막는 것을 불법이라 말합니다. 하지만 나는 이렇게 말하죠. '내가 보기에 보스턴 티파티(1773년 12월 16일, 미국 식민지 주민들이 영국 본토로부터의 차茶 수입을 반대하여 일으켰던 사건. 이는 미국 독립혁명의 도화선이 된 사건으로 길이 남았다—옮긴이) 역시 불법인 것은 마찬가지라고. 이 나라가 세워질 때 그들이 보스턴 항에서 사유재산을 폐기해버린 것들 말야.'"[18]

1932년의 농장 파업은 그들이 바랐던 농작물의 가격 상승을 가져오지는 못했다. 대신 그것은 앞이 보이지 않는 절망의 늪 속에서 새어나온 무시무시한 외침과도 같았다. 그리고 이를 통해 마침내 다양한 농업 관련 법안, 사회보험 계획, 뉴딜의 담보대출 개선책들이 시행될 수 있었다.

1930년대에 아이오와에서 있었던 일은 여전히 눈여겨볼 가치가 있는 소중한 사례다. 왜냐하면 그것은 최근 우리가 힘든 시기를 맞아 취했던 일들과 극명한 대조를 보이기 때문이다. 분명 우리는 농부휴가협회가 그들의 목소리를 낸 이래 최악의 불경기에서 살아남았다. 또한 끔찍했던 1932년의 나날들처럼 평범한 사람들은 격분하여 들고 일어났고, 우리가 그동안 모아둔 돈과 직장을 잃어버리는 사이 온 나라를 시궁창으로 몰아넣었던 금융업자들 그리고 이들의 곁을 떠나지 않았던 정치인들에게 자신들의 분노를 보여주었다. 1930년대식의 포퓰리즘은 어엿하고 자랑스러운 미국인들에게 비정하고 탐욕스러운 세상에 맞설 것을 요구하며 화려한 승리의 나팔과 함께 돌아왔던 것이다.

그러나 요즘에는 곳곳에서 보스턴 티파티 정신에 대한 찬양이 판을 치고 있다. 1932년에 농부들이 그들의 파업을 통해 보여주었던 정신과는 반대편에 서라는 것이다. 도대체 무엇이 오늘날 저항군들의 피 끓는 분노를 과거처럼 채무자의 처지나 역경에 대한 분노가 아닌, 고작해야 '이 패배자들' 이 각자 어려운 처지에서 빠져나올 수 있게 해줄까 말까 따위에 대한 고민으로 만들어버렸을까? 적어도 채무자가 처한 상황들에 대한 분노가 있었던 80년 전에는 정부가 나서서 저 아이오와 농부들이 바랐던 일들을 할 수 있었다.

어려운 시절 뒤에는 반드시 좋은 시절이 뒤따른다는 말은 오늘날의 사정을 보면 꼭 들어맞는 말처럼 보인다. 과거 포퓰리스트들을 불타오르게 만드는 것은 인간사가 이전과는 다른 방식으로 이루어질 수 있다는 오만한 생각을 품은 사람, 우리 이웃으로 하여금 함께 짊어져야 할 재난의 소용돌이에서 자신만 슬쩍 빠질 수 있도록 해주는 정부, 마땅히 책임지고 벌 받아야 할 자들을 오히려 구원해줄 몇몇 담보대출 개선책 혹은 농업법이다. 하지만 오늘날 과거 저항했던 사람들은 하나같이 종종 나이 든 허버트 후버가 그들을 부를 때 사용했듯 '청산주의자'(파산주의자 Liquidationists 혹은 청산주의자는 당시 미국의 대공황으로 인한 경기침체가 비효율적 기업들의 도산을 촉진하기에 오히려 바람직하며, 파산을 통해 새로운 순수경제가 재탄생할 수 있다고 주장했다—옮긴이) 나부랭이가 되어버렸다. 그들이 세상에 요구하는 것은 바로 다음과 같은 상황을 받아들이라는 것이다. 내가 인용한 이 문구는 2009년 초 첫 번째 티파티 집회에서 본 것으로, 거기에는 "당신의 담보대출금은 내가 알 바 아니다"라고 적혀 있었다.

2. 1929년, 시즌 투: 역사는 반복된다, 그러나

뉴욕 증권 시장의 대폭락이 있은 지 79년, 우리는 새로운 경제 재앙을 맞이했다. 이 참담한 사건은 마치 호황의 끝을 어이없게 장식한 느낌표와 같았다. 붕괴는 이 시대 사람들이 알고 있는 한 그 유례를 찾아보기 어려울 만큼 최악이었고, 시스템의 배반이 무엇인지를 제대로 보여주는 것이었다. 그것은 경제원리에 대한 미국 내 공식 합의가 가진 폐단의 흔적을 적나라하게 드러내는 것으로써 그간의 북미자유무역협정에 대한 볼멘소리라던가, 금융 업계의 연봉과 관련된 정의감이 불타오르는 사설, 과거 그 어느 때보다도 소수의 손에 부가 집중되는 현상에 대한 우려 따위와는 비교조차 되지 않았다. 심지어 누군가 만약 10대 무정부주의자들을 한데 모아 거대한 국제회의를 구성한 뒤 그들에게 가장 이상적인 위기 상황을 생각해보라 할지라도, 2008년의 대폭락 상황보다 더 완벽하게 잘 떨어진 시장지향적 문명을 만들지는 못했을 것이다.

얼굴에 먹칠을 해도 싼 위원회 나리들

그것은 먼저 조지 W. 부시 대통령이 지켜보는 바로 그 앞에서 나타났다. 당시 우세했던 경제 사조에 대한 부시의 믿음은 그 어떤 여타 경영자들의 그것보다도 완벽에 가까웠다. 뿐만 아니라 이 사조 자체가 당파에 관계없이 막강한 영향력을 휘둘렀으며, 그것이 가진 깜찍한 가정들은 《워싱턴포스트》의 의견란과 카토 연구소의 연구 보고서 등을 통해 끊임없이 되풀이되었다. 규제완화, 민영화, 자유무역의 신성한 삼위일체는 그 시절 정책들에 자연스럽게 반영되던 것이었다. 실제로 이 삼위일체가 경제 전반에 걸쳐 적용되었을 때, 단지 가장 까다로운 러다이트(산업혁명기에 '일자리를 빼앗아간 기계를 때려부수자'는 노동자들의 반기계문명 운동 가담자. 여기서는 신기술 반대자들을 통칭하는 의미로 쓰였다—옮긴이) 몇몇만이 이를 그냥 받아들여버린 스스로의 자비심에 의구심을 품었을 뿐이었다.

수년 동안, 이른바 앞을 내다볼 줄 아신다는 기술친화적 민주당원들은 은행 관련 법규를 교묘하게 회피하면서 감독기관들의 두 손을 묶으려는 가부장적 공화당원들의 대열에 합류했다. 민간 부문에 갑자기 불어닥친 달러 폭풍처럼 그들 뒤에는 어떤 역사적인 바람이 불고 있었으며, 1999년 기초 금융법의 그나마 남아 있던 부분마저 없애버린 고결하고도 고결한 초당파주의라는 것이 자라잡고 있었다. 그래도 시장을 언짢게 만들었던 법규들이 존재했을 때만 하더라도 '감독 완화'는 이루어질 수 없는 일임이 분명했다. 하지만 당시 똑똑한 국가 경영이라는 말은 '감독이나 규제가 없어도 산업들이 지킬 것은 자발적으로 지켜줄 것이라는 믿음'을 뜻했다. 각각 자신의 이익을 추구하는 일은 은행가들이 정직하고 공정하게 말씀하시도록 그리고 석유 회사들이 안전하게 시추하시도록 만들어줄 것이었다.

독자들은 그 의기양양해하던 모습을 기억하는가? 자유시장 교리문답서가 당당하게 이야기했을 그 순진한 안일함 말이다. 만약 그렇다면

나로 하여금 다음에 대해 이야기할 기회를 주는 것도 나쁘지는 않을 것이다. 그것은 아주 기억에 남을 만한 것으로 1999년 《타임》에서 다루었던 이슈다. 당시 《타임》 표지는 앨런 그린스펀Alan Greenspan, 로버트 루빈Robert Rubin, 래리 서머스Larry Summers 이 세 사람을 "세상을 구할 위원회"로 그려내면서 침착한 어조로 "로빈, 그린스펀, 서머스는 이데올로기를 뛰어넘었다"고 평가했다. 이를 통해 드러내고자 했던 바는 "그들의 믿음은 시장과 이를 분석할 수 있는 자신들의 능력에 있다"는 것이었다. 이데올로기를 한참 넘어서는 이 믿음 앞에서는.

소설가이자 사회 평론가인 에인 랜드Ayn Rand의 객관주의 철학(에인 랜드는 1905년 러시아에서 태어난 유태인 작가이자 철학자다. 유복한 어린 시절을 보냈지만 러시아 혁명으로 가족의 재산이 몰수되자 공산주의 체제에 염증을 느껴 미국으로 건너가게 된다. 자유는 개인의 권리이며 이러한 자유를 빼앗는 국가의 강제적 행위는 부도덕하다는 그녀의 신념은 이른바 객관주의Objectivism 철학으로 이어졌다. 개인의 이성과 이기심이야말로 창조와 발전의 힘인 반면 정부라는 이름의 구속은 퇴보에 지나지 않는다고 본 이 철학은 『아틀라스』를 비롯한 그녀의 소설 속에 적나라하게 드러나 있으며, 그녀는 미국 슈퍼 엘리트 및 네오콘의 정신적 지주로 꼽힐 만큼 신자유주의 체제에 큰 기여를 했다—옮긴이)조차도 떠오르지 않는다. …… 랜드의 아파트에서 보낸 기나긴 밤들, 그리고 그녀의 편지와 글을 통해 그린스펀은 객관성을 잃지 않으면서 다음과 같은 생각에 이르렀다. 즉 시장은 인간 본성에 관한 가장 깊은 진리의 표현이며, 따라서 그것은 궁극적으로 옳다는 생각이었다.

시장에 대한 그의 숭배는 활활 타오르는 객관주의 속에서 더욱 달궈

졌고, 그린스펀은 두 동료와 함께 온 나라를 새로운 그리고 계몽된 시대로 이끌고 갈 준비가 되어 있었다. 그들 세 사람 모두는 "전 세계적인 시장의 힘을 거역하는 것은 헛된 일이라는 것에 뜻을 함께한다. 이것은 그들의 행동에 이데올로기가 개입할 가능성이 거의 없다는 것이다."[1]

자유시장의 교리가 이데올로기를 한참 넘어선다는 주장은 아마 오늘날의 가장 노골적인 허위과장 광고와 마찬가지였을지도 모른다. 하지만 1980년대, 1990년대 그리고 2000년대까지 우리의 지도자들은 저 주장을 생각해낸 스스로를 아주 똑똑하다 여기며 이를 마치 흥에 겨워 휘파람 불 듯 뱉어내고 있었다. 자유방임주의의 황금시대였다. 대부분의 이름 있는 인사들을 비롯해 우리가 선택한 자들은 큰 정부가 쓸모없다는 것에 뜻을 모았고, 반대로 시장의 저 자애로운 합리성에 대해서는 티끌만큼의 의심도 품지 않았다. 그리고 그들이 이러는 사이 미국의 금융 기득권층은 전 세계를 감쪽같이 속여 이들을 어둠의 구렁텅이로 몰아넣었다. 분명 여러 나라를 쓰러지게 만든 것은 다름 아닌 이른바 금융 혁신과 위험 부담과 같은 그간의 사업 처리방식이나 관례 따위였다. 더불어 이들 대부분은 우리가 선택한 자들과 이름 있는 인사들이 으레 전 세계를 상대로 오직 미국만이 제공하는 유일무이한 것이라며 입이 닳도록 칭찬을 아끼지 않던 것들이기도 했다.

우리는 더 이상의 것들을 만들어두지 않았다. 하지만 분명 언제든 빚의 증권화를 막을 방법을 생각해낼 수도, 그 위험성에 대해 혹평할 수도 있었다. 아주 자극적이고 흥미로운 이른바 시장 혁신을 보여주는 증거 하나는 '서브프라임' 대출자들에게 융자금을 대주는 산업의 등장이었다. 갑자기 나타났던 이들은 월 가에 있는 투자은행 업계의 구미에 맞게끔 사람들의 대출금을 증권화한 뒤 팔아치웠다. 바로 다음 과정에서 몇몇 금융 천재들 또한 그 모습을 드러냈는데, 이들은 서브프라임 담보 대출금을 채권화하고 이 채권들을 다시 부채담보부증권으로 만들었다. 이에 더해 그들은 자신들의 실패 가능성에 대한 보험으로 신용부도스와프까지 팔아대기 시작했다.[2]

그러는 사이 규제완화의 복음은 거스를 수 없는 거대한 흐름으로 자리잡았고, 심지어 현실에 나타난 실패조차도 여기에 의문을 제기할 수 없었다. 이 교리의 가르침을 따라 우리의 지도자 양반들은 규제를 위해 만들었던 각종 장치들을 없애버렸다. 그들은 은행들이 안정자산 확보를 통해 위험을 막도록 했던 자격 요건들을 완화시키고, 신용부도스와프를 일종의 보험상품으로 분류해 규제를 피하도록 해주었으며, 연방준비이사회가 갖고 있던 규제 권한들을 빼앗고, 헤지펀드 고문들로 하여금 의무적으로 증권거래위원회에 등록하도록 했던 법규들마저 폐지해버렸던 것이다. 실제로 이 모든 사례들을 보여주는 데에는 단 한 권의 보고서만으로도 충분하다.[3] 뿐만 아니라 규제 완화에 대한 더 자세한 사례들이라면 수백 가지가 넘게 보여주는 것도 가능할 정도였다.

한편 시장에 대해 조금이라도 알던 사람들은 보너스라는 위대한 신 앞에 모두 무릎 꿇었다. 성과급 원칙은 의기양양하게 기업의 모든 부분에 걸쳐 확대되었다. 이론에 따르면, 아주 후한 인센티브 제도는 초인적인 노동력을 이끌어내어 결국 주주들에게 환상적인 수익을 가져다줄 것이었다. 과연 그럴까? 지금 우리가 알고 있듯, 현실에서 보너스는 초인적 노동력을 오히려 이 시스템을 교묘히 이용해먹는 데 쓰도록 만들어버렸다. 자신들이 하는 일이 주주, 고객 그리고 심지어는 회사의 장기적 건전성에 어떤 영향을 주는가는 이제 뒷전이었다. 가장 중요한 일은 무엇이 어찌되었든 보상을 받는 것 그 자체가 되었으니까.

이 제도가 최고로 잘나가던 당시 그것이 어떠했는가를 떠올려보자. 2006년 시장에서는 다음과 같은 보고가 나돌았다. 골드만삭스가 직원들에게 165억 달러가량을 보너스로 나누어 주었고 이것은 아마 믿음, 의무, 도덕, 애국심, 법과 같은 인간의 여타 동기들보다 더욱 강력한 힘을 발휘하여 결과적으로 그들을 부유하게 만들어주었다는 것이다. 이런 상황들 속에서 보너스 제도가 앞으로 숭배의 대상이 될 것이라는 점은 불을 보듯 뻔한 일이었다. 이 종교의 대사제, 아니 더 정확히 말하면 게걸스러운 무리를 이끌던 '지도자'는《트레이더몬슬리》라는 잡지였는데, 그것은 경제적 예상이나 주식에 대한 조언을 제공하는 것이 아닌 그저 보너스를 받는 사람들의 호화로운 삶을 보여주며 보는 사람들로 하여금 거기에 군침을 흘리도록 하는 게 목적이었다. "보아라, 벌어라, 써라"는 이 잡지의 슬로건이었고, 월 가의 떠오르는 별들에게 어떻게 하면 그들이 손에 넣은 노획물들을 멋지게 그리고 눈부시게 날려버릴 수 있는지 가르쳐줄 준비가 되어 있었다. 몇 가지 살펴보자. 천박한 사치와 방종은 '오! 저 멋진 람보르기니, 마이바흐, 페라리, 마세라티!'로 그려졌고, 특별 칼럼을 통해 그런 향락의 목적에 적합한 비행기들이 평가되고 또 순위가 매겨졌다. 2008년의 "보너스 가이드"에서는 한 병에 2만 달러짜리 조니 워커 스카치위스키를 다루었다.

분명 누군가는 트레이더들이 이따위 삶을 바라는 까닭은 그들이 그저 인생을 즐기며 사는 넉살좋은 사람들이기 때문이라는 터무니없는 말에 고개를 갸우뚱했다. 왜냐고? 실상은 정반대였으니까. 예를 들어보자. 구할 수 있는 한 가장 좋은 레코드플레이어에 대한 수요가 가끔 있던 때에《트레이더몬슬리》는 30만 달러의 턴테이블을 소개하며 이를 "당신 집에 들어오는 모든 이의 얼굴에 한 방 날리는 것"이라고 적었다.

만약 당신이 저 당시 저 인간들이 도대체 왜 그따위 방식으로 손님을 맞고자 했는지를 이해하기 어렵다면, 당신은 부시 시대가 뭘로 굴러갔는지도 이해할 수 없을 것이다. 하지만《트레이더몬슬리》는 이를 꿰뚫어보고 있었다. 한걸음 더 나아가 그들은 모든 사람이 볼 수 있도록 자신들의 주인공들을 향해 눈부신 조명을 쏘아 댔다. 트레이더들은 그저 돈만 펑펑 써대는 자들이 아니었다. 그들은 약자를 괴롭히고, 자기 이익만을 키우려 하며, 어떻게든 돈을 뜯어내려 달려드는 한마디로 갈 데까지 간 망나니들이었다. 이러한 막돼먹은 성질머리에 대한 이 잡지의 열렬한 숭배는 결국 2007년 11월 트레이더 복싱이라는 아주 괴상한 볼거리를 제공했다. 그에 따르면, 관객들이 스테이크를 씹고 고급 보드카를 벌컥벌컥 들이키기도 전에 정크 본드(이름 그대로 '쓰레기 같은 채권junk bond' 이라는 뜻으로, 수익률이 매우 높지만 발행기관의 신용도가 매우 낮아 투자 위험성이 매우 높은 채권을 가리킨다—옮긴이) 전문가들이 내던진 분노의 주먹이 프라이빗에쿼티(증권시장과 같은 공개시장이 아닌, 기업 경영진과의 협상을 통해 지분을 인수한 뒤 3~5년에 걸쳐 경영을 정상화시켜 다시 지분을 되팔아 차익을 챙기는 자금을 뜻한다—옮긴이) 운영자들의 턱을 후려갈길 것이고, 전 세계는 이 생생하고 원시적인 자본주의 드라마를 보며 즐거워할 것이었다.

내가 이 같은 어리석은 행위들의 목록을 굳이 끄집어낸 까닭은 그것이 그저 순식간에 사라져버리는 주식시장 상승 장세의 우스꽝스런 결과물들이어서가 아니다. 오히려 이미 묻혀진 사실들을 다시금 꼬집는 것은 바로 이자들이 그간 입이 마르도록 칭찬해 마다않던 바로 그 태도가 결국 온 나라에 재앙을 불러온 도구였기 때문이다. 저 턴테이블, 자동차, 제트기 따위는 단순히 상류층의 낭비만을 보여주는 것들이 아니었다. 이

것들이야말로 미국인들이 수십 년 동안의 규제 완화 대신에 얻어낸 결과물이다. 부시 시절 동안 이른바 전문가란 사람들은 그럭저럭 버틸 만했다. 그러나 시간당 급여로 먹고사는 사람들은 점점 설 자리를 잃어갔고, 이와 반대로 트레이더들은 전용기를 사러 다녔다. 물론 경제학자들이 인센티브 그리고 자동으로 조절되는 시장에 대해 자신들만의 추상적 방식으로 이야기할 수는 있겠지만, 그것은 단지 현실에서 자유시장이 그렇게 작동할 것 같다는 믿음에 지나지 않는다. 앞서 이야기한 싸구려 기념품 나부랭이들은 분명 담보대출금 대재앙의 원인이 되었다. 그리고 수많은 원칙 무시, 법규 위반, 로비스트 고용 그리고 모든 것을 아랫사람에게 떠넘기는 행동 등은 바로 그것이 가져다 준 결과물이었다. 당신이 부자가 될 수 없었기에 그들이 부자가 될 수 있었던 것이다.

만약 1930년대식의 거부를 받아 마땅한 어떤 금융질서라는 것이 있다면, 위에서 설명한 것이 바로 여기에 해당할 것이다. 그들이 내세운 신은 사기꾼에 불과했고, 그 질서가 풍기는 냄새는 절로 눈살이 찌푸려질 정도였다. 또한 그 속의 영웅이란 자들은 얼간이, 동물 그리고 약자를 괴롭히는 도적과도 같은 자들이었을 뿐이다. 심지어 이들 모두는 그들이 이야기했던 그 좋다는 조건들 위에서조차 실패했다. "MBA 대통령" 그리고 그의 "시장에 기초한" 정부, "K스트리트(백악관 북쪽으로 세 블록 떨어진 곳에 위치한 거리의 명칭으로, 미국 로비 및 그 집단을 상징하는 용어로 통용된다--옮긴이) 프로젝트"와 진짜 로비라는 것이 무엇인지를 제대로 보여주었던 "슈퍼 로비스트들", 민간기업을 자신들의 "고객"으로 여기는 걸 배우게 된 정부기관들, 입을 다문 규제기관들과 바로 옆에서 빨간 경보가 울리는데도 눈 하나 깜짝 않는 행동, 하나같이 빙산에 돌진하도록 둬 배가 뒤집어질 노릇임에도 자신들은 요트 위에서 깔깔대며 헤지펀드에 돈을 넣는 억만장자들의 발길 따위가 바로 그것이었다. 이 모든 것들은 당연히 끝장났어야 했다.

범죄는 보상을 받는다

끝장나기는커녕 그것은 긴급구제를 받았다. 수십 년 동안 금융산업계의 망나니들이 그들 마음 내키는 대로 하게끔 내버려 두었던 워싱턴 정가는 다음과 같은 사실이 뚜렷해지자 불현듯 행동에 들어갔다. 그것은 바로 이 한결같은 망나니들이 서로에게 수조 달러의, 마치 부비트랩과도 같은 투자상품들을 팔아왔다는 사실이었다. 2008년 3월 연방준비제도이사회는 JP모건이 베어스턴스를 인수하게끔 만들어주었다. 그리고 같은 해 9월 리먼 브라더스가 파산하고 금융시장이 공황 상태에 빠지기 시작한 직후, 연방준비제도이사회와 재무부 모두는 구원의 손길을 내밀기 시작했다. 그들은 힘을 모아 보험회사이지만 그동안 마치 규제받지 않는 헤지펀드와 마찬가지의 방식으로 운영된 AIG를 구제할 방안을 마련했고, 담보대출회사인 패니메이와 프레디맥의 운영권을 넘겨받았으며, 금융시장의 펀드들을 살려주는 동시에 골치 아픈 와코비아 은행 인수 건까지 성사시켰다. 이러한 조치들을 통해 가볍게 몸을 푼 그들은 뒤이어 의회에 '부실자산 구제프로그램(TARP)'으로 알려진 조정안을 요청했다. 이에 따라 금융시장에 약 7,000억 달러가량이 투입될 것이었으나 놀랍게도 이를 관리하고 집행할 사람은 전 골드만삭스의 최고경영자이면서 새로 재무장관에 임명된 행크 폴슨Hank Paulson이었다.

거대한 경제 전체가 대공황 이래 최악의 불경기에 빠져들었다. 향후 1년 동안 수백만 명이 자신들의 집 밖으로 내몰릴 것이었다. 또한 그보다 더 많은 사람들이 일자리에서 쫓겨날 것이며, 셀 수 없을 정도로 많은

바로 이러한 순간에 이루어진 긴급구제는 나라에 대한 믿음을 산산조각 내버렸다. 월 가는 전 세계의 번영을 두고 도박을 벌여왔고 또 금융 대재앙을 불러왔다. 그러나 그들은 이제 당신과 나는 절대로 받지 못할 정부 차원의 어마어마한 도움을 눈앞에 두었던 것이다. 만약 이 글을 읽는 독자들 중 누군가가 자신의 삶을 위험천만한 금융상품을 거래하는 데 쓰기보다는 무엇인가를 만들고, 디자인하고, 글을 적는 데 쓰기로 결정했다고 가정해보자. 그 사람은 아마 자신이 무엇인가 생산적이고 또 우리 사회를 가치 있게 만드는 일을 한다고 여겼을 것이다. 하지만 행크 폴슨과 그 일당들이 보여주었듯 당시의 진리는 다음과 같았다. "레드칼라, 블루칼라, 화이트칼라에 상관없이 오직 한 가지만이 중요했다. 어디가 되었든 금융 이외의 분야로 일하러 가는 것은 스스로 바보라고 이야기하는 것과 다름없었으며, 규칙을 지키는 일은 얼간이들이나 하는 짓이었다"〔한 트레이더가 2010년 유럽 재정 위기 국면에서 다른 트레이더에게 주택저당증권(모기지담보증권이라고도 한다. 미국에서는 주택을 구매할 때 담보대출을 받게 되면 이를 20년 또는 30년에 걸쳐 갚게 되는데, 이럴 경우 금융기관은 한꺼번에 돈을 빌려준 뒤 이를 분할해서 받게 되므로 유동성이 부족해진다. 이를 해결하기 위해 금융기관은 주택대출 채권을 담보로 하여 마찬가지로 만기가 20년 또는 30년이 되는 채권을 발행해 중개기관에 파는데, 이를 주택저당증권이라고 한다. 일반적으로 주택자금 대출과 관련한 저당권이 설정되어 투자의 안정성이 높은 편이다—옮긴이)을 구매한 사람들을 확인해보라 이야기했고, 그는 다음과 같은 대답을 들었다. "바보 같은 독일인들! 그들은 신용평가기관들의 말을 너무 심각하게 받아들인단 말이지. 규칙 따위를 너무 믿어." Michael Lewis, *The Big Short: Inside the Doomsday Machine*(New York: Norton, 2010), p.93〕.

시스템이 공평할 것이라는 믿음은 어리숙한 생각에 지나지 않았다.

정부는 월 가 지배자들의 손아귀에 있다. 이것이 바로 긴급구제 금융이 던진 끔찍하지만 명백한 메시지였다. 이들은 일단 자신들이 위기에 빠지면, 재빨리 호각을 불어 우리가 낸 세금으로 이루어진 정부기금을 자기 돈 쓰듯 동원했다. 우리가 지금 잘 아는 것처럼, 정부기관은 은행 출신 아니면 훗날 은행에 고용될 사람들로 북새통을 이루고 있었다. 워싱턴의 관료들은 하나같이 월 가의 자기 잇속만 챙기는 경제 이데올로기에 머리를 조아렸고, 민주당과 공화당 역시 여기에 함께하고 있었다. 이러한 끔직한 사실을 깨달은 데서 오는 충격은 거의 토할 것 같은 메스꺼움 그 자체였다. 그것은 마치 미국의 극우 정치조직 존 버치 협회 회원들이 종종 이야기했던 "CIA가 케네디 대통령을 살해했다"라던가, "아이젠하워 대통령은 정말로 공산당의 앞잡이였다" 따위의 말을 들었을 때와 비슷한 기분이었다.

포퓰리스트의 시대

여러분 중 누군가는 내 말을 두고 옥신각신할 수도 있다. 하지만 앞서 말한 것들 대부분은 단순한 의견 혹은 논란거리가 아니다. 2008년 붕괴에 대한 거의 대다수의 의견들은 거품경제를 만들어내는 데 있어 규제완화, 인센티브, 자유시장에 대한 맹신이 큰 몫을 했다는 사실을 강조한다. 내가 이미 잘 알려진 이 모든 이야기들을 여기서 다시 꺼내는 까닭은 다음과 같다. 어려운 시기의 논리에 따르면, 더 말할 것도 없이 2008년 붕괴는 과거 1929년부터 1932년에 그랬던 것과 마찬가지로 어려운 시기의 시나리오가 시작되도록 만들었어야 했다.

그리고 잠시 동안 사태는 여지없이 대공황 시절과 똑같이 흘러가는 것처럼 보였다. 불과 일 년 전만 하더라도 영웅으로 대접받던 사람들은

렀다. 2008년 10월 미 의회 청문회 증언대에 선 그는 "구체적으로 이야기하면, '은행을 비롯한 다른 여러 기관들의 사익 추구가 그들의 주주와 자기자본 보호를 가능케 해줄 것'이라 지레짐작해버리는 실수를 저질렀습니다"라고 말했다. 청문회 의장이 "그렇다면 당신은 그간 세상을 바라보던 당신의 눈과 이데올로기가 틀렸음을 알아챈 것이군요"라고 어르자, 이 거장은 "바로 그렇습니다"라고 대답했다.

당시에는 골머리를 앓던 시카고 대학의 경제학자들이 복도를 오가며 곱씹었던 이야기들이 잠깐 동안 유행하기도 했다. 시카고 대학이 자랑하는 효율적 시장 이론가들 중 하나이자 노벨 경제학상 수상자인 로버트 루카스Robert Lucas는 2008년 은행 규제 완화에 대해 그동안 자신이 갖고 있던 믿음에 의심이 싹텄다고 이야기했다.[4] 또 다른 노벨 경제학상 수상자인 게리 베커Gary Becker 역시 2009년 "수많은 것들이 사람들, 나 그리고 시카고가 여태 그릇된 생각을 가지고 있었음을 보여준다"고 고백했다.[5] 무엇보다 놀라웠던 것은 마찬가지로 시카고의 선봉장 중 하나인 리처드 포스너Richard Posner의 말이다. 그는 2009년 자신이 쓴 『자본주의의 실패A Failure of Capitalism』를 통해 대재앙에 대한 책임은 규제 완화 운동을 함께했던 자신의 동료들에게 있다고 이야기했다. 그는 붕괴가 "경제적 자유방임주의자들의 심장부를 사정없이 내리쳤다"고 적었는데, 왜냐하면 그것은 그들의 자유시장 철학을 말 그대로 철저하게 몰락시켜버렸기 때문이다.[6] 2010년 포스너는 1930년대식 은행 규제 법안의 부활을 요청하면서, 예전의 그였다면 상상할 수조차 없을 법한 글귀를 적었다. 바로 존 메이너드 케인스를 적자지출 아이디어를 제시한 천재이자 시장자유주의 집단을 떨게 만든 이라 추앙했던 것이다.

1930년대 독자들이 이른바 위대한 자본주의자들과 고전경제학을 사정없이 비판하는 책들을 집어 들었던 것처럼, 우리 시대에 책을 집어 든 대중들 또한 그간 정설이랍시고 알려진 것들이 사실은 얼마나 어리석은 소리였는가를 읽어볼 준비가 된 듯 보였다. 2009년 《타임》의 칼럼니스트 저스틴 폭스Justin Fox는 『죽은 경제학자들의 만찬The Myth of the Rational Market』을 통해 이론 경제학들의 어리석음을 꼬집었고, 이 책은 엄청난 인기를 끌었다. 한때 이른바 재계 거물들을 영웅으로 만들어주었던 마이클 루이스Michael Lewis는 이제 『빅 숏The Big Short』을 통해 독자들에게 월 가 도둑님들의 몰락을 보여주고 있었다. 더불어 대공황과 현재를 비교한 이야기들 역시 갑작스럽게 인기몰이를 하게 되었는데, 예를 들어 폴 크루그먼Paul Krugman이 1999년에 쓴 『불황의 경제학The Return of Depression Economics』은 이 책에서 말한 불황이 정말로 다시 발생한 이 시점에 재발행되었다. 1920년대 중앙은행 총재들의 어리석은 실수들을 담은 책 또한 베스트셀러 목록에 올라갔다.

'좌익左翼이' 를 기다리며

이 끓어오르던 불만의 소리를 접한 사람들에게 어려운 시대의 시나리오가 전개되리라는 것은 틀림없는 그리고 피할 수 없는 일처럼 보였다. 갑자기 자코뱅의 공포정치에 대한 불안감이 그들을 사로잡았고, 이는 쉽사리 사그라지지 않을 것이었다.

일찍부터 경보를 울린 사람은 석유 재벌이자 시장자유주의 단체들의 막강한 돈줄이던 찰스 코크Charles Koch였다. 그는 자신의 회사 소식지를 통해 우리는 대공황의 재앙을 다시 맛보는 중이며, 우리 선조들이 했던 것과 "똑같은 실수"를 범하기 직전이라 탄식했다. 여기서 그가 이야기한 실수들은 바로 새로운 규제 방안 마련, 공공사업 시행, 새로운 정부 기구

스레 깨닫게 되었듯 월 가에서 보수라는 것은 '성과'에 대한 보상 혹은 금융 혁신이 나라에 가져다준 것들에 대한 감사의 표시로 지급되던 것이 절대 아니었다. 그럼 뭐냐고? 그것은 정확히 월 가 사람들이 도망치면서 함께 챙겨갈 수 있는 것에 지나지 않았다. 이리하여 AIG 보너스 스캔들은 거대한 위기 · 구제 스캔들의 상징이자 그 당시 사람들의 믿음을 박살내버린 사건들 중 하나가 되었다.

대중의 넌더리는 이제 거의 활화산처럼 솟구쳤다. 날이 갈수록 그것은 더욱 맹렬하게 분출되는 것처럼 보였다. 3월 18일 블룸버그에 나온 이야기는 다음과 같이 관찰하고 있다. "미국인들은 응당 그 대가를 치르는 모습을 보고자 한다. 그들은 NPR이 AIG가 벌인 '총만 안 든 합법적 날강도짓'을 고발해주길 요구하고 있다. 그들은 또한 CNN에 AIG 경영진 사진을 방송에 내보내어 '이들의 얼굴이 마치 미국의 지명 수배자처럼 팔려 나가도록' 해달라고 말하는 중이다."

폭풍처럼 번지는 불길은 순식간에 재계와 친하던 주류 민주당원들에게 불어닥쳤다. 코네티컷 상원 의원 크리스 도드Chris Dodd가 과거 AIG의 충실한 지지자였다는 사실은 이제 분노와 함께 기억되었다. 오바마 대통령 자신 또한 이 회사의 경영진들로부터 거액의 기부금을 받았다. 전 "세상을 구할 위원회" 일원이자 현 미국 국가경제위원회 위원장 래리 서머스는 이러한 상황에 대처하는 길은 미국인들에게 법의 지배와 계약의 신성함을 설교하는 것이라 생각해버렸다. 그리고 매번 이 같은 오만한 묵살이 이어질 적마다 사태는 악화될 뿐이었다.

《뉴스위크》는 이제 "포퓰리스트적 격분에 대처하는 바람직한 자세"라는 기사를 내놓았다. 그들은 이를 통해 AIG 보너스 사태에 대한 대중의 분노를 대공황 시절의 정서가 되풀이되는 것에 비유했다. 식견 있는 사람들은 오바마 대통령에게 그가 이 포퓰리즘적 움직임들을 잘 다독여야 했다고 지적했다. 온 나라는 과거 1930년대에 그러했던 것처럼 계급 간 적대와 반목의 소용돌이에 휘말려들었고, 사태는 쉽사리 수습될 수 없는 지경에 이르렀다.[11] 이에 오바마는 월 가에 대해 더욱 강력한 경고를 던졌는데 2009년 4월 월 가 은행가 대표단을 만난 자리에서, 새 대통령은 그들에게 "우리 행정부는 당신들과 분노한 사람들 사이를 중재할 수 있는 단 하나뿐인 수단입니다"라고 말했다.

세상이 우익의 손을 들어주다

이처럼 포퓰리스트적 움직임은 틀림없이 나타났다. 그러나 월 가는 이를 전혀 두려워하지 않았다. 이번 불황은 그 초기부터 어려운 시기의 시나리오적 요소를 좀처럼 찾아볼 수 없었다. 비록 얼마 지나지 않아 주정부에 의해 노동조합 죽이기가 확고하게 진행되겠지만 그럼에도 정규직 노동자들의 투쟁 의지는 보이지 않았다. 더불어 은행들의 담보권 행사가 다가와도 이에 대한 반대의 물결이 요동치기는커녕 공정 주택거래를 옹호하던 ACORN(즉각적 개혁을 위한 시민단체 연합)을 해체하자는 캠페인이 성공을 거두었다.

얼마 후 월 가가 내놓은 보상은 그것이 원래 있었던 곳으로 되돌아갔다. "파산하기에는 너무 크다"시던 은행들은 이제 그 덩치가 더욱 커졌으며 그 어느 때보다도 체계적인 중요성을 갖게 되어버렸다. 2011년 4월 《뉴스위크》는 그 표지를 100달러짜리 돈뭉치를 움켜쥔 채 만족스러운 표정으로 누군가를 조롱하는 한 젊은 투자 은행가의 사진으로 장식했다. 그것은 바로 "월 가는 승리했다"는 비웃음이었다. 누군가의 약탈적인 영광 따위를 위해 전 세계 사람들의 얼굴을 짓이기는 일이 아주 잠깐

그 [illegible]

들이 [illegible]

화 [illegible]

다. [illegible]

천의 [illegible]

시작 [illegible]

다. [illegible]

위해 [illegible]

수십 [illegible]

이들 [illegible]

타나 [illegible]

[illegible]

각은 [illegible]

노는 [illegible]

마스 [illegible]

는 [illegible]

발을 [illegible]

은 [illegible]

하 [illegible]

초 [illegible]

들을 [illegible]

이 [illegible]

다. [illegible]

한 [illegible]

들이

주의

를 짓

여전히

가에

은 정

시하

로 그

린 랜

리

밖에

로

을 가져다주

너 당시 사정

고인이 된

진보적

정적으로 거

버렸

한

자

턴포스트》의 머리기사는 "애팔래치아는 민주당의 손아귀에 있지 않음"을 보도했다. 이 기사에 따르면, 웨스트버지니아의 황량해진 광산촌은 '불황 통에 자신들이 잊혀버린 것'에 대한 반발로 공화당의 손을 들어줘 버렸다.[13]

11월에 치러진 총선거는 공화당의 완벽한 승리였다. 미 하원은 1938년 이래 가장 큰 규모의 의석 이동이 일어났는데, 중간선거를 통해 무려 63개의 의석이 민주당에서 공화당으로 넘어가버린 것이다(1994년 "공화당 혁명"에서조차 단지 54석의 의석이 이동했을 뿐이다). 민주당이 대승리를 거둔 지 겨우 2년밖에 지나지 않은 시점이었지만 이제 포퓰리스트적 분노는 모든 측면에 걸쳐 일어나고 있었다.

이는 어디에서건 마찬가지였다. 《내셔널저널》은 2011년 출구 조사 결과를 검토하고는 전국적으로 백인 블루칼라 노동자들 중 공화당 입후보자에게 투표한 사람이 두 명 중 한 명꼴이라는 사실을 발견했다. "오바마 그리고 그가 내세운 과제에 대한 어마어마한 저항" 속에 과거 자본주의 최후의 시스템적 위기에 마음이 움직여 프랭클린 루스벨트에게 무려 네 차례나 연속해서 대권을 쥐어줬던 이들은 이제 허버트 후버식의 정치를 부활시켜버렸다.[14]

그것은 정말이지 믿기 어려운 역전임에 틀림없다. 그러나 이것은 또한 이를 지지하는 사람들이 바라는 바가 잘 반영된, 아주 정직한 모습을 가진 것처럼 보이지는 않는다. 이 결과를 만들어낸 대부분의 사람들은 이른바 시대정신이라는 것에 휘말려들었지만 분명 좋은 뜻에서 그런 선택을 한 시민들이기 때문이다. 그러나 그들이 스스로를 내맡긴 더 큰 정치적 활동이라는 것은 마치 게임용 덱을 섞어 한 장의 카드를 다른 카드의 자리로 잽싸게 바꿔치기하는 거대한 쓰리카드몬테(스페인식 카드놀이의 일종으로 퀸을 포함한 3장의 카드를 보인 다음 교묘한 솜씨로 뒤집어 엎어놓고 퀸을 찾게 하는 도박—옮긴이) 게임과 같은 것이었다. 우리의 눈앞에서 상상 속에만 있던 공포가 점점 현실로 바뀌어버렸다. 이제 남은 것은 그 대가를 치르는 일뿐이리라.

이었다. 그는 시카고 거래소 앞에서 주변의 트레이더들을 대신해 아주 큰 소리로 이들에게 반대하거나 불만을 가져서는 안 된다고 소리를 질렀다. 돌이켜 생각해보면 보수주의의 부활을 이끌 역전 정신의 사례로 이보다 더 훌륭한 것은 찾아보기 어려웠을 것이다.

릭 산텔리는 앞선 수개월 동안 여러 측면에서 은행들에 대한 구제금융을 비판해왔던 사람이다. 하지만 그의 이야기가 온 나라의 이목을 집중시킨 2월의 그날, 그를 넌더리 치게 만들었던 것은 부실자산 구제프로그램의 특정 부분이었다. 바로 주택담보대출을 받아 집을 구매한 사람들로 하여금 언더워터 상태(대출금보다 집값이 떨어진 상태. 2008년 미국의 서브프라임 모기지 사태 이후 언더워터 상태에 빠진 사람들이 급증하였는데, 이들은 집을 팔고 추가적으로 대출을 받아야지만 기존의 대출금을 갚을 수 있는 상황이었다—옮긴이)에서 벗어날 수 있도록 그리고 대출금을 지불할 수 있도록 하여 이들이 결과적으로 저당물 압류를 피할 수 있게끔 만들어주는 조치였다. 그것은 기관들보다는 대출자 개개인들에게 직접적인 도움을 주기 위해 마련된 부실자산 구제프로그램의 그것도 극히 일부로, 되도록 많은 사람이 구제 대상에 포함될 수 있도록 하기 위한 것이었다. 그러나 그것은 그렇게 되기는커녕 이 따위 계획은 아예 고려할 가치조차 없다고 여긴 산텔리의 자존심에 상처를 입혔을 뿐이었다. "여기는 미국입니다!" 그는 성난 목소리로 소리쳤다.

산텔리의 거래소 "미국"에서 이러한 프로그램은 "못된 행동을 부추기는 것"이자 대중의 돈으로 "실패한 자들에게 보상금을 쥐어주는 것"에 지나지 않았다. 또한 이 돈이 차라리 이 사회의 승리자들에게 간다면 훨씬 더 좋은 데 쓰일 것이다. "실패한 자"들을 향한 산텔리의 격노는 강렬했고 또 지칠 줄 몰랐다. 다른 사람들이 "물을 나를" 때 그들은 "물을 들이긴다." 그는 두 팔을 들어 올려 자신의 친구들인 시카고 트레이더들을 붙잡고 다음과 같이 물어보았다. "자신의 분에 넘치는 주택을 구입해 파산한 주변 이웃의 담보대출금을 대신 갚아주고자 하는 사람이 대체 몇 명이나 됩니까?"〔릭 산텔리가 융자 재조정 프로그램에 보여 온 두려움을 향후 몇 해 동안 이 프로그램이 펼쳐진 과정과 함께 비교해보자. 공교롭게도 융자 재조정 프로그램은 저널리스트들에 의해 꽤나 철저하게 검토된 사항이었다. 특히 웹사이트인 《프로퍼블리카》는 홈페이지를 통해 프로그램의 발자취를 조심스럽게 되짚어 나갔는데, 여기에는 부분적으로 프로그램의 시행으로 말미암아 이로부터 구제 받게 될 사람들과 나눈 인터뷰도 포함되어 있었다. 이들은 바로 산텔리가 "실패한 자들"이라 부른 사람들이었다. 《프로퍼블리카》가 찾아낸 것은 더 이상 대출금을 갚을 수 없었던 수많은 사람들이 이 프로그램의 혜택을 받는 것은 사실상 불가능했다는 사실이었다. 이는 대출기관들이 이들에게 협력해주기는커녕 도리어 발목을 붙잡고 늘어지거나 혹은 이들의 요청을 그야말로 간단히 거절해버렸기 때문이다. 백악관에 있다고 하는 공산주의자들은 대출기관들이 확실하게 이 프로그램을 따르게 만드는 일 또는 그들을 제대로 감독하는 일까지는 미처 생각하지 못했던 모양이다(2011년 3월 30일자 《뉴욕타임스》에 실린 융자 재조정 프로그램에 대한 암울한 분석 또한 살펴보라)〕.

이 얼마나 좋은 소식인가! 우리는 여전히 법은 존재하되 그것이 집행되지는 않는 릭 산텔리의 "미국"에 있는 것이다. 분명 엄청나고도 완벽한 실패였다. "실패한 자들"은 신과 시장의 의도 그대로 그들의 집밖으로 내몰렸다.

어이, 트레이더들이여! 이 이웃들을 타도하자! 그들이 분에 넘치는 주택으로 파산하건, 오만하게 물을 들이키건, 운이 없건 우리가 알게 뭐란 말인가.

이 기자는 뒤이어 다음과 같이 보도했다. 현재 정부가 추진하는 담보대출 구조 개선은 결국 미국을 공산주의 쿠바로 만들어버릴 폭정의 길이다. 그러나 빅 브라더는 국가 통제주의라는 강철의 재단에 올라 손뼉을 치기에 앞서 트레이더의 친구이자 자본주의를 향한 목마름을 대변하는 릭 산텔리를 상대해야 한다는 것이다. 산텔리는 "시카고 티파티"를 열어 오바마 행정부에 반대할 셈이었다. 그는 또한 "모든 자본주의자들"을 불러 모았다.

이후 며칠 동안 평론가들을 얼어붙게 만들었던 문제는 순식간에 유명세를 탄 산텔리의 장황한 비난이 잘 짜놓은 각본에 따른 것인지 아니면 그가 정말로 그렇게 느낀 것인지의 여부가 아니었다. 오히려 그 순간 내 눈길을 사로잡은 것은 그가 보인 어마어마한 외고집이었다. 당시 온 나라는 경제 재앙의 끝자락으로 치닫고 있었고, 이렇게 된 데에는 산텔리를 응원한 트레이더들과 같은 보너스에 목을 맨 자들이 벌인 짓거리들이 큰 몫을 담당했다. 그리고 우리들 대부분 또한 그와 마찬가지로 휘청거렸던 것은 CNBC와 같은 비즈니스 뉴스 매체들이 우리에게 투자은행과 담보대출의 문제점을 경고해주는 데 완전히 실패해왔기 때문이었다.

하지만 이 CNBC의 주인양반과 그의 트레이더 친구들은 깡패들이 아니었다. 깡패라기보다는 불만이 가득한 자들이었다.

한 가지가 더 있다. 릭 산텔리가 이처럼 유창하게 정치적 목소리를 대변해준 이 불만에 찬 트레이더들은 누구였을까? 글쎄, 그는 CNBC의 한 동료에게 이렇게 말했다. 그들은 "아주 간단해. …… 꽤나 괜찮은 미국의 한 단면이지. 조용한 다수랄까."

마치 앞으로 다가올 불행을 예고하는 것만 같았던 2월의 그날, 릭 산텔리가 사용했던 뒤집힌 추론들은 정말이지 하나같이 가장 삐뚤어진 것들뿐이었다. 트레이더들은 이제 전과 다른 모습으로 비춰지고 이에 따라 예전과 다른 대접을 받을 수 있을는지도 모른다. 그러나 이들은 정의상 '실제로 존재하지도 않는 관념적인 상품을 사고파는 사람들'이라는 오직 한 가지 삶의 모습만을 나타낼 수 있을 뿐이다. 그들은 아무것도 만들어내지 않는다. 또한 아무것도 움직이지 않는다. 그들이 손대는 것은 기껏해야 가격을 올리고 내리는 일 그 이상도 이하도 아니다. 이들 그리고 금융산업은 그야말로 갈 데까지 가버린 것들이다. 그리고 우리가 만약 《트레이더몬슬리》가 내린 정의에 따라 트레이더들을 "미국을 단적으로 보여주는 단면"이라 이야기한다면, 여기서 "미국"은 오직 야만과 약자를 괴롭히는 짓거리가 지상 최고의 가치인 나라이자 금융 사기가 생계를 꾸려가는 가장 고결한 행위로 자리 잡은 나라여야만 할 것이다.

하지만 트레이더들의 맞은편에 선 다른 사람들, 다시 말해 우리는 그날 아침 릭 산텔리가 지껄인 말들을 듣지 않는 편이 훨씬 현명한 일이었다. 산텔리는 경기침체가 시작된 이래 금융업자들에게 씌워진 오명을 순전히 우격다짐으로 벗겨냈다. 우리가 지금 당장 찾아볼 수 있듯, 티파티 운동을 주도했던 누군가는 그날 이후 저 트레이더들에 대해 다음과 같이 적었다. "그들은 단지 계속해서 일할 자유 그리고 정당한 방법으로 자신들 노동의 대가를 즐기고자 했던 사람들일 뿐이었다."[1]

사실 평범한 사람들에 대한 산텔리의 일체감은 심지어 그 잘난 2월의 어느 날이 있기 전부터 이미 마음속에 확고히 자리하고 있었다. 2008년 11월에 나온 《워싱턴포스트》의 텔레비전 출연자 프로필에 따르면, 산텔리는 "대개 텔레비전 스크린의 아래쪽 구석에 자리하며, 그가 시카고 거래소의 선물 거래소에서 흥분하여 소리치는 장면을 내보낼 당시 카메라는 그를 위쪽에서 촬영한다. 이것은 그야말로 대놓고 그의 외침은 고전적인 '작은 사람 대 거대한 시스템'의 느낌을 띄도록 만든다."[2]

바로 이렇게 뒤집기는 마무리되었다. 파생상품 구덩이의 '노동자'를 대변하는 금융전문기자는 어느새 고전적인 1930년대 방식으로 '시스템'에 맞서 싸우는 '작은 사람'이 되었다.

산텔리의 분노 가득한 외침은 시대의 반란정신을 손에 넣었다. 2009년 초 당시 대중의 인내심은 한계에 도달해 있었고, 따라서 이 기자가 내보인 분노는 그 즉시 센세이션을 불러일으켰다. 성난 대중은 유튜브를 통해 문제의 영상을 수백만 회 이상 돌려보았다. 산텔리는 그 즉시 1976년 개봉한 영화 〈네트워크Network〉에 등장하는 포퓰리스트 앵커 하워드 빌Howard Beale에 비유되었는데, 극 중 하워드 빌은 카메라 앞에서 전 세계를 향해 격렬한 분노를 쏟아내는 인물로 그려졌다.

사실상 산텔리가 시스템을 대변한다는 사실 그리고 그것의 희생양인 평범한 사람들의 주장에 반대한다는 사실은 미국인들이 무심결에 지나치기 쉬운 꽤나 미묘한 것이었다. 실로 혼란스러운 시절이었고, 어디에서건 강한 자들의 푸념은 마치 모든 사태를 스스로 수습하는 보통사람들의 자발적 움직임인 것처럼 그려졌다. 끓어오르는 감정이 진짜 걱정해야 할 일마저 대체했던 것이다.

상황은 이런 황당한 일들이 일어나기에 더없이 좋았다. 예를 들어보자. 신용부도스와프가 대체 무엇인지 누가 알고 있었나? 또 그러한 것들이 강력했던 경제를 순식간에 먹통으로 만들어버린 과정을 과연 누가 제대로 설명할 수 있었나?

어리둥절한 와중에도 한 가지 극악무도한 짓거리는 꿋꿋하게 이루어졌다. 바로 포퓰리스트적 분노를 이용해 부실자산 구제프로그램 관련 법안을 따낸 것이다. 이제는 그 조치가 진정으로 어떤 일을 불러올지 알았던 악당들만이 남게 되었다. 그것은 미국인들이 들었듯 베트남 전쟁 전체보다, 루이지애나 구매보다, 아니 그 무엇보다 더 큰 대가를 치르게 될 것이었다. 더불어 그것은 틀림없이 잘못된 것이었다. 구제금융은 바로 우리 정부가 친절하게도 금융산업의 손실을 납세자들에게 떠넘기도록 만든 장본인이었던 것이다.

다른 때였다면 부실자산 구제프로그램은 분명 활기를 되찾은 좌파들을 다시금 결집시키는 계기가 될 수 있었을 것이다. 그러나 이때 이루어진 긴급 구제금융은 그에 뒤따를 은행 규제 완화, 보너스 문화, 국가 관리감독 기능 해체 따위의 조치들과 마찬가지로 명백히 옳지 못한 일이었다. 이 모든 것들 뒤에 비즈니스 친화적 보수주의자들이 있었다. 그런 다음 이들은 부실자산 구제프로그램을 들어 올려 은행가들이 하고자 하는 일은 무엇이든 허용해준다는 끔찍한 목적에 맞게 짜 맞추었다. 개혁자들은 부실자산 구제프로그램을 이야기하며 기막힌 사기를 다룬 커다란 책의 마지막 장을 장식할 수 있었는데, 이 책은 월 가가 그들의 손에 떨어진 나라를 이용해 자신들이 진 빚을 대중에게 떠넘겨버린 에피소드를 담고 있었다.

분명히 판을 좌우할 그리고 구제금융을 이용해 월 가 악당들이 짊어져야 할 책임을 정부에 교묘히 떠넘길 기회를 부여잡은 것은 우파였다. 그들에게 부실자산 구제프로그램은 자신들의 위기를 헤쳐 나갈 발판에 지나지 않았다. 중요한 것은 파생상품이나 규제완화 따위가 아니었다. 그리고 원래대로라면 시장에 대한 정부의 개입에 해당하는 이 프로그램에 반대했어야 할 그들의 보수적 공화당 혈통 역시 전혀 문제가 되지 않았다(이와 반대로 의회에서 민주당이 이 프로그램에 표를 던진 것은 아주 큰 의미를 갖고 있었다). 말은 프로그램을 따내고 나서 바꾸면 되니까 말이다.

자. 그럼 프로그램을 따내고 난 뒤 그들이 했던 말을 한번 들어보자. 프로그램을 따낸 뒤 보수주의자들이 주장한 바에 따르면, 자신들은 단 하나밖에 없는 부실자산 구제프로그램의 제대로 된 반대자들이란다. 왜냐고? 자신들은 시장에 대한 연방의 개입에 반대해왔으며, 구제금융은 엄격한 자유방임주의의 교리를 위반했기 때문이다. 또한 구제금융은 승자와 패자를 시장이 아닌 정부가 결정하도록 만들었고, 자유로운 경쟁의 힘을 어떤 행정적 지시와 명령으로 대체시켜버렸으며, 게다가 더 큰 손실이 나도록 했다. 바로 그렇기 때문에 우파는 부실자산 구제프로그램을 천여 개의 뱀 깃발이 나부끼는 분노로 만들어 자신들의 권리를 주장하기 시작했다는 것이다.[3]

"실패한 자들은 실패하도록 내버려 두라"

산텔리의 방송이 나가고 8일 뒤, 티파티의 뱀 깃발이 처음으로 워싱턴에서 휘날렸다. 그것은 대중의 혼란을 이용하는 우익의 능력을 아주 잘 보여주는 사례였다. 적어도 내가 직접 가본 진짜 티파티 집회에서는 거기에 자발적으로 참여한 풀뿌리 대중들은 눈 씻고 봐도 찾아볼 수 없었다. 사실 워싱턴에서 있었던 집회 내내 그것의 겉모습은 압력 단체에서 나온 한 줌도 안 되는 사람들이 매체들 앞에서 피켓을 들고 자세를 취하는 따위의 꾸며낸 저항들로 이뤄졌다. 나는 사람들을 끌어 모으기 위한 이들의 계획을 들었는데, 그것은 길거리에서 주울 수 있는 몇 개의 급진적 전단지가 아니라 워싱턴 우익의 확고한 지지대인 《아메리칸 스펙테이터》의 한 편집자에게서 나오는 온라인 메시지를 이용하는 전략이었다. 집회는 백악관 건너편 공원에서 열릴 것이었고, 그곳은 (적어도) 잭 아브라모프Jack Abramoff가 전국 공화당 대학생회를 움직이던 시절로 돌아간 가짜 우익 저항자들의 전통적 시위 장소가 될 것이었다.

이는 분명 작은 사람들이 일으킨 저항이 아니었다. 마치 특수 비닐로 만든 인조 잔디와 마찬가지로 그것은 모조품이자 꾸며낸 시민운동임에 틀림없었다. 행사장은 이름 높은 보수주의 인사들로 득실거렸다. 여러분은 배관공 조Joe the Plumber(최근 있었던 미국 대선에서 금융위기, 이라크 전, 북한 문제 등과 함께 가장 화제가 되었던 이슈 중 하나다. 오바마가 오하이오에서 유세하던 당시 자신을 배관공이라 소개한 조는 자신이 조만간 회사를 하나 인수해서 연 수입 25만 달러 이상을 올릴 것을 예상하고 있었는데 오바마의 세금 계획대로라면 수입의 많은 부분이 세금으로 나가고 말 것이라며 불만을 나타냈다. 매케인 진영은 이를 두고 연일 오바마의 세금 정책이 "배관공 조 같은 서민"들에게 불이익을 가져온다고 홍보했으며, 두 후보는 텔레비전 토론에서도 배관공 조를 무려 스무 번도 넘게 언급하며 세금 제도와 관련된 불꽃 튀는 설전을 벌였다—옮긴이)를 기억하는가? 자칭 떠돌이 노동자인 그는 '자신도 억만장자가 될 수 있는 미국'이라는 이른바 미국 노동자 계급들이 가진 믿음을 보여주고자 그 모습을 드러냈다. 이 같은 오직 자기 이익밖에 모르는 그 잘난 이상주의를 그려냈던 조와 마찬가지로, 보수주의 블로거 미쉘 말킨Michelle Malkin이 마이크를 손에 쥔 채 이야기를 쏟아내고 있었다. 대다수 사람들이 정장을 차려입었고, 몇몇은 얼마 떨어지지 않은 곳에서 벌어졌던 보수주의 정치행동 회의의 표찰을 달고 있었다.

저항자들은 정부의 적자지출과 구제금융 그리고 산텔리의 분노를 불러일으켰던 조치를 맹렬히 비난했다. 이 조치는 바로 정부가 담보대출 구조를 바꿔 사람들이 어려움에서 벗어날 수 있도록 한 조치였다. 과거 여러 공동체들이 압류 위기에 놓인 이웃들을 돕기 위해 집회를 열었던 장소는 이제 분에 넘치는 집에서 쫓겨난 건방진 이웃들의 모습을 보고자

하는, 정말이지 지독하리만큼 모범적인 포퓰리스트들을 위한 장소가 되어버렸다. 이들에 따르면 이 건방진 이웃들은 애초부터 그러한 집을 살 능력이 없었으므로 쫓겨나야 마땅한 악당들이었다.

머지않아 온 나라가 잘 알게 되겠지만 뱀 깃발, 삼각모자, 헌법에 대한 숭배, 심지어 의도적인 철자 오류에 이르기까지 이들이 사용한 상징, 의상, 혼란은 거의 대부분 그들의 첫 집회 자리에서 제시된 것들이었다. 더불어 당연하게도 그동안 앙심을 품고 있던 좀스러운 자들은 오만한 권위에 맞서는 용기 있는 사람의 탈을 뒤집어썼다. 티파티의 저항 문구들을 사진에 담는 것은 앞으로 판에 박힌 일이 될 것이었지만, 한 여성이 내 카메라에 자랑스레 들이댄 그녀가 손수 만든 어리둥절한 격노의 선언문을 살펴보자.

국회 의사당에 있는 자들은
글을 읽을 줄 아는가?
만약 그렇다면
헌법을 읽어보라
미국인으로서 우리가
집을 가질,
차를 가질,
교육을 받을 권리 따위는 없다.
미국인에게 주어진 것은
행복을 가질 권리가 아닌
행복을 추구할 권리뿐이다!(그러나 "행복 추구"는 헌법에 적힌 문구가 아닌 독립 선언문에 있는 문구다.)

마치 미국인들에게 닥친 진짜 위험은 경제 붕괴가 아닌 개인의 자유를 침해하려는 어떤 시도인 것처럼, 여기에는 '자유 대 독재'의 갈등에 관한 이야기만이 있을 뿐이었다. 그리고 쓰라린 1970년대의 기억에서 오는 존재론적 불안을 담은 외침 아니 그보다 릭 산텔리를 향한 당혹스러운 찬양을 품은 구호만이 남아 있었다. 연단에 올라선 사람들은 잇달아 《뉴스위크》에 실린 유명한 문구를 반복했는데, 그것은 바로 "나는 정말 화가 나 미칠 노릇입니다. 그리고 더 이상 그냥 넘어가지 않을 것입니다!"라는 문구였다(이 문구는 우익에게 제법 오랜 역사를 갖고 있다. 하워드 자비스Howard Jarvis는 1970년대 당시 캘리포니아의 조세저항인 주민발의안 13을 이끌어내는 과정에서 이를 사용했고, 아놀드 슈왈제네거 역시 자비스로부터 저 말을 끌어왔다. 저널리스트들은 문구를 조금씩 바꿔 로널드 레이건, 뉴트 깅리치 그리고 폭스 뉴스의 수장 로저 에일스Roger Ailes 등의 호소를 간추리는 데 사용해왔다. 더불어 이 문구는 1970년대 우익 포퓰리스트와 오늘날의 티파티 운동 양쪽 모두가 사용하는 일종의 표제로 담금질되었다. 여러 측면에서 산텔리를 하워드 빌에 비유하고 나서 한 달쯤 뒤, 글렌 벡Glenn Beck은 자신 또한 산텔리와 마찬가지로 빌의 캐릭터에서 영감을 받았다고 주장했다. 《뉴욕타임스》 2009년 3월 29일자에 실린 프로필을 살펴보라).

"더 이상"이라고? 버락 오바마가 백악관에 들어선 지 겨우 한 달이 조금 지난 시점이었다. 그럼에도 그들에게 있어 오바마가 자신들을 쥐고 흔들어대는 괴로움은 정말 참을 수 없는 일이었던 모양이다. "자신들이" 이제 "그냥 넘어가지 않을 것"이라고? 수십 년 동안 정치인이라는 사람들은 걸핏하면 성질을 부리는 경제 보수주의자들의 불만을 단 하나도 빠짐없이 해결해주었다. 이들 보수주의자들이야말로 정치 시스템에 의해 유별나게 대접 받아온 집단이었다. 그들이 이제 와서 과거 자신들이 원했던 것이라 외치는 '규제가 완화된 세계'는 이미 그보다 한참 전부터 그들 손에 쥐어졌던 것이 아니었던가.

"화가 나 미칠 노릇"이라고? 오, 그렇다마다! 이 말만큼은 심지어 내가 그들의 정서에 등 떠밀렸다손 치더라도 틀림없는 것 같다. 게다가 저들 티파티의 첫 세대들은 금융위기와 긴급구제에 몹시 화가 나 있던 모든 이에게 내던질 아주 간단한 제안까지 가지고 있었는데, 그것은 바로 "실패한 자들은 실패하도록 내버려 두라"였다. 이 슬로건은 내가 예전에 어떤 저항 팻말에서 본 바로 그 구호였다. 그리고 그 이래로 저 말은 수백 번도 넘게 거듭 되풀이되었다(1980년 레이건 혁명으로 그 정점에 이른 1970년대 조세저항과 문화전쟁, 1994년 "미국 국민과의 약속"과 깅리치 혁명).

"실패한 자들은 실패하도록 내버려 두라." 이 한 문장이야말로 우파가 머지않아 차지하게 될 믿기 힘든 성공의 열쇠였다. 그들은 긴급구제가 불러올 분노에 대답할 준비가 되어 있었고, 그 대답은 의회에서 부실자산 구제프로그램에 표를 던진 민주당 의원들처럼 자신들의 성향에 의거하거나 혹은 법적으로 중요한 요소들을 고려한 것이 전혀 아니었다. "실패한 자들은 실패하도록 내버려 두라." 이것은 다시 힘을 되찾은 우익들로 하여금 스스로를 거대한 비즈니스의 적이자 초대형 은행들의 몰락을 지지하는 사람들로 그려내도록 해줄 것이었다. 티파티가 겉보기에는 터무니없고 우스꽝스럽게 보였을지 모르지만, 그들의 핵심 요구까지 그러한 것은 아니었다.

못된 이웃 원칙

하지만 '실패한 자'가 모두 같은 것은 아니다. 새로운 우파는 무엇인가 철학적인 그리고 광범위하면서도 개인적인 어떤 것을 마음에 두고 있었다. 그것이 요구하는 전면적 청산이란 사실 오직 '대출 기반 삶'에 대해서만 일종의 제대로 된 그리고 도덕적으로 올바른 철퇴를 내려치는 것뿐이다. 그러나 문제는 그 잘난 이른바 마땅히 죽어나가는 과정은 단지 상상 속에서만 즐거울 뿐이라는 점, 한술 더 떠 이 과정에서 2008년의 재앙을 불러온 진짜 범인들은 자연스럽게 눈앞에서 사라져버린다는 사실이다.

조금 더 자세히 들여다본다면, 우리는 그들이 내놓는 패가 바뀌었음을 알 수 있다. 종종 우리 티파티 친구들이 실제로 그러하듯[4] 이들이 실패한 자들은 실패하도록 두라는 주제에 열정적으로 매달릴 때는 언제나 마치 기다렸다는 듯이 곧바로 그 표적이 바뀌어버린다. 이들의 표적은 긴급구제를 받은 은행들에서 산텔리가 헤픈 '이웃'으로 이름 붙인 즉, 자신들의 역 근처의 비싼 땅에 살고자 담보대출을 받고는 결국 길거리에 나앉아버린 방종한 사람들로 바뀌는 것이다. 티파티의 논리에 따르면 그들은 응당 실패했어야 할 실패자들이며, 그들의 문제는 언제나 개인적 차원의 문제일 뿐이다. 자, 그럼 공화당 원로 딕 아메이가 그의 "티파티 성명서"에서 '구제금융'에 대해 뭐라고 지껄이는지 살펴보자.

> 우리 대부분은 구제금융이 본질적으로 잘못된 것임을 알고 있다. 우리는 자본주의가 제대로 돌아가도록 하기 위해서는 위험을 감수하는 것을 통해 잠재적으로 얻을 수 있는 것들뿐만 아니라 잃을 수 있는 것들 또한 받아들여야 한다는 사실을 깨달았다. 수익에는 곧 잠재적 손실이 따르는 법이다. 우리들 대부분은 너무나 오랫동안 또 너무나 분에 넘치게 살아온 누군가에 대해 들었거나 실제로 그런 이웃을 두고 있다. 그리고 이제 와서 왜 우리가 이들의 빚을 대신 갚아줘야 하는지 실로 궁금하기 짝이 없다.[5]

상원의원 랜드 폴Rand Paul이 즐겨 쓰는 "심판의 날"이라는 말처럼, 평소 그들이 그리는 실패는 어마어마한 실패를 가리킨다. 실패는 큰 정부의 자만에 대한 지극히 자연스러운 반응이자, 우리의 그릇된 가치들이 불러온, 달게 받아 마땅한 처벌인 것이다. 과거 폭스 뉴스에서 이름을 날린 글렌 벡에 따르면, 실패는 심지어 미국 물질주의를 속죄하는 하나의 방법이다. 실패는 도덕적으로 필요하며 심지어는 건전한 것이기까지 하다. 2009년에 출판된 베스트셀러에서 그는 다음과 같이 적고 있다. "성공을 얻기 위해 반드시 거쳐야 할 단계에서 안전망이니 구제금융이니 하는 것들은 지름길이기는커녕 오히려 멀리 돌아가는 길에 지나지 않는다." 따라서 이러한 구제금융 조치들은 사실 이기심의 확대라는 이른바 자연의 섭리이자 공화당의 가치 자체에 대한 공격이란다. 설령 그 잘난 이기심의 확대가 소비자들을 빚의 구렁텅이로 몰아넣고도 "정치인들과 매체들"로 하여금 "미국은 최고로 멋진 자동차들, 가장 큰 집들 그리고 그 밖의 모든 것들을 가장 많이 가지고 있습니다"라고 안심시키려 드는 것에 불과해도 실패에 대한 저 말은 틀림없는 것이란다〔기업가 정신과 주택 소유에 관한 아주 흔한 브로마이드들을 제외하면, 나는 소비를 이보다 더 생각 없이 찬양해온 미국의 이름 있는 정치인은 생각해낼 수가 없다. 사실 내가 아는 한 이에 가까운 유일한 거물급 정치인은 "부자가 되는 것은 영광스러운 일이다"라고 이야기한 중국의 덩샤오핑鄧小平뿐이다. 인용된 문구는 다음을 살펴보라. Glenn Beck, *Glenn Beck's Common Sense, The Case Against an Out-of-Control Government, Inspired by Thomas Paine*(New York: Threshold Editions, 2009), pp.12, 14〕.

자! 바로 그런고로 수많은 실패는 실패하도록 놔두자. 패배자들은 단 한 명도 빠짐없이 무릎을 꿇리자. 구제금융으로 돈을 푼 정부, 이를 받은 은행들, 담보대출을 받았던 탐욕스러운 이웃들 그리고 그 사이에 있는 모든 사람들까지 말이다. 이들 모두가 완전히 나가떨어지도록 내버려 두자. 직장을 잃은 자들은 실업수당 없이, 농부들은 보조금 없이, 파산한 은행에 돈을 넣어둔 자들은 한 푼도 되찾지 못한 채 살도록 하자. 달러도 무너지게끔 해버리자, 그리고 자신들의 은신처에 은퇴 뒤 사용할 금덩이를 미처 챙겨두지 않았던 자들 역시 자연스러운 결과에 몸서리치게 내버려 두자.

수십 년 동안 우리는 분에 넘치는 삶을 살아왔지만 이에 대한 꾸짖음은 삼가왔다. 우리는 스스로가 꽃으로 덮인 침대를 가진 부자로 쉽사리 탈바꿈할 수 있다고 생각했지만, 이제 그 값을 치러야 할 시기가 된 것이다. 글렌 벡을 비롯한 수많은 보수주의자들이 다시금 일깨워주듯 미국은 "망가졌다." 또한 우리는 더 이상 "자연의 섭리"를 거스를 수 없다.[6] 알뜰하고 생산적인 사람들이 더는 헤픈 자들을 뒷받침해줄 수 없으며, 오직 씨를 뿌린 부지런한 사람들만이 수확의 기쁨을 누리는 것이다. 삶은 가혹하다. 그리고 미국인들은 이에 익숙해질 필요가 있다.

이 도그마는 앞으로 몇 년 동안 힘을 되찾은 우익들로 하여금 연방부채 상한선을 올리는 대신 정부지출을 감축하라는 조건을 내걸게 해 실질적으로 대재앙이 온 나라를 덮치게끔 만들 것이었다. 하지만 그러는 사이 그것은 방향을 잃고 갈팡질팡하던, 가짜 신을 숭배하던 그리고 그로 인해 넋이 나가버린 우리 사회의 비난 여론을 말끔히 털어버리는 아주 매력적인 도덕 원칙이기도 했다. 실패에 대한 추종은 또 다른 교묘한 생각을 불러일으켰다. 그것은 되살아난 우파들이 불리한 분위기를 뒤섞어 자신들에게 유리한 분위기를 조성할 수 있게 해주었다. 바로 명백하게 그들을 향하던 대중의 분노를 전혀 엉뚱한 곳으로 돌려버렸던 것이다.

마구 휘젓는 자는 신성할지어다

보수주의자들은 이 같은 교묘한 속임수를 작동시키기 위해 어마어마한 인식론적 장애물을 넘어서야 했다. 그 꼴도 보기 싫은 구제금융을 고안한 사람들 그리고 이를 통해 혜택을 입은 은행들은 대체로 보수주의의 편에 서왔던 자들이었다. 부시 행정부의 구제금융 정책을 이어왔던 버락 오바마에게 자유를 파괴하는 독재자의 역할을 뒤집어씌우는 것은 손쉬운 일이었다. 하지만 불과 몇 년 전까지 온 나라를 그 같은 폭압적 상태로 거칠게 몰아세웠던 자들의 정체는 사실 자유시장의 성스러운 기사들인 그들 자신이 아니었던가?

자유시장은 단지 신화에 지나지 않았고, 이 '자유시장'을 부르짖는 은행가들, 정치인들, 기업 경영자들은 상황이 바뀔 때면 언제나 구제금융을 요구하는 등 점점 더 직접적으로 "주십시오!"를 외쳐오던 자들에 지나지 않았다. 다시 살아나던 우익은 앞선 질문에 대한 이 같은 명백한 대답을 받아들일 수 없었다[『탐욕의 시대Age of Greed』를 통해 제프 매드릭 또한 이와 비슷한 이야기를 하였는데, 그는 씨티은행의 CEO 월터 리스턴Walter Wriston을 아주 노골적인 자유시장 열성분자(예를 들어 그가 쓴 『국가주권의 황혼The Twilight of Sovereignty』을 살펴보라)이면서도 자신의 은행을 위해 수차례 정부에 구제금융을 요구하고 또 받아낸 인물로 그려내고 있다. 다음을 보라. Jeff Madrick, *Age of Greed: The Triumph of Finance and the Decline of America, 1970 to the Present*(New York: Knopf, 2011), chapter 1].

2008년과 2009년의 보수주의자들에게는 오직 단 하나의 가능성만이 남아 있었다. 그것은 바로 자유시장 신화에 대한 그들의 진정한 믿음을 선포하는 것과 더불어 자신들보다 앞선 보수주의 세대들을 자유시장 신앙의 이단자로 몰아세우는 것이었다. 이들은 심지어 과거 자신들의 영웅이었던 조지 W. 부시마저도 자유라는 대의를 저버린 배반자로 낙인찍었다. 부시 역시 우파 반란군들의 웹사이트에 길이 남을 "나는 자유시장 시스템을 구하기 위해 그 원칙들을 포기했다"는 고백으로 이들을 도왔다.

그러나 부시는 넘어야 할 수많은 산들 중 하나일 뿐이었다. 우파의 반란을 성공시키기 위해서는 지난 수십 년 동안의 역사 또한 다시 고쳐져야 했다. 이에 따르면, 시장의 전 세계적 확산과 수용은 역사가들이 이야기하듯 1970년대에 이루어진 것이 아니다. 오히려 우리가 이제야 비로소 알게 되었듯, 시장의 전 세계적 확산과 수용이 이루어졌기는커녕 사회주의가 판치고 있었다는 것이다. 사회주의는 조금도 타격을 입지 않았고 그 시절 거의 모든 이른바 보수주의 정치인들은 사실상 시장자유주의자의 가면을 쓴 거짓말쟁이에 지나지 않으며, 따라서 로널드 레이건을 특별히 제외하면 당시 자유시장의 신조를 진정으로 지지하던 이는 없었단다.[7] 금융위기를 발생하도록 만든 규제 허용의 시대는 입에 담기도 부끄러운 것 그리고 찬찬히 지워져야 할 것이 되어야 했다. 또한 이것은 앞으로 다시는 일어날 수 없는 일이기도 하다. 왜냐하면 이제 보수주의자들은 그간 진보주의자들과 숨은 사회주의자들이 미국의 두 정당 모두를 주물러왔으며, 이들이 과거 우드로 윌슨Woodrow Wilson 시절에서부터 오늘날 행크 폴슨과 벤 버냉키Ben Bernanke에 이르기까지 모든 상황을 쥐락펴락해왔다는 사실을 깨달았다고 말하기 때문이다.

이 모든 잔꾀들이 바로 월 가 은행들을 만들어낸 장본인들이었다. 이 월 가 은행들은 한때 자유시장이 창조해낸 걸작이자 인류 최고 가치의 화신과도 같은 트레이더들 옆에서 행복에 겨워 윙윙거리던 벌떼나 다름없었다. 하지만 구제금융은 이들을 마치 역사상 가장 치사한 '복지의 여왕들'(거짓말 등 부정한 방법을 동원해 과도하게 복지 혜택을 얻어내는 여성들을 가리키는 말로 1976년 로널드 레이건이 처음 사용한 말로 알려져 있다—옮긴이)로 비춰지게끔 만들어버렸다. 이 이야기가 달라질 수 있을까? 두말하면 잔소리다. 어쩌면 정부가 은행들을 장악하기 위해 그들에게 구제금융을 받도록 강요했고 이 같은 정부의 못된 짓거리가 너무나 무시무시했을 수도 있다. 아니면 아마도 사실상 은행들이 정치인들의 간섭을 유도했다기보다는 이들의 쓸데없는 참견에 도리어 은행들이 희생되었던 것일지도 모른다. 꼭 릭 산텔리의 실물 트레이더들이 이른바 미국의 평범한 사람으로서 재구성해낸 바로 그 이야기처럼, 어떤 의미에서 은행들은 위기의 진짜 피해자로 탈바꿈되었던 것이다.

예를 들어 구제금융 대서사시의 저 유명한 한 장면을 살펴보자. 여러 은행의 CEO들이 워싱턴으로 불려왔고, 정부를 대표해 나온 사람이자 동시에 그들의 오랜 동료인 행크 폴슨은 이 자리에서 마찬가지로 그 자리에 있던 한 무리의 관찰자들이 "공돈"이라 칭한 것을 쥐어주어 은행들이 자본을 재편성할 수 있도록 해주겠노라고 이야기했다. 그러나 자유주의 시장을 옹호하는 활동가 스티븐 무어Stephen Moore에게 이 사건은 겉으로 보였던 것과는 정반대의 의미를 지니고 있었다. 즉 그것은 부당하게 정부의 도움을 받아 살아남은 자들에 대한 분노를 내보일 기회이기는커녕 탄압받는 은행가들과 굳건하게 힘을 합칠 절호의 기회였던 것이다.

> 여섯 개 은행의 최고경영자들이 재무 장관 행크 폴슨에 의해 워싱턴으로 불려왔다. 회의장에 들어선 그들은 사실상 자신들의 미래 수익의 일부를 정부에 넘겨주기 전에는 그 자리에서 떠날 수 없다는 이야기를 들었다. 재무부 사람들은 이러한 강탈이 모두 "대중을 위한 것"이라 주장했다.[8]

휘젓기의 달인은 글렌 벡이었다. AIG 추문으로 시끌시끌하던 2009년 3월의 어느 날 그는 자신의 시청자들에게 AIG의 사업 모델에 대해 마치 AIG는 단순히 서브프라임 모기지의 고안자일 뿐이며, 따라서 경제 붕괴는 "이 회사와는 아무런 관계가 없는" 것처럼 설명했다. 그는 옛 우익의 전설들이 그랬던 것처럼 오히려 비난받아 마땅한 자들은 기업들로 하여금 대출자들에게 돈을 빌려주도록 강요한 "워싱턴의 족제비 같은 자들"이라고 몰아붙였다.[9]

다음 날에도 이 진행자의 분노는 계속되었다. 그러나 그가 던진 이야기는 조금은 다른 것이었다. 벡은 이제 자신은 이 "실패한" 회사가 보너스를 지급하는 데 어마어마한 돈을 쏟아 붓고 있었다는 사실(맞는 말이다) 그리고 실질적으로 이들에 대한 구제금융은 납세자들의 돈을 외국 은행들에 보내버린 것과 같다(이 또한 맞는 말이다)는 사실에 큰 충격을 받았다고 말했다. 그에 따르면, 물론 보너스는 분노를 살 만한 일임에 틀림없지만(바로 여기서부터 휘젓기가 시작된다) 그것을 받은 사람들은 보너스를 받아도 될 만한 사람들이었다. 게다가 민주당은 분명 이를 승인했다(구제금융을 받은 AIG가 얼마 지나지도 않아 1억 달러 규모의 보너스를 지급하기로 한 것에 대해 백악관이 "터무니없는 행위지만, 법에 저촉되지는 않는다"는 입장을 밝혔던 것을 가리킨다—옮긴이). 따라서 문제를 일으킨 진짜 범인은 바로 민주당이었다. 그들은 AIG에게 돈을 뜯어내더니 이제는 "지난번"과 같은 시나리오에 따라 움직이고 있다. 그것은 곧 1930년대 방식으로 "폭도들의 지배를 선동"하고 대중의 분노가 AIG 경영진들로 향하게끔 만드는 것이다. 그들이 하던 짓이라고는 기껏해야 "분노를 엉뚱한 데로 돌리려는" 시도와 "이 분노가 누군지도 모르는 AIG의 보너스 수령자들을 향하도록" 만드는 일 외에는 없었단다.[10]

벡이 이처럼 넌더리를 치며 지껄이는 것은 참으로 이상한 일이었다. 왜냐하면 이 "가짜 포퓰리스트적 분노"야말로 그가 존재하는 이유였기 때문이다. 분노를 엉뚱한 곳으로 돌려버리는 일은 폭스 뉴스를 통해 바로 그가 했던 일 아니었나? 벡이야말로 자신이 생각해낼 수 있었던 모든 추론을 동원하여 온 나라의 분노가 정부 여당이자 "워싱턴의 족제비 같은 자들"인 민주당으로 향하도록 만든 사람이었다.[11]

이 모든 것이 여러분들의 눈에는 아리송하게 보일지도 모른다. 하지만 보수주의 르네상스를 이끄는 지도자들에게 그 같은 휘젓기는 식은 죽 먹기였다. 그들에게 민주당은 악의 상징이었고, 이들을 은행의 앞잡이인 동시에 은행에 박해를 가하는 자들로 그려내는 데에는 아무런 어려움도 없었다. 그들에게 민주당은 두 가지 모순되는 역할을 함께 수행할 수 있는 진짜 악성 종자들이었으니까 말이다. 이것이 바로 2010년 나온 『공화당 지지주州들의 반란Red State Uprising』이 "오바마의 월 가 친구들에 대한 구제금융" 문제를 갖고 법석을 떠는 이유다. 여기에 따르면 월 가는 누가 봐도 구원받은 것임에 틀림없었다. 왜냐하면 그들 손아귀에 있는 정치인들이 월 가가 원하는 것은 무엇이든 들어주었기 때문이다. 그러나 불과 두 페이지 뒤에 이 책은 사악한 오바마가 "부자들과 월 가에 던지는 수사는 이들보다 알카에다에 쓰는 것이 더 적합할 정도인 것들"이며, 이제 우리는 이 가엾은 금융업 종사자들을 불쌍히 여긴다! 라고 말한다.[12]

가을까지, 휘젓기는 텔레비전 광고들의 표준과도 같은 것이었다. 일례로 랜드 폴의 선거 캠프가 낸 "더 머신"이라는 광고를 살펴보자. 광고 속 내레이터가 슬픔에 가득 차 이야기하는 것처럼, 무시무시한 로봇의 모습을 한 의사당 건물은 강철로 된 촉수를 뻗어 "월 가 은행들(AIG 로고), 기업들(GM 로고), 의료 서비스 시스템을 빨아내"버린다. 여기서

AIG는 욕심 많고, 산업을 국영화하려는 사회주의 괴물에게 괴롭힘 당하는 피해자다. 불과 몇 초 뒤 이 광고는 폴의 상대 후보자는 "구제금융을 지지한 바로 그자들에게서 선거운동 기금을 조성"하고 있으며 여기에는 "AIG의 구제금융을 주선한 로비스트들이 주를 이룬" 기금 모금 행사도 있다는 혐의를 제기한다. 그리고 이 마지막 말은 AIG라는 이름과 함께 경멸조로 이야기되었다. 이제 AIG는 정치인들을 매수해 구제금융을 받아낸 악당으로 탈바꿈한다. 이 광고를 지켜보는 사람들은 30초라는 짧은 시간 동안 AIG에 매우 좋지 않은 감정을 가지면서도 동시에 연민을 느끼느라 바쁠 것이다.

온 국가적인 어리둥절함의 소용돌이를 헤쳐나온 새 세대 지도자들은 그 모든 위기상황에서도 기회를 잡아낸, 정말이지 눈부시게 예리한 사람들이었다. 그들은 우리의 분노를 느꼈고, 그것이 어떤 방향으로 흘러야 하는지를 잘 알고 있었다. 더불어 이들은 이 모든 것들로부터 이득을 챙겨갈 꽤나 좋은 방법을 가졌던 것으로 보인다.

4. 사회주의자 버락 오바마? 되살아난 적색공포

오늘날 이러한 절망적인 엉터리 놀음의 대부분은 그 속내가 아주 뻔히 들여다보인다. 그럼에도 이들의 이중성은 풀뿌리 대중 현상으로 아주 정확하게 이어졌다. 그것을 꾸며낸 자들이 마음속에 그렸던 바로 그대로 말이다. 생각해보건대 그 핵심은 별것 아니었을지도 모른다. 하지만 그것의 전반적 대의는 불안이 널리 퍼진 시절에 꼭 들어맞았다. 전 세계가 재앙의 폭풍 속에서 산산조각 나고 있을 때, 우익은 우리가 가진 공포를 알아채고는 상상 속에나 있을 법한 유토피아를 내놓았다. 그것은 바로 진짜 미국인다움이란 어떤 것인지를 분명하게 일러주는 길잡이로서 이 뒤죽박죽한 소용돌이 속에서도 마치 등대처럼 환하게 빛나던 것이었다.

공포 그 자체

흔히 이야기되는 것처럼 새로이 힘을 되찾은 우익은 이렇다 할 지도자도 없다. 그러나 그들에게는 글렌 벡이라는 아주 마음에 쏙 드는 심판관이 있었다. 당시 일렁이던 분노의 물결과 마찬가지로 2009년 1월 폭스 뉴스에서 시작한 그의 경력은 그 정점에 다다르고 있었다. 벡은 이보다 앞선 3년 동안에도 CNN에서 방영되는 한 텔레비전 쇼의 진행을 맡고 있었지만 스스로를 한 시대의 아이콘으로 만들어내기는커녕 단 한 차례도 대중적 인기를 얻지 못했다. 그러던 그가 이제는 폭스 뉴스의 무대에 올라 미국인들의 불만을 대변하는 사람, 대중의 분노를 교묘히 이끌어 우리의 격노가 어떤 올바르고 논리적인 대상이 아닌 단지 그가 사냥하고픈 대상을 향하도록 만들어버릴 사람으로 탈바꿈한 것이었다.

글렌 벡은 생각지도 못한 영웅이다. 2008년 내가 처음 그에게 관심을 갖고 그가 좌파 음모자들에 대해 투덜거리는 소리를 들었을 적에, 나는 한 치의 망설임도 없이 벡을 고려할 가치조차 없는 인간이라고 그리고 그에게 프로그램을 맡긴 기획자들은 분명 잘못된 패에 돈을 걸었다고 생각했다. 도대체 그 누가 조지 W. 부시의 시대를 빨갱이 사냥꾼을 풀어야 할 시기로 여길 수 있었단 말인가? 혹은 그 어떤 이가 인터넷의 시대를 '과거 수도 없이 잘못된 주장들을 쏟아냈던 자를, 게다가 그러한 그의 과거 행적들이 너무도 쉽게 확인될 수 있는 사람을 지지할 순간'이라 생각할 수 있었단 말인가?

여기에 더해 이 남자는 제대로 아는 것이 아무것도 없음에도 마치 당장이라도 칠판에 글씨를 휘갈겨 쓰며 누군가를 가르치려드는 이상한 성향을 갖고 있었다. 벡의 으르렁거리며 달려드는 성질머리는 지나치게 스스로를 불쌍히 여기는 사연들로 마무리되었고, 그의 매력적인 의상과 재미난 목소리는 순수한 미움에 사무친 충격적인 표현들과 함께 흩뿌려졌다. 나는 이런 그가 성공할 것이라고는 꿈에도 생각지 못했다. 그러나 내가 틀렸다. 폭스 뉴스에서 프로그램을 시작한 날부터 2011년 6월 방송을 떠날 때까지, 벡은 방송국 최고의 간판스타 중 한 명이었고 오후 5시에 방영되는 그의 프로그램은 전례 없이 많은 수의 시청자를 갖고 있었던 것이다.

벡이 인정한 1930년대 영웅들 중 하나는 천재라 불리는 오손 웰스Orson Welles로, 벡의 제작사인 머큐리라디오아츠는 바로 웰스의 '머큐리 공연단'에서 이름을 따온 것이다. 1937년 후자가 만들어졌을 당시 그것은 공산당 기관지 《데일리워커》를 통해 아주 훌륭한 것으로 환영받았지만, 오늘날 웰스의 최고의 팬이라는 작가는 자기 영웅의 좌파적 정치색보다는 웰스가 1938년 화성 침공을 각색한 라디오 드라마 〈우주 전쟁〉(1938년 10월 30일, 오손 웰스와 존 하우스먼John Houseman은 할로윈을 맞이한 장난의 일환으로 허버트 조지 웰스Herbert George Wells의 소설 『우주 전쟁The War of the Worlds』을 각색한 라디오 드라마를 내보냈다. 드라마는 여기저기서 벌어지는 사건들을 실시간으로 보도하는 뉴스 속보의 형태로 연출되었는데 이로 인해 미국 전체가 공황 상태에 빠져버렸다. 당시는 제2차 세계대전을 앞두고 전운이 짙어가던 상황이었던지라 미국인들은 화성인들의 침공 소식을 사실로 믿어버렸고 집단적 히스테리가 뒤따랐던 것이다. 이 방송으로 웰스는 순식간에 악명을 떨치게 되었고, 다음 날 공개 사과문을 발표해야 했다—옮긴이)에서 더 큰 영감을 얻은 것으로 보인다.[1] 그 시절 웰스가 우연히 불러일으킨 집단적 히스테리(당시 라디오를 듣던 많은 사람들은 이 라디오 쇼가 할로윈을 맞이해 벌인 장난스런 드라마라는 사실을 알지 못했다)야말로 벡의 마음을 진정으로 사로잡은 듯싶었다.[2] 매일 밤 이 아나운서는 권력 다툼에 의한 헌법 붕괴, 인플레이션 때문에 끝장난 문명, 거리마다 가득한 좌파 혁명가들 등 무시무시한 파멸의 이야기들을 내보내 시청자들의 등골을 오싹하게 만들 것이었다. 그리고 각 종말의 시나리오마다 그는 이것이 정말로 일어나는 일임을 굳게 다짐할 것이었다. 화성인은 진짜 오고 있다. 이제 진정 종말이 코앞에 닥쳐왔단 말이다!

그에게 있어 경제 붕괴는 이 기분 나쁜 일이 일어나기에 가장 완벽한 주변 여건으로 판가름 났다. 벡의 또 다른 국가적 파멸을 다룬 이야기들은 매일 오후 5시 그의 프로그램을 통해 어김없이 펼쳐졌다. 그 이야기들은 때로는 사실에 의거한 것이기도, 때로는 거의 순전한 상상에 불과한 것들이기도 했지만 한결같이 무시무시한 분위기를 뿜어냈다. 그가 만든 두려움의 체제에서, 공포의 핵심은 바로 사람들이 1930년대에 입버릇처럼 이야기하던 좌익의 진군이다. 잘 들어라. 그들의 움직임은 눈에 보이지 않는다. 좌익의 진군은 언제나 슬며시 이루어졌다. 그들이 움직이는 모습은 미숙한 자들의 눈에는 거의 보이지 않는다. 이는 다음과 같은 사실을 우리에게 알리는 일이 벡의 손에 달렸다는 것을 뜻했다. 즉 정부는 불순분자들로 득실거렸고, 대통령은 사설 군대를 만들고 있었으며, 자유주의자들은 경제를 더욱 망가뜨려 슬픔에 잠긴 대중을 자신들의 편으로 끌어들이려는 음모를 꾸미고 있었다. 결국 어려운 시절의 시나리오란 세상을 끝장내려는 좌익의 무기인 셈이라는 것이다. 사실 이 이야기를 토해내는 자의 가장 정신 나간 생각(그는 이를 수도 없이 되풀이했고, 심지어 이를 새 우익의 복음과도 같은 것으로 만들었다)은 바로 서브프라임 사태부터 구제금융 그리고 의료보험 위기에 이르는 국가적 문제들이 모두 1966년도 《네이션》에 나온 좌익 기획안에 따라 짜 맞춰진 것이라는 생각이었다(이것은 '클로워드-피번 전략'으로 오래전 사회학자 프랜시스 폭스 피번 Frances Fox Piven과 리처드 클로워드Richard Cloward가 제안한 것이다. 이에 따르면 이론상 가난한 이들은 국가 복지 시스템에 가입할 것이 장려되고, 그들 중 충분한 숫자가 법에 명시된 수당을 실질적으로 요구하게 되면 복지 체제는 이내 기금이 바닥나 강력한 빈곤 방지책이 만들어질 것이다. 하지만 1966년 클로워드와 피번이 적은 글에서 벡이 읽어낸 것은 좌파들이 '체제 붕괴'를 갈망하고, 실제로 이를 불러일으킬 신비스런 힘을 가졌으며, 따라서 어떤 시스템이건 사실상 그것이 기울 때면 언제든 좌익에게 비난의 화살을 돌릴 수 있다는 것이었다).

"대부분의 사람들은 경기침체와 불황에 몸서리를 칠 것입니다." 2010년 5월, 쇼의 진행자는 저 이론을 설명하며 이처럼 말했다. 그러고는 경제 재앙이 휩쓴 일 년을 내보내며 자신의 쇼에 생기를 불어넣었다. "하지만 어떤 이들은 이를 전혀 두려워하지 않습니다. 어떤 사람들은 조금 더 기회주의적입니다. 그들은 경기침체와 불황을 커다란 기회로 봅니다. 이 창문은 바로 상황을 완전히 뒤바꿔 놓을 권력을 거머쥘 기회지요 ("기회의 창", "권력 획득", "완전히 뒤바꿔 놓기"는 벡이 자유주의자들의 생각을 그려낼 때 상징적으로 사용하는 문구들이다). 그들은 이를 보고 '오 맙소사! 우리는 지금 힘겹게 버둥거리고 있구나' 라고 여기지 않습니다. 오히려 '이제 우리의 시대다' 라고 생각합니다."

따라서 만약 어려운 시절의 시나리오가 펼쳐졌다면, 그것은 월 가가 지금껏 던져온 교묘한 속임수에 대한 대중들의 당연한 반응이 아니다. 글렌 벡이 믿는 바에 따르면, 그것은 좌파들이 아주 신중하게 이 모든 일이 벌어지도록 사태를 뒤에서 꾸며냈기 때문이다. 벡은 그들이 맨 먼저 금융위기를 일으켰고, 이에 대한 대응을 통해 권력을 손에 넣었으며, 이제는 오직 사태를 더 악화시켜 자신들의 정치세력을 넓힐 사회주의 프로그램을 밀어붙인다며 비난을 퍼부었다.

좌파 학자들에서부터 노동조합 그리고 지나치게 동정심이 많은 우리 정부에 이르는 모든 자유주의자들에게 경기침체의 책임을 뒤집어씌우는 것은 사실 우파의 아주 뿌리 깊은 관행이다. 독자들은 아울러 시장에 의구심을 던지는 정치인의 몇 가지 표현이나 증세 기획안 혹은 관세 인상안 등에서도 붕괴, 침체, 재앙이라는 말들을 아주 손쉽게 찾아볼 수 있다. 당신이 무언가를 이야기하는 것과 동시에 우익의 책동이 일어난다. 당신이 이야기한 무언가의 원인은 그 즉시 또 다른 것의 원인이 되어버리는 것이다. 더 큰 차원에서 살펴보면, 독자들은 지역사회재투자법, 패니 메이, 연방준비제도의 존재와 같은 자유주의의 크나큰 공적에 대한 비난을 손쉽게 쌓아올릴 수도 있다.

하지만 벡은 이러한 관례를 한참이나 뛰어넘는 희생양 전략을 취했다. 자유주의자들은 한낱 실수로 우리를 경기침체의 수렁에 빠뜨렸던 것이 아니며, 그들이 내놓았던 규제안들 역시 좋은 뜻에서 내놓은 것이 아니라는 것이다. 오히려 이 모든 것들은 어려운 시절의 시나리오를 실행에 옮기기 위해 아주 의도적으로 이루어진 것들이었다. 따라서 글렌 벡의 머릿속에서 그리고 그가 본 현실에서 이러한 자유주의자들은 공포를 이용해먹는 사업가들인 것이다.

물론 음모론자들은 언제나 우리 곁에 있어왔다. 그러나 글렌 벡은 이들을 주류의 자리로 끌어올렸다. 그리하여 미사여구와 과장으로 가득한 눈부신 경쟁이라는 우익 르네상스의 가장 눈에 띄는 특색 중 하나가 물꼬를 트기 시작했다. 전문가, 블로거, 높은 자리에 오르려는 후보자들은 가장 우려스러운 종말의 그림을 그려내는 경쟁에 너나없이 뛰어들었다. 갑자기 모든 이가 화성인 침공에 대해 이야기하고 있었다. 그들이 보기에 온 나라가 헌법 파괴, 자유 자체에 대한 심각한 위협 등으로 안에서부터 무너져 내리고 있었다. 우리는 사회주의를 향해 진군 중이었다. 아니 사회주의를 향한 롤러코스터에, 초고속 열차에 몸을 싣고 있었다. 잠깐! 무슨 소리? 사회주의는 이미 이곳에 있었다. 잘 알려진 사회주의자 버락 오바마가 우리에게 그것을 계속 강요하지 않았던가.

내게는 이 '심판의 날 병' 환자들에 대한 잊지 못할 경험이었다.

2010년 3월 국회의사당 건물 밖 잔디밭에 간 나는 티파티 무리에 섞여 티파티 연사들의 연설을 들었다. 당시 의사당 안쪽의 의원들이 민주당이 내놓은 의료보험 법안을 단조롭게 웅얼거릴 때, 이들은 의사당 밖에서 분노에 찬 열변을 토해내고 있었다. 극소수의 연사들이 저 법안에 대해 그나마 제대로 된 몇 가지 반대 의견들을 이야기했으나, 집회 참가자들의 환호성을 한 몸에 받은 사람은 이들이 아니었다. 오히려 이 자리의 주인공은 법안을 선과 악의 거대한 싸움으로 여기는 자들이었다. 바로 우리에게 자신은 의원들이 "미국을 파멸시키는 행위에 등을 돌리는 (자신들의) 의지, 힘 그리고 용기를" 깨닫게 되길 간절히 바란다고 이야기했던 배우 존 보이트Jon Voight처럼 말이다.

"미국의 파멸." 얼마나 멋진 말인가. 그것은 이 새로운 공포의 시대를 살아가는 사람들로부터 박수갈채를 얻어낸 말이다. 정부가 모든 이에게 적용되는 전국민 의료보험을 제공하고자(시장에 대한 또 다른 거대한 개입) 논의를 벌이던 2009년에서 2010년 내내 종말에 대한 불길한 예감은 걷잡을 수 없이 퍼져나갔다. "여러분들이 아시다시피 그것은 미국을 끝장내는 것입니다"라는 말은 글렌 벡이 의료보험에 대해 이야기하면서 흔히 사용하던 표현이었다. 러시 림보 또한 의료보험의 목적은 "여러분의 인간성을 빼앗는 것"이라 말했으며, 또 다른 라디오 진행자 역시 그것은 "공화국의 종말을 뜻합니다"라고 이야기했다.[3]

비록 뉴트 깅리치가 했던 일들이 이러한 경향성을 만들어내는 데 가장 큰 역할을 한 것은 아닐지라도, 그의 공헌이 실로 눈에 띄는 까닭은 깅리치가 한때 막중한 정치적 책임을 맡았던 사람이었기 때문이다. 하지만 2010년 깅리치는 한술 더 떠 우리에게 오바마 행정부는 "과거 나치 독일과 소련이 그랬던 것과 마찬가지로 미국에 엄청난 위협을 가하고 있다"라고, 뒤이어 우리 눈앞에 닥친 문제는 "잘 알다시피 미국이 죽느냐 사느냐의 여부다"라고 내뱉어버렸다.[4]

깅리치가 사전에 아무런 준비도 없이 텔레비전 인터뷰 자리에서 즉흥적으로 이러한 것들을 이야기한 것은 아니었다. 그는 이를 자신이 쓴 『미국을 구하기 위해서To Save America』의 책머리 한가운데에 찬찬히 그리고 분명하게 적어두었다. "미국을 새롭게 하기 위해서"(이것은 과거 깅리치가 정보화 시대에 대한 생각들로 잔뜩 들떠 있던 1995년 당시 그의 타이틀이었다)가 아니다. 한낱 "새롭게 하기"만으로는 턱없이 모자란다. 이제 상황은 상상할 수조차 없을 만큼 나빠져서 죽느냐 사느냐의 문제가 되어버렸다. 우리에게 필요한 것은 구원이었던 것이다.

이처럼 터무니없는 선언들을 내뱉은 깅리치는 아예 정치적 논의의 장에 설 자격을 잃었어야 했다. 그러나 비슷한 이야기를 하던 수천의 아니 어쩌면 수백만의 사람들이 보기에, 높은 자리(한결같이 부패하고, 엄청난 음모로 가득하며, 심각한 위기에 직면한)에 앉아 있던 그가 던진 정부의 배신을 고발하는 말들은 온 나라를 사로잡은 불안감을 더욱 불타오르게 만들었다.

공포는 날개 돋친 듯 퍼져나갔다. 이름 높은 '빨간색 주'의 블로거 에릭 에릭슨Erick Erickson은 자신을 비롯해 그와 함께 걱정을 나누던 사람들이 이룩해낸 것들을 마치 의사가 진단을 내리듯 다음과 같이 적어냈다.

> 과거 단 한 번도 정치적으로 적극적인 모습이나 자신들의 선거구에 직접 가는 모습을 보인 적이 없었으며 마찬가지로 정치, 정부, 헌법에 대한 논의로 자신들의 골프 게임, 가족 모임, 휴가를 보낸 적 또한 전혀 없었던 많은 미국인들은 갑자기 자신들의 정부, 국가, 생활 모두가 그자들에게 도둑

맞았다는 생각에 사로잡혔다.[5]

이제 온 나라의 국민들은 화성 침공 방송에 귀를 기울이고 있었다. 그리고 이에 따라 수많은 미국인들이 앞으로 다가올 진짜 재앙을 만족스럽고, 달콤하며, 심지어 중독성 있는 것이라 여기게 되었다. 그것은 오르가즘과도 같은 짜릿한 자극이었다. 이들은 '사망선고 위원회'에 의한 터무니없는 부정의가 자신들을 옥죌 것이라는 망상에서 헤어나오지 못했고, 다음과 같은 "가르침"을 듣고자 아양을 떨었다. 즉 새 대통령은 아무런 잘못도 없는 자신들의 아이들을 해치려 했고, 오바마가 자신들의 두 손을 묶으려 준비했던 "사슬"에 대한 생각에 그들의 심장은 요동쳤으며, 머릿속은 "앞으로 있을 폭동" 속에서 자신들이 어떻게 표적이 되어갈 것인가에 관한 밑도 끝도 없는 상상으로 가득 차 있다는 것이다. 다음과 같은 사실을 깨닫고 몸서리 쳤듯 그들의 영웅들은 그저 "박해"의 희생양이 된 사람들이었고, 미국은 이른바 지도자라는 자들이 가하는 "체계적인 공격"에 시달리고 있었단다. 그리고 그들의 영웅들은 과거 소련 공산주의를 무찌르고, 적들이 관타나모 수용소에서 바들거리는 모습을 보며 크게 기뻐한 사람들인 것이란다. 왜냐고? 오늘날 꽤나 인기 있는 웹사이트가 미친 듯이 신음하는 것처럼, 이들은 지금 오바마 행정부에 의해 '굴락 행'〔솔제니친의 저서를 통해 서방에 알려진 용어인 굴락은 러시아어 교정노동수용소관리본부Glavnoye Upravleniye Ispravitelno-Trudovykh Lagerey의 약칭이다. 러시아 혁명 후 내전 시기에 설치된 소련의 강제수용소 제도로, 농업 집단화(1929~1930년대 이후)와 대숙청(1930년대 후반) 이후 더욱 대규모화되었다. 오늘날 '굴락 행Gulag Bound'이라는 웹사이트를 운영하는 미국 우파들 중 하나는 사회주의자 오마바 행정부가 자신들의 우파 영웅들을(이들은 과거 누구보다도 소련 공산주의와 철저하게 싸웠던 사람들로 여겨진다) 탄압하고 있으며, 이를 과거 소련의 강제 노동수용소에서 착안한 '굴락 행'이라는 말로 표현한다. 이들은 자신들은 압제에 맞서기 위해 자랑스럽게 '굴락 행'을 택하는 애국자라 이야기한다—옮긴이]을 선고받았기 때문이다.[6] 하지만 내가 보기에는 바로 이 같은 일이야말로 정답을 바꿔버린, 갈팡질팡하던 사람들을 뒤흔들어버린, 성공한 진짜 대재앙임에 틀림없었다.

우리, 곧 시장

그리고 그것이 내놓은 것은 위대하고도 위대한 시장이라는 신이었다. 시장의 보이지 않는 손이 온 나라를 '파멸'의 위협 속에서 꺼내줄 것이다. 그것은 정실 인사와 구제금융으로 초토화된 미국에 공정함이라는 가치가 다시 되살아날 수 있도록 해줄 것이다. 더불어 그것은 실패한 자들은 실패하게 둘 것이며, 동시에 이들에게 절약과 근면이라는 가치를 몸소 깨우쳐주실 것이다. 보상은 시장의 따뜻한 눈길 아래 성과에 따라 이루어질 것이다. 따라서 게으른 그리고 누군가를 속이며 사는 이들은 빈손으로 쫓겨나고, 다시금 정의와 안정이 승리를 거둘 것이다.

새로운 우익이 방울뱀의 알에서 깨어난 바로 그날부터 대재앙(한편으로)과 완벽한 자본주의(다른 한편으로)는 그들에게 두 길잡이 별이자, 처음과 끝 그리고 공포와 희망이었다. 티파티 운동을 연구한 두 여론 조사원에 따르면, 2009년 로스앤젤레스에서 있었던 티파티 집회 당시 그곳에 모인 사람들은 "우리는 사회주의에 무엇이라 대답합니까?"라는 외침에 "노오오오오!"라고 소리쳤다. 뒤이어 "우리는 자유시장에 무엇이라 대답합니까?"라는 질문에 마찬가지로 "예에에에스!"라고 소리 높였다.[7]

"물적 그리고 사회적 진보를 위한 가장 강력하고 그 효과가 입증된

도구는 다름 아닌 자유시장이다"는 2009년 티파티 선언서, "미국 국민으로부터의 약속"의 서문을 장식한 선언이다. 또한 이는 출판계의 거물 스티브 포브스Steve Forbes가 2009년 자신의 책 『자본주의는 어떻게 우리를 구할 것인가How Capitalism Will Save Us』에서 이야기한 "시장은 곧 자신의 돈으로 투표하는 사람들과 같다" 그리고 곧바로 이어지는 "여러 면에서 시장은 하나의 생태계다" 따위의 말들을 염두에 둔 것이기도 하다.[8]

이는 우리를 새 우익의 거대한 사회적 비전에 한걸음 더 다가갈 수 있도록 해준다. 한번 보자. 시장은 중립적인 동시에 민주적이다. 사실 그것은 자연스럽게 민주주의를 발생시키며, 순수와 경이의 장소이기도 하다. 우리 모두 감추고 싶은 약한 곳에 누군가 끼어드는 것을 싫어하고 또 민주주의 사회를 조금도 의심하지 않듯, 우리는 석유를 파내는 이들이 그들의 일을 자유롭게 하도록 그리고 이를 통해 대중의 뜻을 나타내도록 내버려 두어야(그러라고 이야기해줘야) 한단다.

자유시장에 대한 신념을 유달리 잘 보여주는 표현은 『이 부를 분배하라: 그리고 탄약을 달라Spread This Wealth: And Pass This Ammunition』['PRAISE THE LORD AND PASS THE AMMUNITION(주님을 찬양, 그리고 탄약 좀 줘)' 라는 유명한 문구를 패러디한 제목이다. 이 문구는 제2차 세계대전 당시 진주만이 공격당할 때 어느 군목이 병사들에게 성서를 읽어주고는 스스로 방공포를 조준하며 한 말이라고 전해지는데, 다른 설도 있다. 아무튼 노래 제목으로 쓰이며 전쟁 중에 유행했다—옮긴이]라는 이름으로 알려진 2009년 티파티의 소책자에 등장한다. 저자인 C. 제시 듀크C. Jesse Duke는 독자들에게 자본주의의 본질을 제대로 알려주기 위해 먼저 막대기를 찾고, 사슴을 사냥하며, 다른 원시인들과 거래하는 상상 속 원시인의 행동을 그려낸다. 뒤이어 그는 분명한 어조로 다음과 같이 적는다.

이 모든 시간과 에너지의 거래 그리고 자유시장의 과정은 바로 너무나 자연스러운 세상의 질서다. 나무는 이산화탄소를 산소로 바꾸고, 불은 산소를 열로 바꾸며, 원자는 전자를 교환해 다른 원자가 된다. 식물은 빛을 합성해 엽록소를 만들어내고, 이것은 동물을 길러내어, 다른 동물 그리고 결국에는 인간을 먹여 살리게 된다. 자연의 모든 것은 끊임없이 주거니 받거니 하며 돌아간다. 마찬가지로 사람들이 시간과 에너지를 자유롭게 교환하는 것은 신이 주조하신 자연의 질서다. 갈등과 충돌은 바로 이 질서가 잘못되었을 때 나타나는 것이다.[9]

듀크(그리고 포브스와 그 밖의 여러 이름 없는 기고자들)로 하여금 이토록 놀라운 표현들을 적게 만든 커다란 상황을 다시 떠올려보자. 우리 경제는 완전히 엉망이 되어버렸고, 이는 거의 전적으로 규제받지 않던 투자은행들이 심지어 전문가라는 사람들조차 제대로 이해하지 못했던 복잡한 금융 파생상품들을 거래한 탓이다. 독점과 과점은 흔히 볼 수 있는 것들이었고, 노동자들의 시급은 수십 년 동안 떨어지고 있었다. 그럼에도 이 저항의 목소리라는 것들에 따르면, 모든 것을 이해하는 방법은 순수한 경제원리적 상태를 상상하는 것 그리고 신은 정부가 그곳에서 물러날 것을 원한다고 지레짐작해버리는 것이란다.

내가 여기에 듀크가 한 이야기들을 끌어온 까닭은 그의 작업들에 조롱을 퍼붓기 위함이 아니라 위 구절들이 내가 여태 살펴온 보수주의 운동의 의도적인 그리고 순진무구한 경제관을 가장 적나라하게 보여주는 것들이기 때문이다. 새로운 보수주의 세대들은 신문들이 그림자 금융(영국의 《이코노미스트》가 2008년 9월 22일자 최신호에서 처음 쓰기 시작한 말로, 은행의 일반적인 대출 이외에 고수익-고위험 채권을 사고파는 '구조화투자회사' 등을 통해 새로운 유동성이 만들어지는 시스템을 가리킨다. 서브프라임 모기지 위기가 수면 위로 드러나면서 나온 것으로, 대형 은행이나 보험회사의 그늘에 가려 전면에 드러나지 않는다는 뜻에서 '그림자'라는 말이 사용되었다—옮긴이) 혹은 신용부도스와프에 대해 떠들건 말건 자본주의는 균형, 조화, 간편함의 시스템이라 주장했다. 이 같은 보편적 진리로 무장한 새 우익은 월 가에 대한 더 나은 감독 혹은 규제 방안과 같은 타협 따위는 있을 수 없다 다짐했다. 그것은 이상, 충돌하는 유토피아, 근본 원리 사이의 전쟁이 될 것이었다. 경제 정책은 진정한 무엇인가를 찾는 일로 받아들여질 필요가 있었다. 그리하여 마침내 이 과업이 이루어졌을 때, 여러분은 우리가 그동안 타협의 수십 년이 아무렇게나 만들어 놓은 싸구려 가짜 혼합물과 진정한 자본주의의 싸움 통에 시달렸다는 사실을 깨닫게 될 것이다. 바로 글렌 벡이 자신의 쇼를 듣던 사람들에게 다음과 같이 물었던 것처럼 말이다.

> 패니 메이와 프레디 맥이 왜 제대로 운영되지 못했을까요? 왜냐하면 이들은 정부와 시장 자본주의를 뒤죽박죽 해놓은 것이기 때문입니다. 이들에게 돈을 쏟아 붓는데다가 정치권력까지 쥐어주고 있습니다. 바로 그렇기 때문에 먹통이 되어버린 것이지요. 사회주의는 굴러가지 않습니다. 마르크스주의 역시 마찬가지입니다. 자본주의만이 제대로 돌아갑니다. 자본주의가 인간을 달에 보냈잖습니까.[10]

과거 수십 년 동안 당신이 진보주의자들과 손잡고 복잡한 외피를 벗겨내온 자본주의, 하지만 그것은 벡에게 있어서만큼은 아주 간단한 것이었다. 실제로 벡은 자본주의라 이름붙인 것을 정말 단순하기 그지없게 그려냈는데, 대량으로 찍어내기 위해 내놓은 듯한 이 그림에는 굴뚝이 달린 붉은 사각형이 달러 표시들을 평화롭게 낳는 모습만이 담겨 있다. 사각형 주변에 사람, 자동차, 송전선 등 그림을 조금이라도 어수선하게 만들 수 있는 것은 그 어떤 것도 찾아볼 수 없다. 자본주의라는 이름만이 붉은 모형 아래 적혀 있을 뿐이다. 이 같은 단순함은 재앙을 가져오려는 무시무시한 음모로 뒤덮인 세상이라는 그의 세계관과 재미난 대조를 이룬다. 그가 꿈꾸는 세상은 아마도 자신을 끊임없이 괴롭히는 불안에서 벗어나고자 스스로 어떤 정신적 여행을 시도한 데서 나온 결과물일 것이다. 고요하고 평화로운 자본주의라니.

이에 따라 우리 앞에 닥친 문제는 상황을 어떻게 잘 조율해갈 것인가가 아니라 어떻게 저 고요하고 평온한 상황으로 되돌아갈 것인가다. 제대로 돌아가는 이 진짜 시스템만이 신이 주신 진정한 시스템이다.[11] 엉망이 된 경제 상황 속에서 우리가 해야 할 일은 순수한 진짜 자본주의 국가를 회복시키는 것, 그리고 헌법과 그것을 만든 이들이 진정으로 뜻한 바를 다시금 찾아내는 것이었다. 이는 우리의 순수한 마음가짐과 뜻을 눈으로 살펴볼 수 있는 저 자습서들의 내용만큼이나 간단한 일이었다. 우리는 미국을 되돌려야 했다. 더불어 타협을 일삼는 그리고 말도 안 되는 저 국가라는 것을 몰아내야 한다는 것이다.

더러운 돈, 그리고 포퓰리즘

자유시장에 미쳐 있는 자들이 우리 모두를 거의 벼랑 끝으로 밀어붙였음에도 그것의 명성이 이처럼 재빨리 회복되는 것은 정말 믿을 수 없는 일이다. 여기에 더해 만약 독자들이 자유시장 팬 층의 내부를 들여다본다면 의아함은 두 배로 커질 것이다. 이따금 스티브 포브스 같은 사람이 있기는 하지만 이들을 제외한 나머지 보수주의자들 즉, 요즘 들어 자신들이 가진 자유시장을 향한 사랑을 당당히 내세우고 다니는 이들은 재계의 거물도, 경제학자도, 은행가도 아닌 그저 평범한 사람들이기 때문이다.

그리고 신흥 보수주의의 사고방식에 의하면, 사람들이 그토록 사랑하는 시장 또한 마찬가지로 이들을 사랑한다. 부흥 우파의 포퓰리즘에 따르면, 시장은 민주적 시스템으로서 이곳에서 고객과 투자자는 수요공급의 체계를 통해 그들 각자가 원하는 바를 나타낸다. 시장이 외부의 간섭 없이 작동하게 되었을 때 이러한 민주적 형태는 유지되고, 이는 본질적으로 선거와 다름없는 것이기에 결과적으로 완벽한 그리고 분명한 인민의 뜻이 만들어진다. 바로 그렇기 때문에 시장에서 벌어지는 일들에 가장 친숙하고 또 거기에 직접적으로 참여하는 사람들(릭 산텔리의 채권중개인 친구들처럼)이야말로 보통사람들의 표준(독자들이 쉽게 떠올릴 수 있듯 이들은 "조용한 다수"다)이었던 것이다. 따라서 이에 맞서 바깥에서 감히 시장에 손을 대는 자들은 언제나 "엘리트주의자들"로서 철권통치로 인민의 뜻을 꺾으려는 독재적 지식인들이라는 것이다.

이 같은 뒤집힌 마르크스주의는 미국에서 승리자로 군림하던 자들의 눈에 아주 매력적으로 비칠 만한 확실한 이유를 갖고 있다. 이 논의는 저들의 성공이 마치 대중의 우레와 같은 지지와 찬사 속에서 이루어진 것처럼 그려내는 동시에 저들의 전통적 적들(특히 저 버러지 같은 정부 관료들)을 뭐든 다 아는 체하며 남을 업신여기는 자들로 만들어버린다. 이러한 생각의 기원들을 다른 곳도 아닌 부를 다룬 책들에서 찾아낼 수 있는 것은 바로 그 때문이다. 기업의 우두머리들에게 자신들은 중국에 생산을 맡기면서 그곳 사람들을 해방시킨다고 지껄이는 경영 서적, 시골

할머니 밑에서 자란 천재 증권 컨설턴트를 극찬하는 투자 안내서, 자리에서 물러난 은행장들이 즐겨 쓰는 장대한 역사책 따위는 하나같이 자유시장이야말로 모든 나라에서 대중의 힘과 능력을 끌어올려주었음을 자신 있게 이야기한다.

내가 수년 전 시장 포퓰리즘(시장 포퓰리즘Market Populism은 자유시장이 그 어떤 민주주의보다도 더욱 민주적이라는 개념을 지칭하기 위해 저자가 처음 사용한 용어다—옮긴이)에 대해 처음 글을 쓰기 시작할 때만 하더라도 그것은 거의 부자들만이 가졌던 믿음에 지나지 않았다. 따라서 그것을 적어내는 것은 그럴싸하게 꾸며낸 거짓 선전을 다루는 것이었다. 당시 나는 시장과 미국의 기업들이 곧 민주주의와 같다는 믿음은 보통사람들의 귀에 폰티액Pontiac은 "여러분 영혼을 위한 것입니다"라는 광고 문구보다도 더 우스꽝스러운 소리로 들릴 것이라 생각했다.

그러나 거의 재앙과도 같았던 경제 시스템의 붕괴 뒤 시장 포퓰리즘은 불만 가득한 미국사회에 먹히는 단 하나의 유토피아적 계략이었고, 한낱 CEO들의 꿈에 지나지 않았던 그것은 이제 수백만이 이루고자 달려드는 믿음이 되어버렸다. 왜냐고? 간단하다. 유토피아적 자본주의는 환멸과 붕괴의 시기에 꽤나 멋진 것으로 비칠 수 있지 않겠나. 그것은 모든 해답을 가진 것처럼 보이는 하나의 가르침이니까. 그것이 담고 있는 내용에 따르면, 우리는 괴로움에 몸부림치고 있다. 이는 우리 지도자들이 미국의 전통적 믿음을 깨트렸기 때문이며, 그 믿음이란 노동조합과 규제국가의 새벽이 밝아오기 전까지만 해도 어디에서건 찾아볼 수 있었던 자유방임주의다. 우리가 미국인의 일상이라 여긴 시스템 '자본주의'는 우리가 진정으로 누려본 적 없는 "아직 나타나지 않은 이상"이다. 우리가 선출한 관료들은 단 한 번도 완벽히 이 이상에 충실해본 적이 없고,

기업가들 또한 보조금을 얻기 위해 언제나 이 원칙을 어겼으며, 정부라는 존재는 날이 갈수록 몸집을 불려왔다. 그리고 지금 우리가 다시금 번영하고자 한다면 이러한 것들을 바꿔 나가야 한다는 것이다.

이처럼 미국에는 진짜로 순수한 시장이 없다는 소리는 티파티만이 내세우는 어떤 특별하고 독특한 주장이 아니다. 오히려 수십 년 동안 이 같은 생각은 제한된 자본주의 모델이 바람직하다고 여기던 좌파들의 주된 주장이었다. 자유주의자들이 이야기한 바에 따르면, 국가는 수백 가지 방법으로 경제 과정에 끼어드는데 이는 이 같은 개입이 반드시 필요하기 때문이다. 완벽한 자유시장이라는 것은 심지어 그 잘난 재계조차도 시도해보길 마다하는 재앙일 것이다. 이름 높은 노동 역사가가 1975년에 적은 것처럼 "그 어떤 미국의 주요 산업도 정부 없이 오늘날까지 살아남을 수 없었다."[12] 따라서 자유주의의 눈에 진짜 문제는 정부가 충분히 시장에 끼어들지 않았다는 점이다. 정부는 기껏해야 공공보조금 따위를 나눠주는 데 그치는 반면, 사기업 주주들은 오늘날 우리에게 익숙한 시나리오인, 위험은 사회에 전가하고 이득은 취함으로써 아주 손쉽게 자신들의 잇속을 채우고 있다. 구제금융은 이를 아주 잘 보여주는 사례다. 자유주의적 비평들은 다음과 같이 이야기한다. 투자 은행가들이 원하던 노름판을 만들어준 것도 모자라 그들의 도박이 실패하자 구제금융을 통해 그들이 날린 돈마저 모조리 갚아주었다.

되살아난 우익은 이 논의를 간단히 뒤집어 놓았다. 한번 살펴보자. 그렇다, 정부는 우리 경제 곳곳에 손을 뻗치고 있다. 그리고 바로 그렇기 때문에 모든 책임은 정부에 있는 것이다. 시장의 힘은 단 한 번도 진정으로 자유로웠던 적이 없으며, 따라서 현재 벌어지는 악몽 같은 일들로 시장을 탓해서는 안 된다. 이 같은 우파의 논의에 따라 다음과 같은 너무도 뻔한 해답이 수천 개의 확성기를 통해 울려 퍼졌다. 정부를 완전히 몰아내자! 자유주의 국가가 남겨둔 것들을 쳐부수자! 이 같은 진정한 자유의 기획이 제대로 이루어질 그날까지, 자본주의는 아무것도 책임질 수 없다는 것이다.

글렌 벡은 2009년 자신의 책 『바보들과의 논쟁』에 이러한 진짜 믿음을 보여주는 우화 하나를 넣어두었다. 이 이야기는 분칠하고 가발을 쓴 미국 헌법 제정자들 중 한 사람과 소련 군인이 당대의 이슈를 놓고 벌이는 말다툼을 그리고 있다. 금융위기가 "자본주의의 실패 때문인가 아니면 이를 잘못 사용한 정부 때문인가?"라는 물음에 대한 답은 간단하다. 백의 헌법 제정자는 다음과 같이 깨우쳐준다. "진정한 자유시장 자본주의 아래서, 정부는 주택 소유 문제에 가타부타 끼어들지 못할 것이라오."

> 그들은 이를 저금리, 패니 메이와 프레디 맥, 세금 우대 조치, 혹은 "지역사회재투자법" 따위를 통해 인위적으로 부추길 수도, 그렇다고 막을 수도 없을 것입니다.[13] 금리라는 것은 시장에 참여하는 이들이 위험, 보상 그리고 악성 대출은 곧 파산으로 이어진다는 것에 대한 분명한 이해를 밑바탕으로 만들 것이기 때문입니다.[14]

이 얼마나 멋진 생각인가? 아무런 규제 없이 모든 이가 헌법 제정자들이 뜻한 바대로 자연스럽게 어우러져 살아갈 것이란다. 부채담보부증권이나 거품 같은 것들은 절대로 나타나지 않았을 것이며, 은행가들 또한 결단코 위험천만한 대출을 앞세워 자신들을 살찌우는 시스템 따위는 만들어내지 않았을 것이다. 그들의 합리적인 자기 이익 추구는 그 같은 일들이 벌어지도록 그냥 내버려두지 않을 것이란 말이다! 백의 이야기를 마저 들어보자.

> 그러나 우리는 이와 완전히 반대되는 길을 걸어왔습니다. 주택시장의 모든 과정에 정부의 입김이 닿고 있습니다. 이러는 와중에도 누군가는 훗날 발생할 "과도한 본인 부담금"을 막고자 더 많은 규제가 필요하다 말할지도 모릅니다. 저는 애당초 그런 과도한 본인 부담금을 만들어낸 것이 바로 기존의 규제들이라고 맞받아칠 것입니다. 다시 말해서, 자유시장이라는 생각 자체가 실패한 것이 절대 아닙니다. 실패한 것은 다름 아닌 시장이 날이 갈수록 좌파 운동가로 변해가는 정부에 의해 굴러갈 때 비로소 자유로울 수 있다는 생각입니다.[15]

따라서 우리는 시장이 우리를 올바른 길로 이끌어주게끔 그것의 자유 또한 늘 잊지 말았어야 했다는 것이다. 더 웃긴 것은 수백만의 평범한 사람들이 이 외침에 귀 기울였다는 사실이다. 2010년 10월 글렌 벡은 "그들이 바로 우리"라는 이유로 소외감을 느끼던 자신의 추종자들에게 미 상공회의소[워싱턴에서 가장 크고 못된 기업들의 이익단체(미국 최대의 로비 집단은 바로 기업들의 이익단체인 미 상공회의소다. 이들은 미국의 크고 작은 로비 회사들의 가장 큰 고객으로서 고용한 로비 회사만 38개, 상공회의소를 위해 일하는 로비스트만 5백여 명에 달한다. 더욱이 상공회의소는 자체적으로 100명에 가까운 로비스트를 직원으로 고용하고 있다—옮긴이)]에 돈을 기부할 것을 촉구했다. 물론 수십만의 이름으로 상공회의소에 전달된 돈은 대개 거대한 기업들이 내놓은 것이었다. 하지만 벡의 호소 뒤 잇따른 소규모 기부의 물결로 상공회의소 서버는 마비될 지경이었다.[16]

5. 우파는 절대 사업 기회를 놓치지 않는다

먼저 워싱턴의 주요 보수주의 단체 몇몇이 첫 티파티 저항의 무대에서 앞서 산텔리가 그랬던 것과 마찬가지로 "마구 소리쳐댈" 기회를 손에 넣었고, 이내 다른 단체들도 허겁지겁 이 흐름에 뛰어들기 시작했다. 어떤 집단들은 그 시작부터 자신들이 이곳에 발을 담그고 있음을 아주 대놓고 드러냈는데, 그로버 노퀴스트Grover Norquist가 이끄는 로비단체 '세제개혁을 위한 미국인들'을 비롯해 뉴트 깅리치와 관련된 조직들은 모두 당시 맨 앞자리를 꿰차고 있던 그룹들이었다. 또한 억만장자 코크 형제가 돈을 대주는 미국번영재단과 프리덤웍스 같은 집단들도 일찌감치 자리 잡고 있었다.

티파티가 갑작스레 엄청난 인기를 끄는 듯했고, 우익의 거의 모든 이가 기회를 움켜쥐었다. 예를 들어보자. 폭스 뉴스는 최근 일어난 저항운동을 마치 자신들의 리얼리티 쇼 프로그램인 것처럼 내보냈다. 카토연구소나 헤리티지 재단(두 곳 모두 미국의 대표적 보수주의 싱크탱크다—옮긴이)에서 나온 사람들 또한 대규모 티파티 대회가 있는 곳이라면 어디에서든 아주 손쉽게 찾아볼 수 있었다. 레이건 행정부 당시 법무장관이었던 에드 메스Ed Meese는 새로운 티파티 단체들이 기존 보수주의 운동의 지도자들과 뜻을 함께할 수 있도록 보수주의 행동 프로젝트라는 것을 시작했는데, 실제로 2010년 2월자 《워싱턴포스트》에 따르면 이 조직에서 "유일하게 돈을 받는 직원"은 과거 잭 아브라모프의 동료였던 패트릭 피젤라Patrick Pizzella뿐이었다.[1] 그리고 오늘날 가장 열렬한 티파티 회원인 리처드 비거리Richard Viguerie도 빼놓을 수 없다. 그는 1970년대 다이렉트 메일〔리처드 비거리는 1960년대 말부터 다이렉트 메일(다량발송 편지)을 통해 보수주의 이념 전파와 정치자금 모금운동을 전개했던 보수주의운동의 대부로 일컬어진다—옮긴이〕로 이름 날린 대단하신 분으로 우익들의 새 소식들을 모아 전달하는 웹 사이트 "보수주의자 본부닷컴"을 통해 다시금 그 미친 존재감을 드러냈다.

여기에는 존 오하라John O'hara처럼 앞선 부시 행정부 시절 요직에 있었던 이들이 있다. 그는 최근까지 노동부에 몸담았던 인물로 티파티 운동에 관한 책을 처음으로 내놓기도 했다. 더불어 과거 세계 최대의 글로벌 로펌인 DLA 파이퍼에서 일했으며 오늘날에는 코크 형제가 뒤를 봐주는 프리덤 워크스의 얼굴마담이 된 딕 아메이 같은 로비스트들도 있다. 마지막으로 여기에는 마찬가지로 코크 형제가 돈을 대주는 미국번영재단의 필 커펜Phil Kerpen 같은 자유시장 정책통들 역시 자리하고 있다. 그는 기업 규제 문제들과 관련된 '네트워크 중립성'(모든 인터넷 콘텐츠가 모든 네트워크 사업자나 정부에 동등하게 취급받아야 하며 소비자가 이러한 콘텐츠를 이용하고 접속하는 데 어떠한 제한도 없어야 한다는 개념—옮긴이)에는 반대하며 규제를 외치면서도, 신용카드와 같은 것들에 대한 규제에는 앞뒤 안 보고 싸우려드는 꽤나 우스꽝스러운 인물이다. 또한 그는 티파티의 '진정한 포퓰리즘'을 찬양함과 동시에 그것이 "권력을 틀어쥔 엘리트들"의 가슴에 불러일으킬 공포를 자랑스레 적어내는 인물이기도 하다.[2]

돈과 포퓰리즘

티파티가 힘을 얻고, 경제 대재앙에 대한 포퓰리스트들의 공식적 반응이 나타남에 따라, 정치적 그리고 경제적 기회주의자들은 분노한 대중을 끌어 모아 자신의 입맛에 맞게 요리할 기회를 찾아냈다. 과연 '정치'와 '수익'이라는 주제는 되살아난 우익의 손에 아주 맛깔나게 버무려졌다. 예를 하나 들어보자. 2010년 9월 캔자스 주 위치토 하원의원 후보로 나선 공화당의 마이크 폼페오Mike Pompeo는 이 같은 정치적 움직임을 다른 것도 아닌 "위대한 미국 기업가 정신의 회복"이라 이야기했다.[3] 실제로 시위가 열리는 장소마다 너무 많은 기업가들이 있었고, 이들은 저항을 이용해 크게 한 몫 챙겨보고자 잽싸게 움직이기 시작했다. 만약 저들이 시위 장소 곳곳에, 그것도 모자라 저렇게 여럿이 모습을 드러낸 까닭이 이 같은 목적과 정말 아무런 관련이 없다면, 여러분은 그 터무니없음에 어안이 벙벙해질 것이다.

가장 유명한 사례인 2010년 2월 내슈빌에서 열린 티파티 대회로 가보자. 이 대회는 공화당 소속 사라 페일린Sarah Palin의 등장과 더불어 참석자들에게 각각 549달러씩을 지급한 것이 가장 큰 특징이었다. 한술 더 떠, 여기에 돈을 대준 조직은 누구였는지 아는가? 들리는 바에 따르면, 이 조직의 정체는 바로 페이스북 스타일의 우익 웹 제국을 만들려 했던 이가 이끌던 영리단체였다고 한다. 저널리스트 윌 번치Will Bunch가 그곳에서 판매되던 잡동사니 목록을 정리한 뒤 뭐라고 적었는지 한번 살펴보자. "이곳 내슈빌에서 보수주의 운동의 데뷔보다 더욱 눈에 띄는 것은 바로 그것의 상품화다."[4]

상품화는 보수주의 운동이 천막을 친 곳이라면 어디에서건 쉴 새 없이 이어졌다. 그곳에는 당신이 한 숨 돌리며 "그간 무엇이 잘못되었고 또 앞으로 정부를 어떻게 바로잡아야 할지 생각하는" 바로 그 순간을 위해 준비한 125달러짜리 시가 박스가 있었다. '주식회사 9 · 12 시민들' 이라는 집단은 2009년 9월 12일 워싱턴에서 크게 열린 보수주의 대회를 기념하는 59달러 99센트짜리 기념주화를 내놓기도 했다(이 집단의 웹사이트에는 다음과 같은 문구가 적혀 있다. "하루하루 수많은 사람들이 함께해준 덕에 티파티는 나라 곳곳에서 눈부신 성공을 거두었습니다. 주식회사 9 · 12 시민들은 이 같은 풀뿌리 대중들의 노력이 우리의 기념주화를 알리는 데도 힘을 실어줄 수 있다면, 이것은 실로 현명할 뿐만 아니라 올바른 행동이라 믿습니다. 당신을 비롯해 당신 주변 사람들은 우리의 새로운 재판매 프로그램에 참여하여 추가적인 수입을 올릴 수 있습니다. 그리고 이 돈은 요즘처럼 경기가 어려운 상황 속에서 훌륭한 방파제 역할을 해주거나 아니면 여러분의 주장을 널리 알리는 데 큰 도움을 줄 것입니다").

이듬해 9월 12일 열린 집회에서 판매된 기념주화는 금속으로 만든 것도 아니었지만 그들은 이를 형형색색으로 칠해두었고, 덕분에 나는 워싱턴의 쇼어햄 호텔에서 열린 자유 엑스포 자리에서 무려 16달러를 낸 뒤에야 그것을 손에 넣을 수 있었다. 뿐만 아니라 같은 박람회 자리에서는 그들의 그 잘나신 이른바 정곡을 찌르는 "날카로운 슬로건"이 적힌 작은 차 주머니 장식, 수많은 티셔츠 디자인, 차량용 범퍼 스티커 따위를 담은 모음집을 비롯해 군인이라는 직업은 민간인들의 여러 직업들보다 한수 위라 주장하는 너저분한 존경의 표시물, 야전 매뉴얼에서 뽑아낸 성공 전략들을 적은 책, 미국 군인들이 "손수 서명한 인쇄물" 또한 손쉽게 찾아볼 수 있었다.

이러한 정치와 이윤추구의 기가 막힌 시너지 효과는 우익의 눈부신 부활을 이끌어낸다. 가장 눈에 띄는 사례를 들어보자. 정치와 이윤추구의 시너지 효과는 시도 때도 없이 빽빽거리는 보수주의 운동의 연인 세라 페일린을 대표하는 방식이다. 그녀가 누구인가? 그녀는 책, 인터뷰, 텔레비전 쇼를 통해 들어오는 일련의 돈다발을 위해 차기 알래스카 주지사 자리를 내팽개친 이다(세라 페일린은 알래스카 주지사로 재직 중, 2008년 공화당 대통령 후보 존 매케인의 부통령 런닝메이트로 지명되었다. 선거에서 낙선한 그녀는 2009년 7월 주지사직을 사퇴하며 남은 기간은 부지사에게 인계해버렸다. 퇴임 이후 그녀는 자서전, 방송 출연 등을 통해 그해 동안만 무려 1,000만 달러가 넘는 수익을 올렸다—옮긴이). 바로 그렇다. 쓸데없는 주지사 일 따위 누가 하든 알게 뭐란 말인가.

그리고 우스꽝스럽게 '큐!'를 외치던 텔레비전 엔터테이너에서 몇 년 사이 거의 1인 브랜드로 발돋움한 글렌 벡이 버티고 있다. 실제로 그가 소리 높여 이야기하는 파멸의 시나리오는 그에게 뒷돈을 대주는 이들의 피해망상 마케팅 전략과 아주 멋지게 맞아떨어지며, 벡 역시 저따위 말도 안 되는 광고들을 끊임없이 찍어대고 있다.[5]

그의 눈부신 기회주의가 만들어낸 또 다른 작품 중 하나로 9·12 프로젝트라는 것이 있다. 이 프로젝트는 2001년 9·11테러 직후의 감정을 다시 살려 당파를 초월한 모든 미국인들이 어렴풋이 한번 뭉쳐보자는 실로 흐리멍덩한 목표에 더해 제법 강력한 반정부적 정서를 내보였는데, 글렌 벡은 여기에 말로 설명할 수 없을 만큼 강한 입김을 불어넣고 있었다. 이 "프로젝트"는 확실히 2009년 가을 워싱턴 D.C.에서 펼쳐진 꽤나 큰 집회에 커다란 영감을 주었다(글렌 벡에 따르면 미국인들이 여러 테러의 폐허 속에서 스스로 일어나 모든 것을 더 위대하게 재건할 수 있었음에도 그렇게 하지 못한 것은 바로 정치인과 특정 이익집단들 때문이었다. 따라서 그는 정부의 도움 없이 국민 스스로 무엇이든 이룰 수 있을 것이라 믿었던 9·11 직후의 감정을 되살려 9월 12일 당파를 초월한 행진을 벌이자는 9 · 12 프로젝트를 제시하기에 이른다. 하지만 재미난 것은 우리가 기억하듯이 테러 직후의 주된 감정은 분노, 슬픔, 추모였고 힘을 합쳐 재건하자는 목소리는 있었지만 국민의 발목을 붙잡는 정부 따위 물러가라는 외침은 없었다는 사실이다. 이에 더해 9 · 12 행사에 벡이 비판한 '특정 이익집단' 중 하나인 프리덤워크스가 뒷돈을 대주었다는 사실, '정치인'인 에릭 켄터를 비롯한 공화당 인사들이 오바마를 비판하는 연설을 쏟아냈다는 사실은 벡의 주장이 얼마나 터무니없는 것인지를 잘 보여준다—옮긴이). 하지만 내가 본 바에 따르면, 9 · 12 프로젝트의 활동은 늘 곧이어 나타날 티파티의 전매특허와도 같은 주장을 토해내려 허둥지둥 뭉치는 일들뿐이었다. 즉 앞으로 있을 더 큰 움직임을 글렌 제국의 프로젝트라 이름 붙이는 일들에 지나지 않았던 것이다. 한번 볼까. 9 · 12 프로젝트의 상징인 오래된 방울뱀 그림은 벤저민 프랭클린이 1754년에 내놓은 유명한 만화 속 그림처럼 뱀을 토막내놓은 아주 낯익은 것이었다. 잘게 썰린 저 뱀은 이 운동의 "9가지 원칙"(보다시피 9조각난 뱀 몸뚱이)과 "12가지 가치"(방울뱀의 무시무시한 꼬리에 있는 12마디 딸랑이)를 섬뜩하게 드러낸다.

늘 약삭빨랐던 리처드 비거리 또한 이에 질세라 "티파티 지도자를 위한 기금모금 비법"이 담긴 값 비싼 DVD 세트를 내놓았다. 그는 이 DVD 세트의 가격으로 무려 297달러를 불렀을 뿐만 아니라(그는 이를 통해 꽤나 수익을 올릴 수 있으리라는 기대에 부풀어 있었다) 아주 대놓고 이 지침서는 여러분에게 우익의 술렁임을 잘 이용해 돈을 긁어모으는 법을 알려주기 위해 만들어진 것이라 이야기했다. 우리의 유능한 사업가 비거리가 열변을 토하는 광고를 한번 들어보자. "여러분이 보수주의 단체를 만들기에 오늘날은 1970년대 말보다도 더 좋은 상황입니다. 기금모금의 바람은 바로 여러분의 등 뒤에 있습니다. …… 그리고 이 바람은 이제 허리케인처럼 맹렬히 불어닥치고 있습니다!"[6] 모든 부분에 걸쳐 소문난 돈벌이 방법이 거래되는 실로 빛나는 기업가 정신의 장이었다. 비거리가 돈을 받고 여러분에게 기금모금 비법을 알려줄 것이었고, 이에 여러분은 혼자 힘으로도 정치 사업가의 길을 걷기 시작할 수 있었으니까 말이다.

내가 이 모든 이야기들을 꺼내는 까닭은 단순히 티파티 사람들만이 유독 돈에 미친 모습을 보여서가 아니다. 오히려 이를 통해 내가 이야기하고자 하는 바는 이들의 불만 마케팅이야말로 현대 우익 운동들이 너나없이 사용하는 아주 전형적인 방식이라는 점이다. 비거리를 살펴보자. 그는 벤자민 프랭클린에게서 영감을 얻은 정치 사업가의 길에 대한 예찬을 늘어놓으며 자신의 홈페이지를 다음과 같이 소개하고 있다. "어떤 나라에서건 그것을 하나의 사업으로 만들 누군가가 얻을 재화는 어마어마하다."

"그것을 하나의 사업으로", 딱 들어맞는 말이다. 이것이야말로 현대 보수주의가 가진 눈부신 성과물들 그리고 각종 장치들을 있게 해준 하나의 공식과도 같은 것이다. 1970년대 다이렉트 메일이 불러일으킨 거의 혁명과도 같았던 파급력은 공포 퍼트리기가 꽤나 짭짤한 돈벌이가 될 수 있음을 처음으로 확실하게 보여준 사례였다. 이란 콘트라 사건(레이건 행정부 당시 국가안전보장회의가 레바논에 억류되어 있는 미국인 인질들을 석방시키기 위해 이란에 몰래 무기를 판매하고, 여기서 들어온 돈의 일부를 니카라과의 콘트라 반군에 지원한 사건. 이란에 무기를 팔아넘긴 것은 전쟁 중인 이란을 지원하지 않고 더불어 테러리스트와 거래하지 않는다는 미국 정부의 공식 입장을 어긴 것이었으며, 콘트라 반군을 지원한 것은 그들에 대한 일체의 지원을 금지한 의회의 블런드 수정법을 위반한 것이었다—옮긴이)은 어떠한가? 사람들을 겁에 질리게 만들어 돈을 끌어 모았던 기라성 같은 인사들을 한 번 떠올려보자. 아키펠라고Archipelago(온라인 증권거래 네트워크. 아키펠라고는 고유의 실행 알고리즘과 검색 엔진을 사용하여 짧은 시간 내에 최고의 가격과 유동성을 찾아 거래를 안내하며, 세계 최고의 금융기관들이 아키펠라고의 주 고객이다—옮긴이)의 싱크탱크들 그리고 각종 압력 집단들 역시 그저 돈만 쥐어준다면 여러분 회사를 위해 노조, 환경운동가, 소비자단체에 맞서 싸우는 든든한 지원군이 되어줄 것이다. 잭 아브라모프, 톰 딜레이Tom DeLay, 그로버 노퀴스트를 비롯한 그 밖의 패거리들이 가진 경력 또한 살펴보자. 그리고 당연한 말이겠지만 K스트리트 프로젝트의 기업가적 솜씨는 정말이지 놀랍지 아니한가.[7]

그럼 이들 보수주의자들이 혹 자신들의 사업체를 팔아 치워버리는 경우는 없냐고? 당연히 없다. 그것은 있어서는 안 될 일이다. 왜냐고? 어찌되었든 그들은 이를 통해 자본주의 핵심에 자리해야 할 분들이기 때문이다. 몇몇 불만을 품은 활동가들이 2010년 티파티 대회를 무신경한 상업주의의 장이라 비판하자 대회 주최자는 곧바로 그 같은 비판이야말로 "사회주의자들"이나 내뱉는 볼멘소리에 지나지 않는다고 맞받아쳤다.[8] 상대방을 거의 모욕하는 것과 다름없는 이 반응은 더 들어볼 가치도 없는 것이었지만, 자신이 부당하게 비판받았다고 느낀 그의 판단은 아주 정확한 것임에 틀림없었다. 지난 40여 년을 되짚어보자. 그들은 언제나 보수주의 정치를 일종의 사업적 기회로 여겨왔다. 이러한 그들이 낯설다고 비판하는 것이 오히려 이상한 일 아닌가? 게다가 풀뿌리운동을 물건 팔아먹기 딱 좋은 멍청이들이 들고 일어나는 것으로 보는 것은 보수주의 원칙에 전혀 어긋나지 않는다. 이를 이용해먹는 그들의 기회주의야말로 여태껏 보수주의의 앞길을 환하게 밝혀주던 길잡이였으니까 말이다.

이 같은 사실이 누군가에게는 여전히 어리둥절할 수도 있다. 되살아난 우익 역시 가만히 있지만은 않기 때문이다. 그들은 흔히 돈벌이에 미친 자신들의 모습에 평범한 사람들의 진짜 목소리를 대변한다는 가짜 이미지를 이어놓으려 몸부림친다. 그렇다. 보수주의 운동이 자본주의를 사랑하는 것은 틀림없다. 하지만 돈밖에 모르는 이들이라 할지라도 스스로를 부패한 인간 또는 누군가를 착취하는 사람으로 여기기는 싫지 않겠는가! 그들은 이렇게 지껄인다. 어디가 되었건 시장은 무조건 승리해야 하지만, 돈이 정치와 한데 엮이는 일은 절대로 안 된다. 수십 장의 항의 사진을 담은 티파티의 탁상용 책자가 자본주의를 찬양하면서도 동시에 그 서문을 통해(이는 액션 배우 척 노리스가 썼다) "헌법은 돈 앞에선 아무짝에도 쓸모없는 것이 되었다. 미국의 권리장전은 기업들의 보너스로 바뀌어 버렸다"라고 투덜거리는 것은 바로 이 때문이다.[9]

또 다른 밑도 끝도 없는 헛소리다. 앞뒤가 안 맞아도 이렇게까지 뒤죽박죽인 이야기가 또 있을까. 하지만 보수주의 운동이 뒤얽힌 실타래를 풀어내는 방법은 그야말로 간단했다. 말이 되건 안 되건 두 가지 입장 모두를 취해버리면 되잖은가. 상업화된 정치의 기본 중의 기본인 로비 활동을 예로 들어보자. 티파티 사람들이 로비 활동을 차마 입에 담기 어려울 만큼 더럽고 기분 나쁜 산업으로 여기지만, 이는 오직 자유주의자라는 인간들이 로비 활동을 하는 경우에만 해당한다. 정치 사업가로서 아브라모프나 딜레이가 거둔 정말이지 눈부신 전적들(아브라모프와 딜레이의 화려한 전적을 살펴보자. 먼저 미국에서 '로비의 황제', '슈퍼로비스트' 등으로 통하던 잭 아브라모프는 공화당 실세들과의 두터운 인맥 관계를 이용하여 의회와 연방정부를 상대로 광범위한 불법 로비를 펼쳐온 인물이었다. 그는 2006년 공모, 탈세, 우편 사기 등을 저지른 혐의로 기소되어 유죄 판결을 받았으며 아브라모프가 불러일으킨 워싱턴 정가의 부패 스캔들을 다룬 영화가 개봉될 만큼 당시 그가 일으킨 파문은 엄청났다. 다음으로 딜레이 또한 조지 W. 부시 시절 공화당 하원 원내대표 자리를 차지하여 막강한 영향력을 행사한 부시의 '오른팔'격인 인물이었다. 승승장구하던 그였으나 2005년 불법 선거자금 문제가 불거지고 아브라모프 부패 스캔들에까지 연루되면서 결국 22년 만에 의원직에서 물러나는 불명예를 겪었으며, 최근에는 과거 돈세탁 혐의로 징역 3년형을 선고받았다—옮긴이)에도 불구하고 몇몇 우파가 이들에게 기꺼이 손을 내미는 까닭은 바로 그 때문이다. 따라서 딕 아메이처럼 이들과는 달리 아직까지 별다른 사고를 친 적이 없는 로비스트는 보수주의 운동의 지도자들에게 오히려 더할 나위 없이 좋은 사람이다. 마찬가지로 수백만을 동원하는 데 큰 몫을 거들어준 '티파티 익스프레스' 역시 하늘을 우러러 한 점 부끄럼 없는 단체다. 그것이 사실은 잘 알려진 캘리포니아 정치 자문회사가 기금 모금을 위해 만든 단체라 할지라도 말이다.[10]

풀뿌리 대중인 척하는 개인주의자들

내가 앞서 그려낸 기회주의는 새 우익의 핵심 영역은 물론이거니와 가장 하찮은 구석에 이르기까지 없는 데가 없다. 보수주의 집회가 열리는 광장마다 그들 운동의 상징과도 같은 이른바 대중을 등에 업은 문구들이 등장할는지는 모르겠지만, 확실히 티파티 사람들은 자신들이 입버릇처럼 말하는 풀뿌리 대중이 아니다. 여러분들 중 누가 되었든 저들 집회에 한번 가보라. 거의 대부분의 집회 참여자들은 집에서 만들어온 형편없는 플래카드를 들거나 아주 우스꽝스러운 옷을 걸친 채 그저 스포트라이트에 받고 싶어 안달이 나 있을 뿐이다. 몇 가지 예를 들어보자. 2010년 덴버에서 열린 집회에서 나는 구닥다리 군대 나팔을 불어대던

한 남자를 보았는데, 나와 불과 몇 발자국 떨어지지 않은 곳에 서 있던 그는 연단에서 자신의 입맛에 당기는 소리가 나올 때마다 시끄럽게 빽빽거리고 있었다. 이번에는 같은 해 버지니아에서 열린 티파티 대회로 가보자. 한 남자가 뱀 깃발을 어깨에 늘어뜨린 채 강의 구역을 어슬렁거렸고, 다른 이들은 심지어 그곳에 총을 차고 나타나는 것이 적절하다 여기고 있었다. 행사가 열린 리치몬드 컨벤션 센터 내부가 안전하고, 문명화되었으며, 거의 무균지역에 가깝다 하더라도 말이다. 덧붙여 굳이 이야기할 필요도 없겠지만 식민지 시대가 떠오를 법한 이들의 의상과 행동들(이따금 독립전쟁 시기를 재현하거나 미국 건국의 아버지들을 전문적으로 흉내 내는 이들도 있다)은 티파티 행사에서 놓쳐서는 안 될 진짜 볼거리 아닌가.

새 우익의 조무래기들이 누가 가장 먼저 티파티에 들어왔는가 따위의 주제를 놓고 논쟁하는 모습, 주변 사람들에게 제발 자신들이 디자인한 깃발을 써달라 부탁하는 모습, "성조기여 영원히"(미국의 국가—옮긴이)의 잊혀진 4절과 같은 말도 안 되는 애국주의적 비밀을 서로의 마음속에 새겨주려는 모습, 유튜브에서 얻은 한순간의 악명을 평생의 경력으로 삼으려 치밀한 전략을 짜는 모습 등은 이제 당혹스럽지도 않다. 하지만 이 모든 것을 꿰뚫는 것은 그들 모두 스스로를 브랜드화하고 싶어 한다는 사실이다. 이들의 행동 하나하나는 결국 걸어 다니며 광고를 찍어대는 것에 지나지 않는다. 따라서 내가 보기에 이들은 풀뿌리운동을 이용해먹으려는 보수주의 윗대가리들과 하나도 다를 게 없다. 아니 다르기는커녕 둘 다 이른바 미국인의 권리라는 것을 이름 날리게 한 기업가적 자기주장의 표본일 뿐이다.

바로 그렇기 때문에 이들 보수주의자들의 집회마다 프리랜서로 일하는 제임스 메디슨James Madison들이 넘쳐나는 것이다. 이들은 차고에서 뛰쳐나와 각각 눈에 뻔히 보이는 단 하나의 정치적 목적에 매달린다. 독자들이 웬만큼 저들의 집회에 가본다면, "435명의 하원 정치인들을 쫓아내고 그 자리에 여러분과 같은 평범한 미국인을 앉히는 것"을 목표로 삼는다는 '고GOOOH'라는 집단에 대해 알게 될 것이다. 은행 구제금융과 관련된 상원 의원들에게 철퇴를 날리겠다고 약속한 아이코커스 사람들 또한 만나볼 수 있을 것이다. 뿐만 아니라 어떤 단체의 "재독립 선언문"이라는 것을 가져와 "우리 모두가 기다려온 대답이 여기 있다"며 사인을 요구하는 사람들 역시 찾아볼 수 있으리라. 마지막으로 어떤 이는 '우리는 헌법을 읽었다'라는 이름을 가진 집단을 만들기도 했는데, 이들의 목표는 자신들이 저 문서를 소리 높여 읽을 장소에서 모든 미국인이 참여하는 집회를 여는 것이었다. 분명 지루하기 그지없는 이야기지만, 그들은 이것이 실로 "가슴 뭉클한 일"이란다. 자, 그럼 어서 서명하지 않고 뭐하는가.[11]

어딜 가나 하나같이 잘나신 철학자들뿐이다. 스스로를 몽테스키외로 여기는 수천 명이 메니페스토, 블로그, 소책자 등을 통해 정부가 저지른 악행에 대한 아주 그럴싸한 이론들을 펼쳐낸다. 그들의 이 따위 말 같지도 않은 소리들은 모두 기껏해야 성경, 헌법, 그리고 글렌 벡의 텔레비전 쇼에 담긴 내용들만 가지고 엮어낸 헛소리에 지나지 않는다. 정말이지 용감하기 이를 데 없는 이들의 정치적 선언문이라는 것들을 찬찬히 살펴보자. 놀라운 것은 어느 것 하나라도 독특하기는커녕 너무도 한결같다는 사실이다. 터무니없는 추론을 똑같이 이용해서 그런지 각각의 위대한 철학자 나리들도 시장의 신성함, 자유주의자들의 엘리트주의, 미국의 숨통을 조여 오는 엄청난 위협 따위의 결론은 판박이일 수밖에 없었던 모양이다.

입소문으로 가자!

이 모든 헛소리들이 한데 엮여 하나의 진짜 이야기로 만들어지기 시작한 것은 2009년 8월 워싱턴 주의 일부 침체된 지역에서 열린 공청회 자리에서였다. 그곳은 선출된 대표자가 지역 주민들을 초대하여 그들에게 정책 등을 설명하고 의견을 듣는 "하반기 타운홀 미팅" 자리였고, 티파티 시위자들은 으레 갖는 질의응답 시간을 이용해 자신들의 불만을 터트렸다. 티파티 운동 자체가 늘 그래왔듯 그들은 자신들의 불평이 마치 진심에서 우러나온 소리인 양 꾸며대기 시작했다. 먼저 지도부에서 몇 가지 지시를 담은 쪽지가 내려왔다. 보수주의자들에게 전달된 이 쪽지에는 공청회 자리에서 어떻게 사람들의 눈을 끌어 모을 것인가 혹은 어떻게 논쟁할 것인가에 대한 내용이 적혀 있었다.[12] 그러고는 몇 차례 있었던 타운홀 미팅(정치인이 그 지역 주민들을 초대하여 새 입법이나 정책 등에 대하여 설명하고, 의견을 듣는 비공식적 공개 회의—옮긴이)에서 때맞춰 아주 극적인 깽판들이 있었고(이는 소형 비디오카메라들을 통해 오래도록 기록되었다) 이러한 것들이 유행을 타기 시작했다. 온 나라가 지켜보는 앞에서 몇몇 정치인들을 사납게 헐뜯고 모욕할 기회는 확실히 이를 기다려온 수천의 사람들에게 더할 나위 없이 좋은 기회였나 보다.

타운홀 미팅에서 있었던 일을 한번 떠올려보자. 당시 주제는 민주당의 다양한 건강보험 정책들이었다. 카키색 바지에 밝은 색감의 셔츠를 입고 무대에 오른 정치인은 사근사근하고 순한 성격의 민주당 하원의원 브라이언 베어드Brian Baird였다. 잘 알다시피 이때 실업률은 10퍼센트를 한참 웃돌았고, 이 같은 공청회 자리는 이미 전국 각지에서 원래 목적과는 다르게 그저 격분을 토해내는 자리로 바뀌어 있었다. 이 자리에서 베어드 의원은 마치 스스로 과녁 한복판으로 걸어 들어간 것과 같은 큰 실수를 저지르고 말았는데, 바로 저들의 저항을 "나치 돌격대 전술"이라 말해버린 것이다.

어디에서나 쉽게 구할 수 있는 비디오카메라 덕에 이후 모든 스포트라이트를 한 몸에 받게 될 이는 과거 해병대에 몸담았던 인물이자 현 경영 컨설턴트인 데이비드 W. 헤드릭이었다. 베어드가 연 이 미팅에 참여한 이들은 분명 어느 시점까지는 육아 기술을 널리 보급하기 위한 연방정부의 제안들에 대해 이야기하고 있었다. 그러나 이내 카메라는 앞으로 걸어 나오는 헤드릭을 비추었고, 강당의 마이크는 베어드 의원과 한바탕 말다툼을 벌이려는 이 남자의 손에 쥐어졌다. 그는 간단히 자신을 소개하고 다음과 같이 말을 꺼냈다. "당신이 그것을 뭐라 부르던 내가 듣기에 당신은 오늘 우리 아이들에게 뭔가를 가르치고 머릿속에 심어주는 것에 대해 이야기하는 것 같소만?" 머지않아 엄청난 유명세를 떨치게 될 이 비디오 영상에서 베어드 하원의원은 우물우물 답하기 시작했다. 하지만 그의 대답이 채 끝나기도 전에 헤드릭은 냅다 소리쳤다. "우리 애들한테서 손 떼시지!"

아무 까닭도 없는 공격에 청중이란 자들은 환호성을 터트렸다. 그러나 이것은 그저 시작에 불과했다. 연단 위의 남자는 30초 뒤 이 불쌍한 민주당 의원 나리에게 "역사를 한수" 가르쳐주시겠다며 다음과 같이 말했다. "나치는 국가사회주의당이었어. 바로 좌파들이었단 말이지." 아직도 온 국민을 제2차 세계대전의 틀에 맞춰 가르쳐야 한다는 구닥다리 사고방식을 가진 헤드릭과 그 밖의 되살아난 우익의 수많은 지도자들에 따르면, 저들 나치는 산업을 국유화했으며 오늘날 민주당 역시 그 같은 기분 나쁜 짓거리를 꾸미고 있음에 틀림없다. 이들은 지금 은행, 자동차 회사, 의료보험을 국가의 손아귀에 쥐어주려 안달이지 않은가. 따라서 만약 낸시 펠로시Nancy Pelosi 같은 자유주의자들이 '나치당 완장을 두른 인간들의 사회'를 만들려는 이들을 찾고자 했다면, 멀리서 찾을 필요도 없다. 연단에 올라선 성난 남자는 정의감에 불타는 거친 목소리로 내뱉었다. "그녀는 바로 자신의 팔에 그 같은 완장이 걸려 있는 것은 아닌지를 먼저 살펴봐야 할 거야."

듣는 이들은 이제 자리를 박차고 일어나 소리를 질러대기 시작했다. 전국민 의료보험은 개나 줘버리라 외치는 진실로 자유로운 인간이 되기 위해 우리가 제2차 세계대전을 치렀다 생각하는 이에게 기립 박수를 보내면서 말이다. 이들이 정말로 그의 말에 고개를 끄덕였을지도 모른다. 아니면 그래 좋다. 이들은 그저 즐거워서 그랬을 것이다. 망상 때문이건 아니건 정치인이 돌팔매질 당하는 모습을 지켜보는 것은 언제나 엉덩이가 들썩이는 일이니까. 아직도 할 말이 끝나지 않은 헤드릭의 이야기로 돌아와보자. 한 가지 모욕이 더 남아 있었다. 그는 앞서 군인과 공무원이라면 누구나 하는 선서 즉, 헌법을 "뒷받침하고 지킬 것"을 담은 서약(티파티가 사람들을 끌어 모으는 데 있어 굉장히 중요하게 다루는 문제 중 하나)을 이야기했다. 그러고는 이것을 이용해 민주당 의원의 얼굴에 다시금 먹물을 끼얹었다. "해병으로서 나는 지금껏 나의 서약을 지켜왔어. 근데 당신은 그것을 지킬 생각이나 한번 해봤나?" 베어드가 다시 중얼거리기 시작하자 전임 해병대원은 역겹다는 듯 곧바로 연단을 빠져나가버렸다.

이 대결을 담은 비디오 영상은 말 그대로 "입소문을 탔다." 격정적인 보통사람이 무신경한 권력자에게 거침없이(그야말로 위를 노려보며) 이야기를 던지는 이미지는 확실히 기막히고, 가슴 설레는 것이었다. 헤드릭이 지껄인 터무니없는 내용들을 잠깐이나마 제쳐둔다면, 이보다 더 감동적인 포퓰리스트적 순간이 또 있을까. 이후 이 영상은 수많은 보수주의 웹사이트에 올라갔고, 폭스 뉴스를 통해 끊임없이 비춰졌다. 누군가는 이 영상에 음악을 집어넣기도 했다. 전직 해병대원 스스로는 저 멋진 결전의 날 이후 며칠 동안 션 해니티Sean Hannity의 텔레비전 프로그램에 나와 쇼의 진행자에게 민주당 행정부의 정책이라는 것들은 나치의 그것과 "거의 자로 잰 듯" 똑같다고 알려주었다.

짧게나마 전 세계가 이 전직 해병대원의 발아래 있는 것처럼 보였다. 유튜브 덕분에 힘을 되찾은 우익 그리고 거의 완벽한 헛소리나 다름없는 독일 역사 이야기가 곳곳에서 판치고 있었다. 그해 여름은 헤드릭의 것이었다. 앞서 산텔리가 그러했듯 헤드릭은 이제 정치계의 떠오르는 별이 되어 있었다. 하지만 그것으로 끝이 아니었다.

해니티의 쇼에 출연한 직후, 데이비드 헤드릭은 자신의 한심한 짓을 다시금 보여주고자 베어드가 연 또 다른 타운홀 미팅에 나타났다. 그러나 이번에는 일이 생각대로 잘 풀리지 않았다. 왜냐하면 그는 주어진 시간 내내 지난번 자리에서 자신이 논쟁이랍시고 지껄인 말들, 그러고는 베어드에게 헌법이나 읽어보라고 내뱉어버린 초보나 할 법한 실수 때문에 그간 본인이 먹은 욕들을 이야기하며 그저 혼자 뾰로통해지기 일쑤였기 때문이다. 그것도 모자라 이에 대한 길고 지루한 상세설명은 이 자리 자체를 완전히 맥 빠지게 만들어버렸다.

미디어 시대를 살아가는 우리가 너무도 잘 알고 있듯, 한번 스타덤에 오른 뒤 다시 이름 없는 이로 돌아가는 것은 여전히 어려운 일이다. 그리고 사실 헤드릭은 베어드의 하원의원 자리를 노리고 있었다. 몇몇 공화당원들이 이 자리를 놓고 으르렁대는 상황에서, 저 얍삽한 전임 해병대원이 어떻게든 튀어보고자 선택한 전략이 바로 자신의 극우파적 순수성을 드러내는 것이었다. 꽤나 약발이 먹혔던 모양이다. 헤드릭이 이

야기한 바에 따르면, 이 전략 덕에 그는 아주 열성적인 풀뿌리 지지층을 얻을 수 있었단다.[13]

비록 그가 이제는 하원의원 입후보자일지라도, 헤드릭을 다룬 글들이 대개 그가 유튜브를 떠들썩하게 만들었던 오래전 이야기를 첫머리에 올리는 것은 여전하다. 2010년 6월 그는 한 예산 공청회 자리에 모습을 드러냈는데, 역시 또 자신의 포퓰리스트적 마술에 불을 지펴보기 위함이었음은 두말할 것도 없었다. 이번에는 카메라가 돌아가는 가운데 워싱턴 주지사 크리스틴 그레고어Christine Gregoire를 비난했다. 그녀는 헤드릭에게 대꾸조차 하지 않았다. 8월 그는 공화당 예비선거에서 패배의 쓴 잔을 들이켰다.

아직도 헤드릭은 뭔가 한자리 해보고 싶어 미칠 노릇인 모양이었다. 2010년이 끝나갈 무렵 그는 자신의 이름값을 또다시 이용해먹고자 했으니 말이다. 어린이들(여기에서 어린이들이란 자신이 과거 베어드 하원의원에게 손 떼라 소리쳤던 바로 그 어린이들이다)을 위한 티파티 책자라니. 아무리 좋게 보려고 해도, 이 책에 담긴 내용들이란 믿기 어려울 만큼 엿 같은 것들뿐이다. 에이, 그래도 한번 좋게 봐주자. 헤드릭의 몫은 챙겨줘야 하지 않겠나. 그럼 시작해보자. 그가 적은 이 책은 보수주의 운동의 문건들이 가진 한없이 꿋꿋하고, 꽉꽉 막혔으며, 아주 상스러운 특징이 가장 잘 드러난 작품 중의 작품이다. 덧붙여 늘 그렇듯 딱 초등학생 수준에 맞게 쓴 글이다(이는 아마도 이들이 정치라는 것을 딱 저 수준으로 이해해서일 것이다. 보수주의는 대개 아동 문학을 통해 자신들이 다시 돌아왔음을 알리려 드는 경우가 많다. 일례로 글렌 벡이 2009년 쓴 『바보들과의 논쟁』을 살펴보자. 이 책에는 "우리 아빠는 자본주의자"라는 절이 있는데, 이 절은 아이들에게 인센티브가 가진 힘을 가르치고 있다. 2010년 티파티 애국자들이라는 단체는 크레용으로 티파티의 메시지를 칠해 넣는 색칠 그림책을 내놓기도 했다. 온라인상의 정치 사업가 집단이자 일종의 정치화된 보이 스카우트인 '애국자 클럽'은 국기에 대한 맹세를 큰 소리로 말할 수 있는, 애국가 "우리나라는 주님의 것"을 부를 줄 아는, 그리고 여러 가지 "생존 기술"을 배울 수 있는 어린이들의 손에 "애국자 인증 카드"를 쥐어준다. 이 카드를 받고 싶다면 http://www.fortpatriot.com/partriotsclub/을 찾아가보라).

당연하게도 헤드릭의 책은 크리스마스 이야기를 그리고 있다. 더 정확히 말해, 크리스마스가 어떻게 더럽혀지고 또 원래 있어야 할 자리에서 뿌리채 뽑히게 되었는가에 대한 내용이다. 비슷한 종류의 불평을 담은 수도 없는 문건들에 큰 기여를 한 이 책은 티파티의 시대를 위해 꾸며낸 자유주의자 산타클로스의 이야기로 시작된다. 그럼 책 속으로 들어가보자. 먼저, 못된 자유주의자 엘프들이 선거를 도둑질해 '자유주의자 산타클로스'라 알려진 버락 오마바를 산타의 자리에 앉히는 모습이 나온다. 이 사기꾼 산타클로스는(한 엘프가 이렇게 묻기도 했습니다. "넌 심지어 북극에서 왔다며?") 워싱턴 주 캐머스에 있는 데이비드 헤드릭 마을의 아이들에게 공짜 사탕을 쥐어주며 아무것도 모르는 아이들을 자기 편으로 끌어들인다. 그는 '크리스마스 헌법'을 어겨놓고도, 비록 평범한 사람들은 모르지만 '매우 똑똑한' 사람들이라면 자신이 저지른 나쁜 짓들 모두 저 문서에 의한 것임을 알 수 있다고 이야기한다. 심지어 이 무시무시한 산타는 독일말을 쓰고 무시무시한 긴 군화를 신은 앨프들을 풀어 다른 엘프들에게 노동조합에 가입하라 윽박지른다. 아무것도 모르면서 똑똑한 척 고개를 끄덕이고, 이로써 히틀러와 노동조합이 손을 잡게 된다. 분명 내 지금껏 살아오면서 단 한 번도 들어본 적 없지만, 이것이 바로 티파티 사람들이 역사를 바라보는 방식인 듯싶다.

지금부터는 스포일러가 담겨 있으니 주의하라! 워싱턴 주 캐머스의 아이들은 드디어 뱀 깃발을 집어 들어 헛소리를 지껄이는 저 사기꾼 산타클로스에 맞서 싸우기 시작한다. 다 읽고 난 소감이 어떠냐고? 비유는 아주 일그러졌고, 문체는 차마 눈 뜨고 봐줄 수가 없다. 캐리커처에는 쓸데없이 힘만 잔뜩 들어가 있어 마치 『월리를 찾아라Where's Waldo?』의 정신 나간 오마주 한 편을 보는 것 같다. 스탈린 엘프, 카스트로 엘프, 우고 차베스 엘프의 이미지를 비롯한 모든 삽화들은 하나같이 북극에서 온 자신들의 자유주의자 친구에게 손을 내밀고 있다. 두말하면 잔소리겠지만, 헤드릭 본인 그리고 자신의 눈부신 성공담 역시 섭섭지 않게 다뤄준다. 어디에 있냐고? "크리스마스에"라 적힌 페이지 아래쪽을 보게 되면, 헤드릭 자신을 나타내는 캐리커처 뒤로 다음과 같은 큰 글씨가 적혀 있는 것을 볼 수 있다. "캐머스에서 온 남자의 고함소리는 입소문 탔다."

데이비드 헤드릭은 결국 의회에 발을 들여놓지는 못했다. 그럼에도 그의 이야기는 우리에게 중요한 사실을 알려준다. 어떻게든 기회를 잡아채려는 끈질긴 모습, 정치와 수익이 한데 뒤엉킨 모습, 한순간 전파를 타 순식간에 스타로 발돋움하고자 줄기차게 용쓰는 모습 등 이 모든 것들이 바로 보수주의가 재기하며 나타난 요소들이라는 사실 말이다. 물론 우리가 본 사례 속 사업가는 실패를 맛본 것이 맞다. 하지만 같은 방법으로 성공을 거둔 이들이 훨씬 많다는 사실 또한 기억하자. 되살아난 우익이 의회를 손아귀에 넣을 수 있었던 까닭 그리고 거의 죽어가던 자신들의 의제에 다시 힘을 불어넣을 수 있었던 까닭은 바로 이것이었으니까 말이다.

6. 대기업의 방패막이 된 영세자영업자

또 한 가지 의미심장한 물건이 있다. 2010년 3월 국회의사당 서쪽 잔디광장에서 벌어진 항의 시위에서 어떤 사람이 흔들던 큰 깃발이다. 이 눈에 확 띄는 깃발에는 전통적인 성조기의 줄무늬가 아로새겨져 있었지만, 왼편의 사각형 안에는 별 대신 보스턴 티파티의 상징인 똬리를 튼 방울뱀 도상과 "물러서라!"는 글귀가 그려져 있었다. 또한 하얗고 빨간 줄무늬 하나하나 역시 저마다 이런저런 정치적 구호를 담고 있었는데, 총 18개의 구호들과 함께 그 깃발을 배송비 포함해서 40달러에 살 수 있는 웹사이트 주소가 적혀 있었다. 정치로 사업을 하고 싶으십니까? 여기 광고를 실을 수 있는 국기가 있습니다.

어릴 때, 나는 미국 국기를 구성하는 상징들이 어떤 의미를 담고 있는지 궁금했다. 지금 보는 이 국기야말로 그 궁금증을 깨끗이 씻어줄 것 같다. 줄무늬마다 그 의미가 똑똑히 적혀 있으니, 이것인가 저것인가 고민할 필요가 없지 않은가. 물론 3월의 봄바람에 펄럭이는 국기의 글귀를 읽기는 좀 어려웠다. 하지만 깃발 제작자의 웹사이트를 찾아본 지금은 분명히 알 수 있다. 국기의 줄무늬는 제각기 우리가 뽑은 공직자들에게 이렇게 요구하고 있다. "균형 예산을 유지하라." "자유시장을 보호하라."

"재산권을 존중하라." 그리고 "대표 없이 규제 없다." 이건 마치 기업들에 국정 의결권을 달라는 말처럼 들린다.

나는 "물러서라!" 국기를 사지 않았다. 대신 정치이론서 하나를 집어들었다. 『이 부를 분배하라: 그리고 탄약을 달라Spread This Wealth: And Pass This Ammunition』. 앞서 언급한 이 책의 저자이자 "물러서라!" 국기의 디자이너인 제시 듀크는 미국이라는 나라를 "나와 같은 보통사람들, 다시 말해서 노동자들, 나무꾼들, 농부들, 병사들, 소작인들, 그 밖에 이마에 땀을 흘리며 벌어먹고 사는 사람들이 정착해서, 세우고, 지켜온 나라"라고 외친다. 그리고 아마도 그런 사람들은 정부가 "자유시장"에서 손을 떼기를, 그놈의 악마 같은 규제 짓거리를 때려치우기를 바라는 모양이다. 노동자와 소작인들은 그들의 대변자인 티파티를 통해 그렇게 요구한다는 것이다. "나는 그 사실이 자랑스럽다. 그리고 나도 그들 중 하나이며, 지식인 나부랭이가 아니다."[1] 듀크는 이렇게 말한다.

하지만 사실 따져보면 제시 듀크는 "그들 중 하나"가 아니다. 그의 책에 실린 저자 약력을 보면 그는 나무꾼 또는 소작인으로 나오지만, "38년 동안 영세 자영업자로 살아왔다." 그리고 감히 말하건대, 그런 혼합된 사회계층성이야말로 이런 운동의 성격이 기본적으로 명료하지 못한 원인이다.

사회구조에 대한 듀크의 생각은 신우파가 득세하던 시절에 귀에 못이 박히게 듣던 이야기와 다르지 않다. 미국은 거칠게 말해서 둘로 나뉘어 있다. "보통사람"과 "지식인"이라는 두 계층으로 나뉘어 있다는 것이다. 이런 지칠 줄 모르고 되풀이되는 이야기에 따르면, 우리는 생산적인 시민이거나 겉멋만 든 인간쓰레기들(말하자면 대학교수나 환경보호청 소속 공무원 따위) 중 하나다. 지식인과 사회의 건전한 구성원, 이 두 가지만큼 뚜렷이 구분되는 것은 세상 천지에 둘도 없다. 한편으로, 예를 들어 소규모 기업인과 소작인 사이에는 아무 차이점도 없다. 다른 티파티 참여 저자들이 릭 산텔리의 주식거래인과 "노동계급" 사이에서 아무런 차이도 발견하지 못하듯 말이다("자본주의는 문제가 아니다. 아이비리그 출신 정치인들이 진짜 문제다"는 블로거 브루스 벡슬리Bruce Bexley가 이런 류의 책자 중 처음 나온 것들 중 하나인 『티파티 운동, 그 모든 것The Tea Party Movement: Whay It Started, What It's About, and How You Can Get Involved』(NP: Seattle, 2009)에서 찍어내듯 인용해 널리 배포한 저항 구호 중 하나다. 인용 문구는 그 책의 54쪽에 있다).

이렇게 아전인수로 계층간 차이를 벅벅 문대 지워버리는 일은 신보수파의 전형적 술책 중 하나다. 웨스트버지니아에서 2009년도 노동절에 열린 대규모 집회에서처럼 이런 '차이 지워버리기'가 멋들어지게 사용된 경우란 또 없는데, 그때 광산노동자들은 그들의 고용주인 광산업자들과 "연대"했노라고 선전되었다. 이 어깨동무 놀음은 진보 진영에서 인기가 있던 숀 해너티Sean Hannity, 테드 너전트Ted Nugent와 존 블랜켄십John Blankenship을 한 배에 탄 사람들로 묘사했는데, 블랜켄십은 공해를 마구 내뿜으며 시대착오적인 노동탄압을 일삼는 매시 에너지 사의 CEO였다.[2] 미국 국기로 디자인한 옷을 걸치고, 이 집회에 '백만 달러쯤' 썼다고 잔뜩 으스대던 블랜켄십은 마이크를 잡고는 자기가 그 자리에 나온 것은 "미국 노동자를 지키기 위해서입니다. 왜냐면 다른 누구도 그러려 하지 않으니까요!"라고 소리질렀다. 구체적으로 이 CEO 어르신께서는 자신이 "우리 정부지도자들"에게 맞선다고 기염을 토했다. 자신들의 보신과 환경운동 짓거리 때문에 "미국 노동자들에게 최악의 악몽을 가져다준" 지도자들에게 맞서노라고.

이 대회가 끝나고 8개월 뒤, 매시 사의 어퍼빅브랜치 탄광의 노동자

29명이 지하에서 대폭발로 숨지는 사고가 일어났다. 회사가 기본 안전시설 및 환기시설 기준만 지켰던들, 아니면 미국 광산 감독관들이 그 많고 많은 규제 조항을 제대로 적용만 했던들 그렇게 큰 피해가 나지는 않았을 것이다.[3] 이제, 광산 '업자' 들이 벌이는 규제와의 싸움은 실제로 광산 '노동자' 들의 싸움이라는(그 업자분들께서 광산 규정을 제대로 따르지 않아 노동자들이 숨진 것이 그렇게 풀이되는 모양이었다) 주장을 보면, 이것이야말로 사회학자들의 학술용어를 빌리면 "완전히 거지 같은 소리"임을 깨닫게 된다. 이런 계급론은 현실과 원체 동떨어져 있으며, 완전히 엉터리이고, 그들이 감추려는 진실에서 사람들의 눈을 돌리려는 꼼수다.

이 새로운 포퓰리즘적 시각에서 지식인은 또다시 악당으로 비친다. 하지만 시대가 변한 만큼 악당 취급의 이유도 바뀌었다. 부시 시대에는, 지식인들이 범죄자인 까닭은 그들이 늘 '중부의 빨간색 주' (공화당 지지 주를 뜻한다. 대체로 미국 중부 지역은 공화당이 강세이며 전체적으로 보수적 가치를 신봉한다—옮긴이)에서 중시하는 가치를 폄하한다는 점에서, NASCAR(전미 개조차량 자동차 경주협회The National Association for Stock Car Auto Racing로, 개조차량 경주대회는 지금 미국에서 프로미식축구 리그 다음으로 시청률이 높고 그만큼 광고 효과가 큰 스포츠경기다—옮긴이)의 훌륭함이나 태아의 신성함을 무시하기 때문이라는 이유를 들먹거렸다. 그러나 사실 지식인들이 욕을 먹는 까닭은 따로 있었는데, 시장의 전지전능함을 의심한다는 것이었다.

반면 '보통사람들' 은 시장의 질서 속에서 자신의 위치를 잘 이해한다고 여겨진다. 자신의 일이 주식투자든, 도랑 파는 일이든 말이다. 사실 그들의 겸허한 영혼은 시장 자체와 구별되지 않는데, 스스로의 욕구와 열망을 숨김 없이 드러낸다는 점에서 그렇다. 그리고 이렇게 '시장 앞에서 겸손하라'는 포퓰리즘적 정신을 가장 잘 숙지하는 사람이 소기업 경영자다. 공무원이나 대학교수(또는 이 두 가지의 불경스러운 조합인 오바마 대통령) 따위와는 달리, 소기업 경영자는 시장의 적자嫡子이며, 스스로의 판단에 따라서만 움직이고, 열심히 경영하며, 뿌린 대로 거두고, 정부에 어떤 식으로도 손을 벌리지 않는 존재다. 심지어 그는 시장의 뜻이라면 스스로의 실패도 담담히 받아들인다.

경영자 독재

우리는 티파티 집회에 나온 사람들이 스스로 불황의 희생자라 주장하는, 적어도 몇몇의 경우를 알고 있다. 하지만 그것이 티파티 주도자들이 1932년의 '보너스 아미' 때처럼 그 불황으로 알거지가 되었다거나, 적어도 직장을 잃었거나 했다는 뜻은 아니다. 분명 그런 사람들도 없지야 않겠지만, 티파티 참여자들은 대체로 일반 국민보다 잘산다. 그들은 경기 불황을 민감하게 느끼며, 보통 자신의 사업체에서 인원 감축을 하는 것으로 대응한다.

이것은 어려운 처지의 사람들이 벌이는 생존권 운동이 아니다. 티파티 집회들 중 뭐든 골라잡아 살펴보자. 참가자들은 말쑥한 새 옷을 입고, 산뜻하게 머리를 다듬었다. 또 워싱턴 D.C.에서가 아니면 넥타이를 맨 정장 차림의 남자들도 종종 보인다. 덴버에서 벌어진 집회 한 곳에서 만난 사람 하나는 애스컷 타이를 매고 있었다. 그들은 결코 한계상황에 내몰린 민중이 아니다. 이 운동에서 흔히 쓰이는 레토릭은 원색적인 비방이며, '정의를 위해 저들의 피를 보자'는 식이다. 그러나 참가자들이 서로 자기 소개를 할 때는 아주 정중한 모습을 보여준다. 적어도 내가 보기에는 그렇다.[4] 그들은 사람들을 헤치고 지나갈 때 "실례합니다"라는 말을 잊지 않으며, 이른바 '우파의 신화'에 어긋나지 않으려는 듯 집회를 마칠 때는 쓰레기를 정리한다.

경영계의 용어가 이 운동을 지배하고 있다. 티파티 참가자들은 때로 '저항'이라는 말 대신 '핵심역량(Core Competence)'이라는 말을 쓰며, '지도자'라는 뜻으로 '정치 부문 경영자'라고 한다. 그리고 '얼리어답터'는 '일반회원'을 가리키는 말이다.[5] 이 운동에서 즐겨 읽히는 텍스트는 경영이론서다. 심지어 티파티 웹사이트를 보면 '모범 경영인 리스트'까지 올라와 있다.[6]

이 티파티, 아니 '티시퍼스tea-sippers(차를 홀짝거리는 사람들)'에 경영자 마인드가 빠지는 일은 없다. 『티파티 이후: 무엇을 할 것인가?What Can I Do?: After the Tea Party』라는 소책자에서 저자인 돈 크라이스트Don Crist는 스스로를 '중소기업 컨설턴트'라고 소개하며, 『토머스 제퍼슨과 시대를 뛰어넘어Transcending Time with Thomas Jefferson』를 쓴 스티븐 핸슨Stephen D. Hanson은 '중소기업 오너이자 담보대출업자'라고 한다. 티파티의 킹메이커인 사우스캐롤라이나 주의 짐 드민트Jim DeMint 상원의원은 그의 팬들에게 스스로를 정치인이 되기 전에 '소규모 자영업'을 했으며, 그 경험에서 그 특유의 정치론인 정부 견제 반대론을 익혔다고 말했다.[7] 그리고 공화당 대선후보로 나섰던 허먼 케인Herman Cain은 일찍이 1990년대에, 전국 소규모 자영업자 대표로 빌 클린턴의 의료보험 개혁안에 반대하면서 보수적 정치인으로서 자신이 태동했다고 한다. 오늘날 그는 자신을 '진짜 보통사람들'과 호흡하는 정치인으로 내세우고 있다.[8]

글렌 벡도 자신이 살던 작은 마을에서 소규모 기업을 경영하던 일을 자랑스레 회고한다. 그리고 2009년 가을 내내, 이 텔레비전 게스트 선생은 워싱턴에서 불어오는 '사회주의 돌풍'이 가끔씩 일으킨 소기업 포퓰리즘의 미약한 불꽃을 지키려고 노심초사했다. 그는 소기업 오너들을 패널로 초청해 인터뷰하고, 소기업 오너들이 얼마나 많은 일자리를 창출했는지 늘어놓고, 그들의 일반적인, 전 미국적인 위대함에 찬사를 보냈다. "그들은 미국의 정신을 대변합니다. 보통 '미국의 꿈' 이라 불리던 것을 말이죠." 그는 언젠가 특히 감상적인 분위기에 젖어서는 이렇게 말했다.[9]

2010년의 하원 선거에서 공화당이 압승하면서 새로운 보수파 의원들이 집단적으로 국회에 진입한 일은 종종 중소기업들의 후원이 가져온 성과라고 일컬어진다. 지금은 일리노이 주 대표 상원의원인 마크 커크Mark Kirk는 2010년 선거운동 기간 중에 '중소기업 권리장전' 을 주장했다.[10] 그러자 텍사스 주 하원의원, 프랜시스코 칸세코Francisco Canseco의 선거 홈페이지에는 다음과 같은 실로 놀라 자빠질 만한 '경영자 독재' 의 요청이 올라왔다. "우리는 경제를 움직이는 권한을 미국의 중소기업주들의 손에 돌려주어야 한다."[11] 물론 이것은 공허한 말잔치에 가깝다. 하지만 칸세코의 주장이 내포하는 의미를 진지하게 본다면? 남북전쟁 이후 금융계와 대기업에 중소기업들이 주도권을 빼앗겼음을 떠올려 보면, 그는 사실상 근대화 과정의 거의 1.5세기를 되돌리자는 이야기를 하는 것이다.

《뉴욕타임스》에서 실시한 조사에 따르면 2010년 하원을 석권한 공화당 의원의 거의 40퍼센트가 중소기업 오너 출신이다. 그전 회기의 의회에서 중소기업 출신자들의 비율이 어땠는지 살펴보면 실로 대약진이 아닐 수 없다.[12]

중소기업계의 대표적인 조직인 NFIB(National Federation of Independent Business, 전국자영업자연합)에서 공식 후원하는 공화당 초선 의원까지 합쳐 계산하면, 중소기업 오너 출신의 공화당 하원의원은 74퍼센트까지 늘어난다.[13] 워싱턴에 첫 발을 디디기가 무섭게, 이 경영자 전력이 있는 입법가들 중 한 무리는 이른바 '의회 내 일자리 창출 협의회'라는 조직을 만들었는데, 중소기업 오너 출신들만 여기에 가입할 수 있었다. 그리고 그들이 2011년도의 '부채 상한선 논쟁'에서 예산의 발목을 잡았을 때, 그들은 정부가 중소기업처럼 돌아가야 마땅하다고 여기고 있었다.[14]

잠깐, 가만 있자, '일자리 창출 협의회'라고? 나는 원래 의심이 많은 사람이다. 하지만 여기서만큼은, 그 '일자리 창출'이라는 문구만큼 사기성이 농후한 문구도 또 없다는 점만큼은 추호도 의심하지 않는다. 누군가 스스로를 '일자리 창출 담당'이라고 부른다고 하자. 그렇다면 그는 자신의 동료들 중 거의 누구의 간섭도 받지 않는 존재라는 말이다. 그런데 국회의원들 치고 자기가 일자리 창출을 맡았다고 여기지 않는 사람이 없다시피 하다. 그가 2009년의 대규모 경기부양책에 찬성표를 던졌든, 선거운동 참여자에게 탈세 혜택을 주었든, '막장 투자법안'에 찜을 해두었든 말이다. 도대체가, 심지어 오바마 행정부의 악명 높은 탄소배출권 거래제 법안을 지지했던 사람들조차도 그것이 일자리 창출에 도움이 될 거라 믿고 있었다.

아! 하지만 보수주의의 부흥기에 강림하신 순수 무결점 시장 포퓰리스트들의 말씀으로는, 이 국회의원들은 헛다리를 짚고 있다. 정부는 일자리를 만들 수 없다. 근본적으로 불가능하다. 그런 능력은 오직 기업에만 있으며, 그 기업의 규모가 작을수록 일자리 창출의 마법 같은 능력은 강해진다. 따라서 이 시기의 가장 대담한 구호 중에는 이런 것도 있었다. "정부는 일자리를 못 만듭니다. 만드는 건 여러분이죠." 뉴욕 주 공화당 초선의원인 낸 헤이워드Nan Hayworth가 자기 선거구의 기업주들을 만난 자리에서 했다는 말이다.

우파가 '일자리 창출자'의 범위를 그렇게 좁혀보려는 까닭 중 하나는 그럼으로써 '어려운 시대 시나리오'를 써먹을 수 있기 때문이다. 그들은 이렇게 주장한다. "실업률이 오르면 경기부양책이나 공공 일자리 창출, 사회보장 따위는 별 의미가 없다. 오로지 중소기업협회가 내미는 입법 요망사항을, 그 하나에서 열까지 들어주는 것만이 의미가 있다. 그들의 신뢰도는 정성스럽게 보강되어야 한다. 그들의 취향도 충족되고, 변덕스러운 행동도 국가 정책에서 신주단지 모시듯 존중해야 한다."

불행히도 이 일자리 창출자들께서 과연 얼마나 많은 일자리를 창출하셨는지 정확히 아는 사람은 아무도 없어 보인다. 2009년 오바마 대통령은 중소기업이 새로 창출되는 일자리의 70퍼센트를 담당한다고 보았다. 그러나 보수파들에 따르면 그것은 얼토당토않은 과소평가다. 글렌 벡이 2009년 3월, 미국 중소기업연맹 회장과 대담하며 말하기로는 97퍼센트는 되어야 맞다. 그해 10월, 그는 다소 완화된 수치를 들었는데 미국에서 새로 만들어지는 일자리의 '겨우 80퍼센트'만을 중소기업이 담당한다는 것이었다.[15]

아무도 딱 떨어지는 답을 내놓지 못하는 까닭은 중소기업이 일자리를 창출한다는 이야기 자체가 신화이기 때문이다. 이는 이미 오래전부터 학계와 언론을 통해 폭로되어왔다. 그 신화는 1980년대에 빚어진 통계적 착시 현상이 원인인데, 당시 대기업들이 임금 압박에서 벗어나고자 있는 대로 중소기업과 비영리단체로 아웃소싱했기 때문이다.[16]

그러나 신보수주의자들의 선전이 하도 요란스럽다 보니, 그런 현실은 마치 10피트 밖에서 지나가는 기차의 쩌렁쩌렁한 소리 속에서 새끼고양이가 내는 가르릉 소리처럼 묻혀버렸다. 이 나라가 불황의 늪에 빠지고 실업률이 치솟는 가운데, '일자리 창출 담당자'들의 위세는 더욱 등등해지고 말았다.

따라서 플로리다 주의 공화당 하원의원인 데이비드 리베라David Rivera는 그의 선거 홈페이지에 이런 글을 떡하니 올릴 수가 있었다. "우리 경제가 당면한 최대 문제는(이 나라의 금융질서가 거의 붕괴할 뻔한 이 마당에 또 무슨 최대 당면 과제인지 몰라도) 기업주들, 특히 중소기업주들이 고용을 재개하기를 겁내며 꺼렸다는 사실이다."[17] 그리고 중소기업 오너들이 그렇게나 세상을 쥐락펴락할 일자리 창출자분들이기 때문에, 그들의 우려는 심각한 국가 문제로 취급되어야 한다는 것이다. 실업 문제를 해결하고 싶은가? 그렇다면 중소기업의 동료를 달래주어야 한다. 그들의 두려움을 덜어주고, 그들이 해달라는 것을 다 들어주어야 한다.

'세상의 소금'을 위해 건배!

중소기업은 전통적으로 포퓰리즘적 영웅주의의 베일에 가려 있었다. 예전의 독립자영농이 그랬듯, 기업가들은 신성한 무언가처럼 여겨졌다. 그들은 개인주의가 육신을 입은 존재였고, 미국 경제를 돌아가게 하는 용감한 투사였다. 가족 경영 가게가 보통 그 일꾼에게 제공하지 못하는 혜택 문제 따위는 접어놓고 보면, 소기업은 제퍼슨이 그렸던 독립 자영농민의 이상을 아직까지 간직한 최후의 보루처럼 비쳐진다.

가령 1983년 중소기업주간 기념연설에서 로널드 레이건은 이렇게 운을 띄웠다. "모든 주간이 중소기업주간이어야 합니다. 미국 자체가 하나의 중소기업이니까요."[18] 좀 더 오글거리는 발언을 들자면, "경영자 분들, 그들은 잊혀진 영웅입니다. 그들은 우리 교회, 학교, 지역사회를 지탱해주는 성실한 일꾼들이며, 우리가 일용할 상품을 만들고, 가난한 나라에 빵을 주고, 우리가 집에서나 어디서나 따뜻하고 편안하게 쉴 수 있게 해줍니다. 그렇게 하면서 내일의 미국을 위해 투자하기도 하는, 어디서나 볼 수 있지만, 실로 용감한 사람들입니다."[19] 오호라, 그들은 세상의 소금일레라! 우리가 풀이라면 그들은 뿌리이고, 우리가 꿈이라면 그들은 그 꿈을 꾸는 사람들이며, 우리가 민중이라면 그들은 곧 하늘의 소리인 민중의 목소리일지어다. 지고한 의로움을 가지고 있는, 보통사람들일지어다.

그리고 누구나 그 의로움의 한 조각을 바라는도다. 예를 들어 진보파들은 중소기업에 우호적인 태도를 많이 취하는데, 되도록 자신들의 이미지를 '친기업적'으로 가져가고 싶지만 그렇다고 월마트나 엑슨, JP모건 같은 기업을 지지할 수는 없기 때문이다.[20] 또 어쩌면 그들의 심층 무의식에는 중소기업인들이 진보연합에 속하고, 윌리엄 제닝스 브라이언 William Jennings Bryan(미국의 정치가. 1860~1925. 민주당 의원으로 금권정치와 제국주의에 반대했으며, 우드로 윌슨 행정부에서 국무장관을 지냈다—옮긴이)이 독점기업과의 전쟁을 벌일 때 함께 싸우고, 연방 반독점법 제정 과정에서 든든한 개혁진영의 일원으로 동참했던 '부족 시대의 기억'이 남아 있을지도 모른다.

보수의 부흥이란 이 용맹무쌍한 중소기업인들의 의로움만을 확립하지 않았다. 중소기업적인 사고방식도 확립했다. 그 사실을 알면 신우파 정치인들의 몇 가지 기묘한 생각들도 이해가 간다. 가령 '큰 정부, 큰 기업, 큰 노조의 사회주의 연합전선이 미국에서 진짜 경쟁이 이루어지지 못하게 막고 있다'는 그들의 주장 하나를 예로 들면, 몇 세대 전 중소기업연합회에서 나돌던 팸플릿의 문구를 따온 것처럼 보인다.[21] 대체로 노조가 사라진 상태인 21세기에도 변함없이, 조직화된 노동을 증오하는 이 운동의 자세 역시 중소기업적 사고방식에 젖어 있기 때문이다. 또한

"'진짜' 자본주의를 하루빨리 복구해야 한다"라는 주장 역시 중소기업들이 대기업 때문에 자긍심에 상처입었던 19세기 중반 이래로 입만 떼면 해오던 말이다.

마찬가지로 이 운동이 상상의 과거를 떠받드는 것, "우리나라를 돌려줘"라고 외치는 것은 단지 중소기업인들이 자기 지역사회에서 존경받던 그때 그 시절을 못내 그리워하기 때문이 아닐까. 신보수주의자들이 한마음으로 기업구제금융 제도 확충에 힘쓰는 것 역시 중소기업이 그 먼 옛날 대형 은행을 증오했던 것에서 유래하며, 지금은 그런 대형 은행이 '대마불사'를 내건 조직의 모습으로 노동조합, 그리고 대형 정부와 사악한 동맹을 맺고 있다는 게 그들의 생각이다.[22] (2010년 펜실베이니아 하원의원 선거에 나섰던 패트 미헌Pat Meehan은 이렇게 외쳤다. "의회는 대형 은행과 금융기관을 구제하느라 수십억 달러를 써댑니다! 그러나 보통 중소기업은 그런 혜택을 입지 못하죠!") 심지어 잘 알려졌듯 티파티가 시사적 쟁점에는 불가지론不可知論으로 일관하는 태도 역시 중소기업적이다. 거의 모든 경영자들이 경제 문제에 대해서는 보수적이라고 하지만, NFIB에 따르면 그들은 종교교육(과거 미국에서는 초중등 학교에서 종교교육을 하는 것이 당연시되었으나 1960년대를 거치며 사라졌다. 그러나 2000년대 초, 부시 행정부는 '도덕성 회복' 차원에서 공립학교에서 종교교육을 하도록 장려했으며 이것이 사회문제가 되었다—옮긴이) 같은 시사 문제에는 진보적 입장이라고 한다.[23]

그러나 그 무엇보다도, 이 운동이 중소기업적 사고방식에 찔어 있다는 증거는 '부담스러운 규제'에 대한 편집증적인 두려움이다.

수십 년 동안, 미국 중산층은 '규제 괴물'이 나오는 괴담을 서로 주고받기 좋아했다. 그 이야기란 언제나 똑같은 식이다. 어느 중소기업인이 뭔가, 완전히 합리적인 사업을 시작한다. 그것은 결단코 그의 소관인 일일 터다. 그런데 아닌 밤중에 홍두깨 식으로 환경보호국에서 입이 딱 벌어질 거액의 벌금을 내라고 하고, 직업 안전 위생 관리국에서는 고도의 기술이 필요한 인가 조건을 내민다. 무조건 규정만 외쳐대는 이 관료주의의 광기 앞에 현실은 의미가 없다. 시간은 낭비되고, 사업은 좌초된다. 이런 식으로 우리 정부는 생산성 자체를 규제하려 한다!

'규제 괴물' 괴담은 내가 태어난, 쾌적한 중서부의 환경에서는 귀가 아프도록 듣던 말이었다. 로널드 레이건은 그 이야기를 백악관까지 가져갔다. 〈고스트버스터Ghostbusters〉(1984)의 플롯이 바로 중소기업 대책에 응용되었다. 그리고 1994년도의 '공화당 대약진'도 대체로 이런 식의, 중소기업적인 일화들에 힘입고 있었다. 말하자면 그 대약진은 당시의 미국 상공회의소 의장의 작품이라고 봐도 좋을 정도였다.[24]

그러나 나이 든 이야기꾼들이 즐겨 하는 '소비자 제품안전위원회의 무식한 간섭' 이야기 같은 경우에는 결코 웃어넘길 수가 없다. 그 위원회는 조지 W. 부시 행정부 때 하도 멍청하게 변해서, 수입 중국 완구의 납 성분이 많은 도료조차 적발해내지 못했다. 앞에서 언급했듯, 이빨 빠진 규제기관들이 딥워터 호라이즌 석유 시추시설과 웨스트버지니아 탄광의 뻔뻔스러운 안전 규칙 위반을 그냥 보아 넘긴 바람에 그런 비극적인 일이 벌어졌다. 그리고 은행 규제기관이 경영자들을 못살게 군다는 이야기는 요즘 세상에서는 정말로 우스개라고밖에 말할 수가 없다. 은행 규제기관이라니! 그들이 주로 하는 일은 사기성 농후한 담보대출을 실제로 단속하려는, 까탈스런 주정부 관료들의 채근에서 대형 은행들을 보호해 주는 것이다!

내가 보기에, 이 '규제 괴물' 괴담이 아직도 청중을 끌어 모으는 까닭 중 하나는 중소기업인들이 대기업 사람들보다 규제에 훨씬 민감하게 반응한다는 사실 때문이 아닌가 싶다. 탈규제의 시대 또는 '신자유주의'의 시대를 말하며, 우리는 일부 은행 규제의 철폐, 특정 경제사상 학파, 일부 정부 기능의 민영화 등을 특징으로 든다. 이런 것들은 거시적, 역사적 관점에서는 중요한 변화다. 그러나 분투 중인 중소기업주들에게는 전혀 엉뚱한 소리로 들릴 수 있다. 50쪽에 달하는 소득세 신고서 목록을 놓고 진땀을 흘리는 사람에게라면 '국가는 끝났다' 거나 '이제는 시장이 지배한다' 따위의 말은 공허하게 들릴 뿐이다.

그리고 2008년 이후로는 정부 규제가 다시 강화되었다고 믿고 두려워할 만한 분명한 이유가 몇 가지 있었다. 그중 가장 두드러진 것은 오바마 대통령이 2010년에 서명한 보통건강보험법안이다. 이 '오바마 건보'는 기업이 거의 모든 소득종목마다 작성하도록 한 부담스러운(그건 분명 사실이다) 1,099가지 양식 기재 의무(2010년에 바로 헌법소원 대상이 되었다)뿐 아니라 50인 이상 종업원을 가진 업체는 피고용자 보험을 부담할 의무까지 지웠다. 이는 그런 기업들이 갖고 있던 최대의 경쟁력 요인을 없애버릴 소지가 있었다(부적절하고 과도한 규제의 또 다른 유명한 사례는 2008년도 소비자제품안전향상법으로, 이는 시장에서 납 장난감을 축출하는 게 목적이었으나 워낙 졸렬하게 입법된 나머지 중고품 할인점의 존재를 위협하는 결과를 초래했다).

'자본주의' 가 배관을 하거나 농기구를 팔아서 삶을 근근이 이어나가는 시스템이라면, 이미 자본주의에는 정부의 간섭이 귀찮게 득시글댄다고 느낄 만도 하다. 하지만 '자본주의' 가 노 닥 융자(소득 및 자산 검증 없이 이루어지는 융자로, 2000년대 후반 투기 거품을 일으켜 서브프라임 사태 등의 원인이 되었다고 한다—옮긴이)가 거리낌없이 이루어져 일부 융자회사가 두둑한 보너스를 챙긴 다음 헤지펀드에 물건을 팔아치우고 다른 먹잇

감을 찾아나설 수 있도록 하는 시스템이라면? 글쎄, 완전히 다른 이야기가 아닐까. 언론인 매트 타이비Matt Taibbi는 2010년의 인터뷰에서 우파 르네상스의 그런 측면을 상세히 꿰뚫어보았다.

> 내가 만나 이야기해본 티파티 구성원들은 대부분이 소규모 자영업을 운영하고 있었다. 그들은 철물점이나 레스토랑 주인이거나 했고, 장애인 복지법 규정을 기업 규제로 생각하고, 식당위생조사관은 그들을 괴롭히러 와서는 여기 저기 트집잡아 벌금을 매기는 사람이라고 보았다. 그것이 그들이 경험한 정부규제였다. 그리고 그들이 JP모건체이스 은행이나 골드먼삭스를 떠올리며 그 은행들의 규제를 생각했어도, 마찬가지일 거라고 생각했으리라. 그들은 그런 대기업들의 규제가 실제로 사법 문제가 된다는 것을 생각하지 못했으며, 그들이 생각하는 깐죽거리는 위생조사관과는 거리가 먼 일임을 몰랐다.[25]

이 두 가지의 자본주의 행태 사이의 차이는 신우파가 별로 구분할 마음이 없는 대상이다. 금융업에서 실제로 벌어지는 해괴한 일들을 파악하고 최근 재계의 가장 중대한 파문을 이해하려는 대신, 그들 보수파들은 다수의 사업가들이 화살을 돌리는 쪽으로 계속해서 화살을 날린다. 도대체 애초에 그런 융자를 받아가는 게으름뱅이들이 문제라는 것이다.

그리고 또 예의 동네북에게로, 늘 혐의의 대상이 되는 피고에게로 화살이 날아간다. 바로 정부다. 많은 사업가들이 겪는 대출 조건의 악화는 연방정부기구의 관여 외에는 생각할 수 없는 것처럼 보인다. 그리고 그들이 그런 악화가 가장 두드러진다고 여기는 부문은(또는 일부 중소기업 역사가들의 주장처럼, 그렇게 보인다고 여기는 부문은)[26] 영세자영업자 상대 대출로, 이들은 때로 정부 관련 계약만으로 먹고 사는 것으로 여겨지기도 한다. 이런 패턴은 담보금융 전반으로도 확대될 수 있다. 연방정부가 은행에 압력을 넣어 영세자영업자들에게 특별대출을 해주도록 했고, 그것이 신용위기의 불씨가 되었다는 게 유명한 이론이다.[27] 따라서 결론은 금융위기란 철저히, 정부가 언제나 그래왔듯 민간 부문에 개입한 결과라는 것이다.

그리고 구제금융을 보라! 보통의 기업인이라면 지역사업체로서는 꿈도 못 꿔볼 거액의 융자를 연방정부와 재무부에서 대형 은행들에 제공하는 장면을 보기란 피가 거꾸로 솟구칠 일이다. 어떤 이들에게 그 참담한 기분은 거의 3년이나 더 끌었다. 2011년 8월에 구제금융 규모가 처음 알려졌던 것보다 훨씬 크다는 사실이 드러나자, 보수파 지도자인 리처드 비거리는 분개하여 옛날 일을 되새겨보자고 말했다. 모건스탠리가 연방정부에서 약 1천억 달러를 빌릴 즈음 내놓은 낙천적인 발언을 떠올리며, 비거리는 이렇게 썼다. "은행감독원과 증권감독원에 지방은행이 그런 요청을 했다고 해보자. …… 미국 어디서든, 소규모 제조업체가 그런 거래를 희망했다고 생각해보자."[28] 그 거래가 얼마나 파격적인 우대조건을 띠었는지를 설명하며, 비거리는 분통을 터뜨렸다.

비거리와 그 밖의 수천 명의 사람들에게, 구제금융은 중소기업적 사고방식에서 기본이 되는 신념 중 하나를 확고히 해주었다. '큰 기업은 큰 정부랑 짝짝꿍이다.' 이런 신념은 아주 강력한데, 근본적으로 옳기 때문이다. 그것은 아주 오래전부터 있었다. 1962년에 정치학자 존 번젤John Bunzel은 이런 씁쓸한 감성의 존재를 발굴해냈는데, 1950년대 중반에 어느 중소기업인이 쓴 다음과 같은 글은 지금 막 티파티 블로그에 올라온 글이라고 해도 좋을 정도다. 그 글에 따르면, 대기업이란,

> 큰 노조, 큰 정부와 한패다. 이들은 파시스트다! 그리고 그런 정부 내부의 조합주의적 편향성〔처음에는 NRA(산업부흥국)가, 다음에는 OPA(물가관리국), OPM(인사관리처) 그리고 WPB(전시생산위원회) 산하 산업위원회가 나타낸〕은 그들 사이의 조화와 편의, 그리고 경영자들의 자리 보장을 위해 정부가 뭐든 하도록 하면서, 그것이 이 나라와 그들 이외의 국민에게 어떤 영향을 줄지는 전혀 고려하지 않는다.[29]

구제금융에 대한 이런 고정관념은 우파의 직접적 대응을 유발했다. 그것이야말로 경영자들의 악몽이 백주대낮에 현실이 된 것이었다. 대기업의 시대가 재현되었으며, 그런 이상 큰 정부의 권력남용은 제지되어야 했다. 체제가 부패하고(구제금융 일만 봐도 틀림없는 사실이다), 서브프라임 융자가 흥청망청 이루어지고, 웨스트버지니아 탄광 참사가 일어나고, BP(브리티시페트롤리엄)의 멕시코 만 기름 유출 사건이 터지는 오늘날, 분명한 해결책은 정부를 깨끗이 청소해서 적절한 경찰 행동을 실시하도록 하는 것이다!

하지만 다시 힘을 얻은 우파는 그런 식으로 이 사안을 이해하지 않았다. 그 대신, 그들은 현대 경제 구조를 싸잡아서 '정실 자본주의' 나 '사회주의' 라고 매도했고, 우리는 다만 큰 정부를 청산하기만 하면, 그래서 경제규제와 조세제도, 연금제도 등을 이전 상태로 되돌리기만 하면 모든 것이 해결되리라는 식으로 주장했다.

그리고 이에 따라 우리는 선택에 직면한다. 한쪽에는 중소기업의 유토피아가 있고, 다른 쪽에는 '사회주의' 가 있다. 한쪽은 '자본주의' , '미국적 생활방식' 이며, 자연의 리듬 그 자체와의 조화다. 그러나 다른 쪽은 뭔가 괴상한, 뭔가 불순한, 뭔가 부도덕한 것이란다.[30]

이쯤 되면 보수 르네상스란 아주 대단한 일을 할 수 있게 되는 셈이다. 대기업의 적인 체 가장하는 일![31] 물론 시장의 행위자가 잘못 행동하기에 그러는 것은 아니다. 대기업이 자본주의를 불충분하게 실천했기 때문이다. 물론 그런 일침에는 일말의 진실이 있다. 거대기업은 분명 정부 보조금이나 구제금융, 정부 계약 등을 따내려고 로비를 하며 심지어 규제를 위해서도 그러기 때문이다. 말하자면 새로운 경쟁자로부터 기존 업체들을 보호하기 위해 규제를 신설하는, 몇몇 잘 알려진 사례가 있다. 하지만 언제나 그렇듯, 이런 비판에서 구체적인 사실은 수사적 선동보다 중요하지 않다. 자유시장을 정화하려는 투쟁에서 필요한 것은 큰 기업뿐 아니라 큰 정부에 대해서도 맞서는 일이다. 그것이 바로 곧 명성이 자자해질 폴 라이언Paul Ryan 하원의원이 2009년, 《포브스》에 쓴 「거대기업을 타도하라」라는 제목의 기고문에서 내세운 요점이다. 라이언에 따르면 거대기업은 위기의 시대에 자본주의를 구하기에 믿음직하지 못하다. "그것은 미국 국민에게 기대해야 할 역할이다. 바로 혁신가들, 경영자들, 중소기업을 경영하는 사람들 …… 그들이 해낼 것이다."[32]

가짜 깃발

성실 근면한 중소기업의 '보통사람들'이 자유시장의 정통 교리를 위반한 거대기업을 꾸짖는 모습을 상상하면 흥미 만점이다. 하지만 그 모습이란 실제 모습과 거의 정반대다. 유명한 헤지펀드 매니저인 클리프 애스니스Cliff Asness는 2011년 어느 여름 밤, 저녁식사 자리에서 폴 라이언에게 7백 달러짜리 와인을 내밀었는데, 그것은 위험한 적을 달래고 성난 위스콘신의 지붕 수리업자들이 월스트리트를 지나 자신에게 달려들 가능성을 무마하려는 의도는 아니었다. 그는 분명히 라이언과 그의 공화당 동료 의원들이 벌이던 일에 동조한다는 뜻을 보이려 했던 것이다. 오늘날 우파가 중소기업을 전면에 내세우는 까닭은 경제위기에 분개하는 국가적 분위기에 전투적이고 반대기업적인 메시지로써 어필할 수 있기 때문이다. 그러나 우파가 실제 하는 일은 언제나처럼 똑같은 사람들에게 똑같은 혜택을 주려는 것이다.

거대기업을 혐오하는 가면 뒤에 숨겨진 본모습은 감세와 규제 철폐, 그리고 노조가 없는 나라들과의 자유무역 등을 요구하는 통상적인 모습이다. 그것은 친숙한 현상이다. 사회학자 라이트 밀즈C. Wright Mills는 유명한 1951년의 연구에서, "미국 경영자의 편향적 사고방식"은 중소기업의 실제 경제성과에서 비롯되지 않으며, "대기업의 정치적 이해관계에 그런 이미지가 유용하기 때문"에 비롯된다고 지적했다. "노조 및 정부 통제와의 전쟁에서" 중소기업은 대기업의 "얼굴마담", "모델하우스", "방패막이", "특공대" 역할을 한다는 게 그의 지적이다.

> 자본주의 유토피아 이데올로기의 후광 덕분에, 경영자는 아직도 여러 동시대인들에게 매력적으로 비쳐지고 있다. 지난 백 년 동안, 미국은 영세 자영업자들의 나라에서 고용노동자의 나라로 탈바꿈했다. 그러나 자영업자들에게 걸맞은 이데올로기는 계속 남아 있으며, 아직도 자영업계가 이 나라의 가장 중대한 분야인 것처럼 접근하고 있다. 그것은 옹호자와 변명자가 늘어놓은 잡설 모음이 되었고, 여러 사람들에게 그것이 최신의 현실이 아니라는 의심을 전혀 불러일으키지 않고 있다.[33]

이제 21세기에, 우리는 영세자영업이 이 나라의 가장 강력한 행위자들의 면피를 위해 내세워진다는 사실을 확인하기 위해 굳이 사회학 연구를 할 필요도 없다. 텔레비전을 켜고 의미의 혼란이 범람하는 모습만 지켜보면 된다. 상속세를 폐지해야 하는데, 우리는 그것이 부자들을 불편하게 하기 때문이 아니라 자영농민을 힘들게 하기 때문이라고 듣고 있다. 부시 행정부의 감세는 유지되어야 하는데, 그 조치 없이는 중소기업이 살아남지 못하기 때문이다. 은행 규제 철폐는 소도시의 경기 회복을 위해 필요하다. NAFTA는 경영 혁신을 위해 절실하다.[34] 이런저런 경우 모두, 월 가와 메인 가Main Street(대기업이나 대형금융기관을 상징하는 월 가에 대비하여 지방 기업이나 소규모 업체를 상징하는 표현—옮긴이) 사이에는 이해관계 면에서 어떠한 차이도 없다는 식이다.[35]

이 시점에서 유명한 텍사스 주 상원의원인 필 그램Phil Gramm의 행적을 돌이켜보자. 그는 의원 재직 내내 금융업계에 많은 호의를 베풀었는데, 그중에는 대공황기에 만들어진 은행법 폐지와 선물거래현대화법의 통과 등도 있었고, 이런 조치들은 엔론 사의 에너지 파생상품 거래사업을 가능하게 해주었다. 하지만 잊지 말자. 그램은 중소기업을 위해 이런 일들을 벌인 게 아니다. 그는 1933년도의 은행법을 없애려 분투했지만, 쏠쏠한 이익을 챙기는 한편 위험한 일을 벌이는 기업 인수합병꾼들을 위해서 그런 것은 아니었고, "예금구좌, 자동차보험, 주식을 가진 모든 사람들의 편리를 도모하기 위해" 그토록 분투하셨다![36] 그램은 심지어 자신의 '세상의 소금' 스타일을 극한까지 추구했다. 디키 플래트Dickey Flatt라는 중소기업주의 세 부담을 덜어주기 위해 모든 연방정부 프로그램을 검토해본 뒤 서명했다.

부흥한 우파 일부를 놓고 보면, 중소기업의 신화를 써서 현실 경제의 복잡성을 가리는 일은 무의식적인 버릇처럼 보인다. 그렇게 함으로써 우리가 살고 있는 불편한 세상을 스스로 오도하는 것이다. 낸 헤이워드 하원의원의 예를 보자. 이미 그녀가 '중소기업의 영웅적인 일자리 창출'을 놓고 늘어놓은 이야기는 했다. 2011년 8월, 헤이워드는 그 정반대의 문제를 들고 찾아온 유권자들을 만나게 된다. 미국 최대 기업 중 하나인 베라이즌 사가 대규모로 해외이전을 한다는 것이었다. 이 유권자들이 헤이워드에게 대책을 요구했을 때, 그녀는 대답은 하지 않고 어느 초등학교 방문 연설에서 중소기업의 가치에 대해 말했다. 그들이 얼마나 열심히 일하는지, 얼마나 많은 가치를 창출하는지 따위를. "그리고 이렇게 기회는 커져간답니다." 헤이워드는 이렇게 연설을 마쳤다. 그런 흐뭇한 동화는 당면한 현실에는 아무 쓸모도 없다고, 헤이워드의 청중 중 한 사람은 분개하며 지적했다. 그러나 헤이워드에게 그녀의 주장이 갖는 정치적 의미는 명백했다. 정부는 기업이 자기 뜻대로 하도록 놔 둬라! 여기서 기업이란 개인 집의 차고에 물건을 들여놓은 구멍가게나, 글로벌 통신 대기업이나 매한가지다.[37]

티파티 운동에서만큼 이런 식의 태도가 투명하게 드러나는 예도 없다. 폼페오 하원의원의 말을 다시 빌리면, "위대한 미국 경영자 정신"을 대변한다는 이 운동은 실제로는 월 가에 닥친 경제 붕괴가 월 가 스스로에 어떤 불이익도 낳지 않도록 애쓰는 데 집중되어 있었다. 폼페오 자신이 이런 점에서 부정할 수 없는 사례가 되고 있다. 그는 하원의원 선거 과정에서 자신의 중소기업 경영 경험과 자신이 창출한 일자리의 숫자를 되풀이해 내세웠다. 그러나 자세히 들여다보면, 마이크 폼페오의 선거본부는 위치토에 본사가 있는 코크인더스트리 사를 확대해놓은 것처럼 보였다. 이 회사는 대형 석유-천연가스 업체로, 그 소유주들은 앞서 언급했던 대로 티파티 활동에 거액의 자금을 지원하고 있다. 폼페오의 중소기업은 1990년대의 초창기 때 코크 벤처캐피털의 도움을 받았으며, 폼페오가 2010년에 의원 선거에 출마했을 때는 코크 사의 사원들이 지원을 나갔다. 폼페오는 코크 사가 후원하는 '미국번영협회'가 주최한 티파티 집회에서 연설했으며, 폼페오가 워싱턴에서 편안히 지낼 수 있게 해준 참모장 역시 코크 사 출신으로 밝혀졌다. 심지어 폼페오가 의정활동 중 가장 공을 들인 부문 역시(《워싱턴포스트》 보도에 따르면) 코크 사의 사정을 봐주는 것이었다. 즉 환경보호청 규제를 무력화하고, 소비자가 상품 리콜 상황을 파악할 수 있는 데이터베이스의 예산을 깎아버리는 일에 그는 전력을 다했다.[38]

그러나 사회학자 밀즈가 "자본주의 유토피아 이데올로기"라고 부른 것이 이 모든 것을 불분명하게 흐려 놓는다. 티파티 참여자들은 대기업의 졸卒일 리가 없다. 왜냐하면 그들은 시장을 신봉하며, 대기업을 공공연히 비판하고 있지 않은가? 그리고 그들은 그런 식으로 악당 자본가 괴물들을 공격한다, 정부를 공격함으로써!

또다시 폴 라이언의 유명한 《포브스》 기고문, 「거대기업을 타도하라」를 읽어보자. 그 글에서 이 보수파 중 보수파는 '정실 자본주의'의 유독한 그림을 그려낸다. 초대형 기업들을 위해 뛰는 로비스트들이 정부와 거래하고, 악명 높은 부실자산 구제프로그램 같은 특혜(이를 두고 라이언은 이렇게 말했다. "임시방편의 수상쩍은 슬러시펀드로, 그 배후에 있는 재무부의 투자 결정에 영향을 미칠 힘이 있는 대형 기관들을 위한 것")를 따내는 모습이 그의 글에서 펼쳐진다. 그 묘사는 충분히 정확하다. 놀라운 점은, 라이언의 공격 목표가 이러한 출발점에서 예상되는 쪽과는 동떨어진 곳으로 옮겨간다는 점이다. 그는 정부의 결정이 형편없다는 게 문제가 아니라고 한다. 정부가 '뭔가 결정한다는 그 자체'가 문제라는 것이다. 따라서 이 상황에 대해 그는 괴상한 처방을 내린다. 거대기업을 "타도"하려

면 정부를 경제에서 완전히 퇴출시켜야 한다! 큰 기업의 문제란 큰 정부의 문제인 것이다.[39]

이 대담무쌍한 위선은 인터넷 연결이 가능한 사람이면 누구나 확인해볼 수 있다. 공화당이 이런 소리를 해가면서 막상 하원을 재장악하고 나니까, 폴 라이언은 의사당에 앉자마자 몇 주 만에 대형 기업들의 기부금을 쓸어담고, 금융업계에서(다른 업계도 물론)도 막대한 자금을 얻어냈다.[40] 돈은 알고 있었던 것이다. 그가 표현한 '타도'란 사실 '사랑'이라는 의미였음을.

폴 라이언 한 사람만이 이 나라를 뒤덮은 포퓰리즘적 감정을 이용했던 것은 아니다. 워싱턴의 흔한 보수파 집단 하나는 '대기업 감시센터'라는 이름의 웹사이트를 개설했다. 이 집단의 대표(역시 잭 아브라모프의 옛 동료 중 하나로 밝혀졌다)는 "티파티 운동은 정치인들만큼 대기업 사람들도 불신한다"라고 말했다. 하지만 이 집단이 실제로 '감시'하는 유일한 '대기업'은 제너럴일렉트릭이며, 그들은 이 기업이 고전적 포퓰리즘적 표현에 따라 "정부의 확대에 기생하는 기회주의적 기생충"이라고 한다. 이 기업의 죄악은 해외 업체에 아웃소싱을 하는 일 같은 것에 있지 않다. '충분히 자본주의적이지 않다'는 게 잘못이다. 제네럴일렉트릭은 정부 계약 일을 하며, 새로운 '녹색' 에너지 규칙에 따라 수익을 내지 않는다. 그러나 아마 어느 무엇보다도 잘못인 건, 진보적 케이블 뉴스채널인 MSNBC를 소유하고 있다는 것이다.[41]

뒤죽박죽인 상황은 계속된다. 2010년, '국민총파업의 날' 계획도 나왔는데 티파티 참여자들이 거리로 나가 대기업 반대 시위를 하자는 것이었다. 그 목표는? 의회에서 자유주의적 조치를 지지하는 일을 중지시키기 위해! 표면적으로는, 이 역시도 자본주의에 대한 맹공격처럼 보인다.

어떤 경호(본래 중국어 겅헤工合, 즉 '서로 협력하여 성과를 이룸'을 의미했다고 한다. 1930년대에 중국인들의 단합을 위해 제창되었으며 1960년대에 미국 해병대의 구호로 쓰임으로써 미국에서 유명해졌고, 중국계 기업의 협동조합을 비롯한 여러 중국계 협회의 구호로 널리 쓰이고 있다—옮긴이) 파업 지지자는 이렇게 썼다. "의회는 강력한 기업 이익에 좌우된다. …… 의회는 우리 말은 듣지 않는다. 따라서 의회를 따돌리고 그 위쪽의 권력에 초점을 맞출 때가 왔다." 이 이론에 따르면 파업은 대기업이 그 로비스트의 활동을 억제하고 워싱턴에 "뇌물"을 뿌리는 일을 막으리라는 것이었다. 그렇게 한다면 자유주의는 최종적으로 자취를 감출 것이라고. 달리 말해서, 최대의 업체들의 항복을 이끌어내는 것이 목표였는데, 그것은 '대기업이 자유주의를 부추긴다', '자유주의는 기업의 뇌물 덕에 존재한다', '미국 재계에 맞서는 총파업으로만 자본주의는 구원받는다'는 등의 사상 때려맞추기의 결과물에 근거하고 있었다. 지난 몇 해 동안, 우리는 온갖 덜돼먹은 시나리오가 성공하는 꼴을 지켜본 적이 있다. 그러나 이 경우에는 하도 어이가 없어서 티파티 스스로도 실천하기 힘들 정도다. 바퀴가 지붕에 달린 차는 움직이기 어렵다. 마찬가지로 시장을 위하여 벌어지는 대규모의 프롤레타리아 궐기는 생각하기도 어렵다.[42]

7. 좌파를 흉내 내어 좌파를 넘어선다

의태는 동물의 왕국에서 흔한 현상이다. 나방은 날개에 눈처럼 보이는 무늬가 있어서 부엉이를 놀라게 한다. 공격적이지 않은 벌레가 검은색과 노란색 줄무늬를 과시하며 날아다니고, 독이 없는 뱀은 수천 년 동안 낙엽 속에서 꼬리를 흔드는 것으로 포식자들을 겁내게 하는 법을 배웠다. 그것은 가짜 방울뱀이지, 진짜가 아니다. 두려워 마라. 가서 밟아버리자.

그리고 인간사에서, 우리는 보수주의 운동이 수십 년 동안 그 적들의 여러 특성을 흉내 내고 있음을 본다. 1930년대의 충격적 경험은 보수파 지도자들로 하여금 귀족적 경멸을 담아서 발언하는 일이나, 빈민들이 자신들의 분수를 모른다고 분개하는 일이 실책이라는 점을 깨닫게 해주었다. 경제붕괴의 시대에, 완고한 정통 보수 교리를 고집하거나 이 사회의 우파 지도자를 스스로 대표하여 말하거나 하는 일을 거리끼지 않는 사람은 없다.

그리고 그렇게 여러 해가 지나면서, 보수파 운동은 국가에 대한 혁명이라는 이미지를 많이 풍기게 되고, 칼 마르크스나 장 폴 사르트르의 개념을 응용하게 되었다. 이 운동은 1960년대의 저항문화를 모방하고,

호치민이나 체 게바라의 우파판이라 볼 수 있는 반공 투사들에게 거짓 존경을 바친다. 보수파 지도자들은 공산주의자들의 전술을 연구하여 자신들의 투쟁에 응용했다. 그리고 유명한 보수파 조직 전문가인 폴 웨이리치Paul Weyrich의 유명한 공식에서도 보수파 운동은 스스로를 '현상유지'의 수호자가 아니라 "급진파들, 이 나라의 현행 권력구조를 뒤엎으려는 사람들"[1]의 집단으로 이해하는 법을 배워야 한다고 했다.

2008년과 2009년에 경제난이 닥쳤을 때, 보수파들은 곧바로 자신들을 어려운 시대를 극복하려 일어선 투사들로 내세웠다. 거만하거나 귀족주의적인 보수주의의 전통적 요소들은 자유주의자들의 것으로 치부되었다. 귀족적이든, 민주적이든, 포퓰리즘적이든, 설령 반대파의 전통적 자산이라 할지라도 쓸모가 있다 싶은 상징들은 우파들에게 곧바로 채택되어 자신들의 것인 양 내세워졌다.

'네가 뭐라고 하든, 튕겨서 너한테 붙지롱'

경제난이 진행되던 초기부터 주목할 만한 혼란이 있었다. 티파티는 좌파적 현상인가, 우파적 현상인가? 그 참여자들은 분명 공화당 팻말을 내걸지 않았는데, 2009년 당시만 해도 조지 W. 부시와 톰 리레이가 벌인 짓들 덕분에 공화당을 내세우기란 아직 곤란한 때였다. 어쩌면 이 새로운 저항의 형태는 전혀 새로운 흐름을 대표하는지도 모르겠다고 생각하는 이들도 있었다.

이 평가의 혼돈을 가장 심하게 나타나게끔 했던 개인으로는 글렌 벡이 있었다. 그는 스스로를 특정 정당 중심의 운동과는 거리가 먼 사람으로 인식시키려 해왔다. 그는 킹 목사가 1963년에 벌인 워싱턴 행진을 흉내냈던 적이 있고, 2009년에는 힐러리 클린턴이 민주당 대선후보가 되기만 한다면 지지할 뜻이 있노라고 말하기도 했다(이런 항의를 누구든 진지하게 받아들인 사람이 있었으리라고는 생각하기 어렵다. 아무튼 벡의 웹사이트는 "2004년도 기쁨의 축제" CD 같은 고도로 특정 당파에 편향된 물건도 파는데, 여기에는 조지 W. 부시가 재선된 날 벡이 벌인 한 시간 동안의 막장 축하 파티의 내용이 기록되어 있다). 자신의 우파 음모이론을 호도하고자, 벡은 좌파적 이미지와 언어를 야금야금 꾸준히 도용했다. 예를 들어 광고업계에 대한 그의 비판을 들어보면, 노암 촘스키의 책에서 발췌한 이야기처럼 들린다.[2] 하지만 그가 오바마 대통령을 공격하느라 인종주의를 들먹였던 유명한 사례는 보수파가 종종 자가당착에 빠지곤 했던 전법을 되풀이하는 졸렬함을 보여주었다. 이 텔레비전 호스트는 또한 자신이 자유주의 진영의 자산을 계속 도용하는 일에 대해 그럴듯한 변명거리를 찾아냈다. 그는 언젠가 뉴트 깅리치에게 이렇게 말했다. "미국은 혁명가를 필요로 합니다. 지금은 혁명가와 싸워야 하는 상황이기 때문이죠."[3]

'좌파 따라하기'로 운동의 추진력을 얻자는 생각은 《내셔널리뷰온라인》의 기고자, 마이클 월시Michael Walsh도 공감하고 있다. 그는 보수주의자들에게 이 전략을 따르도록 설득할 새로운 기법을 개발했다. 그는 '데이비드 캐헤인David Kahane'이라는 필명을 고안했다. 캐헤인은 부자에다 오만불손한 헐리웃 급진파인데, 그의 우파 독자들에게 자유주의자들이란 양식 있고 생산성 있는 시민들을 체계적이고 사악하게 공격하는 자들이며, 그들의 수단은 연방정부의 규제, 모욕적인 텔레비전 쇼, 말도 안 되는 법률 소송 등이고, 이 모든 것은 자유주의자들이 이 땅에 재앙을 가져오려 세운 커다란 계획의 일환이라고 폭로한다. '캐헤인'이 2010년에 쓴 책 『급진적 보수주의자를 위한 규칙Rules for Radical Conservatives』에서, 그는 우파가 "필생의 싸움을 벌이고 있다. 그 집요한 적은 우파를 모욕하고 파멸시키려 하며 그런 노력을 수년, 또는 심지어 수 세기 동안 계속한 정도가 아니라 수천 년 동안 계속 그래왔다"라고 주장했다. 그리고 이에 어떻게 맞서서 반격할 것인지 배울 필요가 있다고 한다. 행동하는 보수주의자들을 위한 처방은 명확하다. 저들 부도덕한, 하지만 성공한 자유주의자들이 하는 일(내지는 한다고 여겨지는 일)대로 하면 된다! "우리인 것처럼 가장하여, 우리가 하는 일대로 한다. 우리 방식과 관행을 모두 따르고, 우리 버릇을 답습한다."[4]

윙거스Wingers는 자유주의자들을 흉내 내며 "피도 눈물도 없이" 해야 할 필요가 있다고 했다. 그들은 고대 서고트족이 "노쇠해진 로마인들"을 함부로 다루듯 해야만 한다. 무엇보다도 어느 당이 기득권을 대변하고 어느 당이 분노한 대중을 대변하는지에 대한 오래된 감각을 뒤집어놓아야 한다. "우리는 지금 뚱뚱하고 건방진 사회주의자다." '캐헤인'은 그의 '동료 자유주의자들'의 모습을 고발한다. "그것은 우리가 굴욕을 당할 때가 되었다는 뜻이다."[5]

이는 이 나라의 어려운 시기에, 보통 사회적 봉기가 일어남직한 때에 그 상황을 초래한 장본인인 우파가 어떻게 장난을 쳤는지를 공정하게 묘사한 것이다. 표면적으로 이 봉기는 필요한 지표를 모두 가진 것처럼 보였다. 플래카드를 든 사람들, 은행과 대기업에 반대하는 사람들, 메가폰으로 소리치는 사람들, 상품 불매 운동을 조직하는 사람들. 워싱턴 거리에서 벌어지는 대규모 행진과 파업 여부를 놓고 벌이는 끝장 대토론.

한 가지 더, 그것은 지도자가 없는 대중운동이었다. 심층까지 민주적이고, 온전하게 풀뿌리 차원이고, 반항적인 끼가 넘치는, '지도자 따위가 다 뭐냐'는 식의 운동이었다. 배신자들인 기존 정치인들은 "구매 사절"이며, 대중은 자율적이고 순수하게 운동을 펼치는 것이었다.[6]

가장 기초적 수준에서, 우파의 부흥에 은밀히 깔려 있는 좌파적 성향은 단순히 복사기에 문댄 수준일 뿐이다. 부시 행정부 기간 동안 자유주의자들의 고유 이미지와 구호는 번번이 도용되고 복제되었는데, 단지 그런 일을 막는 법률이 없기 때문이었다. 따라서 미쉘 몰킨Michelle Malkin이 오바마를 두고 쓴 『부패의 문화Culture of Corruption』(2009)에서 그런 제목을 단 까닭은 오직 낸시 펠로시가 2005년도 공화당 선거에서 '부패의 문화'라는 유명한 문구를 사용했기 때문이었다(이 책은 오바마 행정부의 실제 비리에 대해서는 거의 언급하지 않았다. 그 책 자체가 오바마가 집권하고 겨우 몇 달 뒤에 나왔으니까. 이 행정부에 들어간 인사들의 어두운 면을 낱낱이 캐는 대신, 이 책은 행정부에 로비스트들이 많이 들어간 사실과 많은 "폭군"들도 포함되었음을 한껏 부각시켰다. 그리고 미셸 오바마의 아버지가 한때 시카고에서 떳떳치 못한 일을 했을지 모른다는 의혹을 실었다). 2010년에는 댄 퀘일의 아들인 벤 퀘일이 상원의원 선거에 나가면서 텔레비전 광고에서 이렇게 선언했다. "버락 오바마는 사상 최악의 대통령입니다." 그것은 바로 얼마 전에, 자유주의자들 쪽에서 조지 W. 부시를 놓고 여러 차례 썼던 문구였다(물론 퀘일은 승리했다). 보수파 지식인들은 민주당이 선거체제를 영구적으로 틀어쥘 생각을 하고 있다며 자신들의 추종자들에게 공포를 불어넣었다. 2004년과 2005년 상황을 써서 자유주의 공포를 재활용한 것이다.[7] 티파티 참여자들은 부시 시대에 나왔던, 또 다른 유명한 문구 하나를 더 선호한다. "케냐 어딘가에 있는 동네에서 동네 바보 하나가 없어졌다더라"(본래는 부시와 부시맨을 연결지어 그 '동네 바보'가 지금 미국 대통령을 한다는 조크인데, 오바마에 대해서도 그가 흑인이라는 점을 이용해 똑같이 써먹고들 있다는 것이다—옮긴이). 헌법이 세절기로 빨려들어가버리는 이미지는 애국자법 제정 직후 유행하던 이미지인데, 지금은 그때와는 전혀 다른 유형의 사람들에게 활용되고 있다. 한편 이 행정부의 건보개혁을 반대하는 사람들도 자신들이 "오바마의 적들 목록"에 들어 있을 거라고 상상하고는, 그것을 뽐내려고 스티커와 티셔츠를 만들어 착용하고 다닌다. 그리하여 일찍이 리처드 닉슨이 저지른 가장 유명한 죄악이, 공식화된 적이라고는 12명 있는 사람의 어깨 위에 놓여졌다(12명이란 오바마 건보개혁안에 반대한 주 검찰총장의 숫자를 가리키는 듯한데, 최종 숫자는 14명이었다. 리처드 닉슨은 워터게이트 청문회 과정에서 정적의 리스트를 작성하고 감시해왔던 것으로 밝혀졌다—옮긴이).

물론 이 모든 것은 『러시 림보는 백치 뚱보 돼지다Rush Limbaugh Is a Big Fat Idiot』(알 프랑켄Al Franken이 1996년에 우파 독설가 러시 림보를 풍자하려 쓴 책—옮긴이)라는 책에 대항해 『마이클 무어는 멍청한 뚱보 백인이다Michael Moore Is a Big Fat Stupid White Man』(제이슨 클라크Jason Clarke가 2005년에 쓴 책으로, 그 제목은 알 프랑켄의 책 제목과 진보 성향의 마이클 무어가 우파를 공격하며 쓴 책 『멍청한 백인』(2004)을 함께 염두에 두고 만든 것이다—옮긴이)라는 책을 쓰는 것과 대체로 비슷하다. 학교 학생들이 말싸움을 하며 "나는 고무라네, 너는 아교라네. 네가 뭐라고 하든, 튕겨서 너한테 붙지롱" 하고 읊어대는 꼭 그 식이다. 뭔가 엉망으로 만들어버리려는 것 말고 어떤 목적도 없는 짓이다.

흉내 내기는 다음 단계로 가면서 더 흥미진진해진다. 바로 자신들의 잘못을 적들에게 떠넘기려는 이데올로그들의 수작이다. 예를 들어 버락 오바마가 미국을 "근본적으로 혁신하겠다"고 말한 적이 있다. 그것은 오바마가 대선 기간에 한 번 던졌던 말일 뿐인데, 티파티 회원들 사이에서 악몽의 선전포고이기라도 한 듯 빠르게 퍼졌으며, 방방곡곡마다 인터넷을 할 줄 아는 수많은 폴 리비어Paul Revere(미국 독립전쟁 당시 은세공사이면서 전쟁에 자발적으로 참여해 전령 역할을 했던 전설적 애국자—옮긴이) 지망생들의 손가락을 바쁘게 했다. 오바마의 발언을 담은 10분짜리 동영상 파일을 놓고 새로운 미니트맨Minuteman(폴 리비어를 포함한, 자발적 독립전쟁 참전 용사들의 집단—옮긴이)들은 폭정이 진행되고 있으며, 이제 왕이 되려는 인물은 하도 유능한 나머지 창조주이신 신의 사업과 몇 세기를 거치며 진행된 발전을 대행할 모양이라고 손가락질했다.

사실 이런 공포는 먹힐 만한 것이었다. 자신이 모든 답을 알고 있으며 자기 손 안에 인류문명의 진짜 설계도가 있노라고 생각하는 정치인을 보자. 하지만 내 생애에 정말 이런 식으로 작정하고 사회를 "혁신"하려고 했던 정치인(제1세계의)은 마거릿 대처뿐이었으며, 그녀가 내놓은 영국 개혁의 추상적인 청사진은 우파들이 사랑해 마지않는 자유시장 중심 체제였다. 이 문제에 대해 그녀 스스로 남긴 말은 버락 오바마가 제시한 어떤 진보적인 대사보다도 공포스럽다. "경제는 단지 방법입니다. 목표는 영혼을 바꾸는 것입니다"(묘하게도, 그녀가 염두에 둔 대규모의 변혁 프로그램 중 큰 비중을 차지했던 것이 내집마련이었다).

이런 환상적인 야망은 널리 수출되었다. 지난 40년 동안, 대처의 이념적 동지들은 그 자유시장 체제 구축 계획을 세계 곳곳에서 실행했으며, 칠레, 아르헨티나, 폴란드, 이라크 등에서 대처의 복음을 내걸고 그 국민의 영혼을 바꾸려 들었다. 그렇다. 그 나라들은 '혁신'되었다. 폭파되고, 밀려나가고, 사유화되고, 쓸려나갔다. 그리고 문명 발전사에서 특기할 만한 이 2007년의 장을 두고, 언론인 나오미 클라인Naomi Klein은 태풍이나 군사쿠데타, 내란 같은 중대한 위기 이후에 많이 나타나는 현상으로 풀이했다. 시장 중심 개혁의 프로그램 전체가, 전통적 사회체제가 균형 작용을 할 힘을 잃은 틈을 타서 '충격요법'을 내세워 한꺼번에 구동

되어버린 것이다.[8]

계속하기 전에 반복해 말하건대, 지금 내가 묘사하는 것은 보수파의 행동이다. 경제전문가들이 위기를 이용해, 스스로 옳은 사회 모델이라고 믿는 것(시장 모델)을 실제로 그 모델에 관심이 없던 나라에 강요했다. 또한 그 경제학자들은 자신들이 그러했음을 당당하게 떠벌였다.

그러나 부흥한 우파가 그런 식으로 하는 말을 제대로 들으려면, '교활한 좌파'가 그들의 작전회의실에서 꾸미는 파괴적인 전략 논의에 귀를 기울여야만 할 것이다. 그들의 계획은 자유시장 자체를 파괴하는 것이기 때문이다. 나오미 클라인의 주장을 의심스럽게 반전시키며, 부흥 우파는 2008년, 곧 대통령 비서실장이 될 운명이던 람 이매뉴얼Rahm Emanuel의 한마디 발언에 목을 매었다. "중대한 위기를 헛되이 써버려서는 절대 안 됩니다." 그리고 이 한 가지 노선에 근거하여, 좌파 지도자들은 금융위기를 이용해 어떤 식으로든 민주주의를 공격하려 한다고, 그리고 그것은 느낌상 아마도 틀림없이, 자본주의 자체의 폐지를 포함한다고 스스로 믿어버렸다.

거미, 불가사리, 황소뱀

사실 '핑계'란 자유주의자들이 다시 힘을 얻은 우파의 상상력을 괴롭히는 수많은 가식, 날조, 꼼수, 마수魔手를 표현하기에는 너무 평범한 단어다. 그들이 사방에서 감지하는 자유주의자들의 책략이란 냉전 때를 방불케 한다. 다만 그 입장이 반대가 되었을 뿐. 끊임없이 위기를 부추기는 쪽은 자유주의 쪽이며, 우리가 군비를 충분히 쓰지 않아서 소련에 지게 생겼다고 경고를 멈추지 않는 쪽이 아닌 것이다. 이 두려움을 가장 잘 표현한 책으로 2010년 글렌 벡의 '스릴러' 『오버턴의 창문The Overton Window』

이 있다. 이 소설을 읽다 보면, 사악한 진보파 천재인 PR은 그의 저항적인 보수파 여자친구에게 그의 아버지의 수법을 설명해준다. 이매뉴얼의 말과 흡사하게도, 그는 이렇게 말한다. "쓸모 있는 위기를 헛되이 써버려서는 안 되지." "그리고 만약 위기가 없으면, 쉽게 만들어낼 수 있거든."

> 사담 후세인은 핵무기를 만들기 거의 직전까지 갔다. 따라서 우리는 그가 클리블랜드를 쓸어버리기 전에 침공해 들어가야만 한다. AIG에 700억 달러의 구제금융을 제공하지 않는다면, 월요일에는 대공황과 계엄령이 불가피하다. 모두가 백신을 맞지 않으면 10만 명이 슈퍼 신종 플루로 사망할 것이다. …… 이제 그들은 우리에게 이 국제 탄소배출권 제도를 받아들이지 않으면 세상이 곧 물 속에 가라앉을 거라고 말하고 있다.[9]

벡의 소설 플롯에 따라 읽다 보면, 독자는 대부분의 고약한 가짜 위기들이 어떻게 만들어지나 보게 된다. "가짜 깃발로 내부를 공격한다." 그리하여 이 사악한 자유주의자들은 라스베이거스 인근에 원폭을 떨어트리고, 티파티와 같은 단체의 행동을 비난하고, 대중의 히스테리를 유발시켜 자신들의 계몽이론에 따라 나라를 새로 만들어내려는 그들의 대계획을 실행에 옮기려 한다.

하지만 잠깐! 한 발짝 뒤로 돌아가보자. 벡의 등장인물인 PR 소년이 언급한 몇 가지 가짜 위기들 중, 세 가지는 우익이 주장하는 통상적 쟁점이다. 하지만 하나만은 다르다. 2003년 사담 후세인이 대량살상무기를 보유했다는 공포가 만연했으며 따라서 이라크 전쟁은 정당화되었다. 잘 알려진 것처럼, 이 괴이한 전쟁 정당화 논거를 가장 열심히 퍼뜨렸던 곳 중 하나가 바로 글렌 벡을 유명하게 만들어준 〈폭스뉴스〉였다. 벡 스스로 당시에는 "미국을 위한 집회"를 전국적으로 여는 일에 발 벗고 나섰다. 이 애국주의적 집회에는 종종 부시 대통령의 영상 메시지가 포함되곤 했다. 기억을 되새겨보면, 당시 자유주의자들은 이 쟁점에서 반대편에 서 있었다. 가령 버락 오바마는 임박한 이라크 침공을 '멍청한 전쟁'이라고 불렀다. 그러나 8년 뒤에 나온 『오버턴의 창문』을 읽어보면 이 일 전체가 큰 정부의 음모에 따른 것이었으며, 저항적 우익세력만이 현명하게 행동했다고 나와 있다.

한편 보수 포퓰리스트들은 '빅 브라더'에게 갖은 방법으로 박해를 당하는 것처럼 벡의 소설에서 묘사된다. 그들은 사소하기 짝이 없는 문제 때문에 감옥에 갇힌다. 경찰에게 야만적인 폭행을 당한다. 이 책의 주인공은 심지어 티파티 운동에 참여했다는 이유로 물고문을 당한다. 그들의 애국적 집회는 경찰의 끄나풀에게 포착되어 그 안에 침투한 수수께끼의 '선동 담당요원'에 의해 분쇄된다. 아마도 내가 보기에 이 요원이란 옛날, 일부 시청에서 좌익 급진파를 탄압하려고 실제 활용했던 '빨갱이 특공대'에서 따온 것 같다.

비슷한 두려움은 더 큰 범위로, 모든 시대로 볼 때의 보수파 운동 문화에서도 찾을 수 있다. 예를 들어 2009년에 포퓰리즘적 우파는 신임 민주당 행정부가 보수파를 억류하는 수용소를 준비했다는 소문에 소스라쳤다. 텔레비전에서 글렌 벡은 비록 그것이 헛소문임을 인정하면서도 그런 공포를 부추기는 입장에 서야 했다. 그리고 『오버턴의 창문』에서도 마찬가지였다. 그런 수용소의 존재는 처음에 어떤 신뢰하기 힘든 사람의 입에서 나온다. 하지만 주인공은 물고문을 당한 다음 그런 시설처럼 보이는 곳에 갇힌다. 다행히도 벡은 논픽션인 '후기'를 그 소설의 끝에 붙여서 정리하고 있으며, 그 후기에서 독자에게 전 연방재난관리청의 청장

이 국가 비상시기에는 불가피한 조치를 취할 수도 있다고 제시했음을 상기시킨다.[10]

이 역사적 의사擬似 사실담은 음모이론가들과 〈엑스파일〉 팬들에게는 환영받는 이야기지만, 대체로 중요한 세부 사항이 빠져 있어서 진지한 논의의 대상이 되기 어렵다. 그런 악명 높은 계획을 세웠다는 연방재난관리청장은 로널드 레이건에 의해 워싱턴에 오게 된, 레이건 고문이자 티파티 동조자인 에드 메스의 절친한 친구다. 그리고 그의 비상사태 계획의 골자는 1960년대의 반전운동 같은 소요가 다시 일어나지 않도록 하는 것이었다.[11] 1950년의 매캐런 법도 좌익 급진주의자들을 '국가 위기' 때 구속할 수 있게 되어 있었다.[12] 그리고 바로 그런 구속은 첫 '빨갱이 공포'가 일었던 1919년에 실제로 실시되었는데, 당시 급진파들과 노조 조직원들은 체포되고, 많은 경우에 추방되었다.

진실은 연방정부에서든 주정부에서든 자유시장경제를 신봉하는 사람을 억류할 계획을 세우거나, 시카고의 모처에서 열심히 작업 중인 '프롤레타리아'들의 블랙리스트를 작성하려 한 적이 없다는 것이다. 그러나 정부에서 폭력을 써서 파업을 강제 해산시키고, 노조운동가들을 투옥하고, 소수자들의 투표를 방해하고, (2차 세계대전 중) 일본계 주민을 강제 수용하고, 반전운동을 탄압한 경우는 실제로 있었다. 오늘날 부흥 우파가 자신들이야말로 국가폭력의 진짜 희생자들이라고 상상한다면, 그것은 잔혹한 체제에 의해 십자가를 진 반체제 운동의 후광을 스스로에게 씌워주려는 욕심에서이리라.

미국의 정치화된 사법사에 머리를 들이밀고 싶은 열망을 채우고 싶다면, 보수주의자들은 『티파티 공식 핸드북Official Tea Party Handbook』만 참조하면 된다. 애리조나 출신 운동가인 찰리 걸레트Charly Gullett가 지었다는 이 소책자에서 그는 "사회주의는 반역이다"라고 주장한다.

> 그것은 범죄적 의도에 따르는 정치 테러리즘이다. 테러리즘과 반역은 자유의 적이며, 그것을 옹호하는 자는 정치범죄자다. 이 문제는 복잡하지 않다. 사고방식이 올바른 미국인이라면 사회주의를 처단해야 할 범죄로 볼 것이고, 그것을 촉진하려는 꿍꿍이를 가진 사람은 연방법에 따라 재판받아야 할 사실상의 범죄자로 볼 것이다. 우리는 우리의 '건국의 아버지들'의 강력범죄 개념에 따라야 할 것이다. 그 범죄는 실제이며, 미국에서 자행되어 왔고, 처벌될 필요가 있기 때문이다.[13]

자기연민의 정치경제학

우리 보수파 친구들이 자나 깨나 법과 질서를 강조하는 일은 좀 불공평하다는 사실을 되새겨보자. 그들의 운동은 그토록 멋진 영웅적 무법자가 갑자기 분위기를 확 깨면서 대심판관 모드로 변신해서는 이단자들을 사정없이 심판하는 식으로 진행되기 때문이다. 따라서 잘 포장된 도로를 따라 달려보자. 음모론이라는 안개 낀 산꼭대기에서 내리막길을 타고 달려 눈물의 강에 이를 것이다. 그 눈물은 신흥 보수주의자들이 자신들의 고통 때문에 흘리는 눈물이다. 진짜 사회의 희생자들인, 진보에서 애처로워하는 소수자나 빈민이 흘리는 눈물이 아니다.

하지만 이 분노의 격류에 접근하며, 그것이 언제나 잔잔한 시내가 아니었음을 상기해보자. 내가 처음 참석해본 티파티 집회는 대체로 자기연민에 빠져 있지는 않았다. 직설적인 정치적 비방으로 가득할 뿐. 그들은 부실자산 구제프로그램과 경기부양책에 반대하기 때문에 그렇게 항의했을 뿐이다. 내가 기억하는 한, 자신들의 행동으로 처벌받을 것을 두려워해 떠는 사람은 아무도 없었다. 사실 바로 그날, 얼마 뒤에 내가 참석한 보수정치행동회의의 연설회에서는 미트 롬니Mitt Romney가 나왔는데, 그는 "연방수사국 요원들이 여기 와서 저를 자본주의 수호 혐의로 체포하기 전에" 원고를 읽고 싶다고 말했다. 하지만 거기 모인 많은 군중은 그것을 조크로 받아들였다. 자본주의 수호 혐의로 체포된다니, 그거 재미있군!

하지만 1년 뒤, 두 번째 대규모 집회는 본래의 목적을 잊어버렸다. 이제 참가자들은 특정 쟁점에 대한 자신들의 입장을 알리기 위해서만 집회를 갖는 것이 아니었고, 저항자들에게 쏟아진 모욕에 분개해서도 그러는 것이었다. 당시 그런 모욕의 사례를 모으고 분류하는 일은 티파티 참여자들이 열중하는 일의 하나였으며 그 결과 티파티에서 낸 가장 초기의 책들 중 하나인 마이클 그레이엄Michael Graham의 2010년작 『성난 군중이 아니야, 우리 엄마라구That's No Angry Mob, That's My Mom』가 나올 수 있었다. 이 책의 첫 장("우리 어머니는 테러리스트")에서, 그레이엄은 처음부터 끝까지 자유주의자들이 "보통" 미국인을 어떻게 모욕했는지에 근거한 정치 동원 이론을 내놓는다. 그것은 실제 쟁점은 그냥 이야기하다 보니 다룬다는 식으로 넘어가고 있었다.

> 멍청하다, 시대착오적이다, 편협하다, 인종차별주의자다. …… 아마 당신은 이런 식으로 또는 그 이상으로 불려보았을 것이다. …… 그리고 어느 날, 당신은 이젠 당할 만큼 당했다고 생각한다. 사생활에 대한 침해를 더 이상 참을 수가 없다! …… 그리고 당신은 티파티에 가고, 그것으로 마침내 선을 넘게 된다. 매일 아침 신문에는 당신이 위험하고 증오로 가득한 정신병자로 나온다. 매일 밤 텔레비전 뉴스는 당신을 무식하고 아마도 폭력적인

촌뜨기라고 못박는다. 그리고 아침과 밤 사이에는, 정치 지식꾼들과 심지어 정치인들까지 당신을 '티배거teabagger' 라고 부르며 모욕적으로 호칭한다.[14]

이렇게 세세한 내용을 보면 흥미롭기도 하다. 하지만 내가 강조하고 싶은 것은 그 현상의 역설적 성격이다. 바로 강자의 자신만만한 목소리(이들은 다윈적 적자생존설을 신봉하고, 패배할 자유를 부르짖으며, 경쟁 끝에 목숨을 잃는 것도 당연하다고 보는 사람들이다)로 세상과의 전쟁을 선포하는 자리에서, 이들은 질질 짜고 있다는 사실이다.

자기연민은 부흥 우파의 의식의 중심에 있게 되었다. 어떤 상황에서나 자신들을 희생자로 여기는 태도는 단지 시소놀이를 하듯 재미있는 것은 아니다. 그것은 그들의 자기 인식의 핵심이며 세계관의 중심이다. 그래서 그들은 그들의 깃발에 "우리를 짓밟지 마라"는 구호를 새겨놓은 것이다. 이 구호는 이제껏 내가 서술한 모든 것의 배후에 있는 거대한 사실 왜곡을 간결하게 표현하고 있다. 그것은 우리가 좌파가 날뛰는 세상에 살고 있으며, 진보파가 이 나라를 엉망으로 만들고 있고, 시장은 자유롭게 태어났으나 도처에서 사슬에 묶여 있다는 망상이다.

그리고 매튜 콘티네티Matthew Continetti의 저작이 있다. 그는 희생자 프로파일링을 전문으로 하는 언론인인데, 사라 페일린Sarah Palin에 대해 누군가가 내뱉었다는 온갖 추잡한 말들을 모아서 『사라 페일린의 박해The Persecution of Sarah Palin』라는 책을 썼다. 그는 또 코크 형제가 당한 박해에 대해 《위클리스탠더드》 머리기사를 썼는데, 콘티네티의 엄숙한 보고에 따르면, 이 미국에서 가장 부유한 사람들이자 정치자금을 가장 많이 내는 사람들에게 매일 추잡한 이메일이 오고 있다는 것이다. 그들은 분명 "좌파의 추하고 사악한 사이버 비방 머신의 최신 희생자들"[15]이라고 한다. 아,

독자 여러분, 얼마나 불쌍한 억만장자들이란 말입니까.

그리고 가장 최근에 베스트셀러를 낸 데이비드 림보가 있다. 그의 책은 건보 관련 논쟁과 금융위기를 대체로 민주당이 보험제도와 은행업계에 대해 던진 '중상모략'을 중심으로 풀어낸 것이다. 그런 '말 같지도 않은 말'은 "민간 부문에 대한 범죄"이며, 또한 '자유에 대한 범죄'(림보의 책 제목이다)이기도 하다. 그리고 림보는 의분에 몸서리치는 사나이의 자세로 그런 험담을 낱낱이 열거한다. '비방'도 있고, '모략'도 있으며, '모욕적이고 적대적인 언사'도 있다. 의사들에게는 '악의적 주장'이, 월가의 은행가들에게는 '불손하고 거친 말'이 쏟아졌다고 한다. 그에게 있어 대통령은 "미국 기업인들을 혼내주기를 즐겼"고, 팀 게이트너Tim Geithner(경제위기 당시의 미국 재무장관—옮긴이)는 "시카고 스타일의 마초"였다(게이트너는 뉴욕 출신이다. 그는 특별히 마초 기질이 뚜렷한 사람은 아니다. 또한 그는 성인이 된 뒤 많은 세월을 공화당원으로 보냈으며, 따라서 시카고의 정당정치에서 근본적으로 배제되어 있었다). 그리고 그는 이렇게 결연히 외친다. "(경제개혁)법안이 실행되면 …… 우리는 그것을 약화시키기 위해 수단 방법을 가리지 않고 싸우리라."[16] 강철 같은 재무부의 권력 앞에 떨지어다, 독자여. 보라, 그들이 의회에 법을 마구 들이미는 것을! 그리고 나라를 걱정하며 울지어다, 자유주의자들의 모욕적인 말이 자유의 목에 건 사슬을 바짝 죄이는 것을 보면서!

우파가 희생자 운운하는 것을 처음 보았다면 그것이 단지 대단치 않은 불만 표시이며, 민주당이 전통적으로 사회의 실질적 비주류에게 어필하는 것을 호도하려는, 조직화되지 않은 행동이라고 판단할 수도 있다. 그러나 그것은 이야기의 일부일 뿐이다. 스스로를 진정한 희생자로 이해하는 것은 사실 보수 부흥의 핵심에 자리하고 있다. 그들은 거의 모든 정치, 문화 상황에서 본능적으로 뭔가 잘못되었다고 지적하고, 편향이라고 외치고, 자신들이 불공정하게 취급된다고 항의한다. 심지어 가장 그럴법하지 않은 영역까지도 그렇다. 군 장성들은 위로받아야 한다. 일자리 창출자들은 그들이 고용한 사람들로부터 숭앙받아야 한다. 억만장자들은 국민의 사랑을 느낄 수 있어야 한다. 그리고 하원의 옛 여당 지도자들은 동정을 받아야 한다.

물론 딕 아메이도 거론해야 한다. 그는 매트 키브Matt Kibbe와 함께 쓴 책 『우리에게 자유를Give Us Liberty』 중 자신이 쓴 장 「티파티 선언Tea Party Manifesto」에서 3년 동안 자신과 티파티 운동에 쏟아졌다는 직접적인 모욕 사례를 열거해 두었다. 아, 독자여, 그들은 아메이의 집단이 "인공잔디 깔기를 하고 있다"고 욕했답니다. 그들은 그 집단이 타운홀 미팅을 엉망으로 만들었을 때 반대했답니다. 그들은 그를 퍼스트네임으로 불렀고, 그의 운동을 인종차별적이라고 했고, 그의 모자가 우습다고 놀렸답니다, 글쎄.

하지만 '학대받은' 불쌍한 딕을 위해 울어주기 전에, 아메이는 의회에서 꽤 영향력 있는 의원이었으며 나중에 자신의 입법 경력을 무기로 로비스트로 나서서 거대 국제 로펌인 DLA 파이퍼(전 민주당 상원 원내대표 톰 대슐Tom Daschle도 소속되어 있다)에 들어갔다는 사실을 기억하자. 그 자신은 세상에서 가장 힘센 사람들 축에 끼지 않았을지 몰라도, 아메이는 가장 힘센 사람들의 조언자였던 것이다. 그가 2003년에 쓴 책에서 시장을 숭배하는 찬사를 마구 쓰면서 자신이 마리아나 군도의 노동착취 공장을 변호한 일에 대해 자찬을 한 이래, 그는 항상 돈 있는 사람 편에 서서 약한 사람들을 적대했다. 그러나 이제, 자신의 위대함에 저절로 쏟아지는 눈물과 함께, 그는 자신의 오랜 경력 중에 당한 폄하와 비방에 대해 스스로를 불쌍히 여겨주기를 우리에게 요구하는 것이다.

왜 세상이 딕 아메이를 희생자로 여겨줘야만 할까? 마찬가지로, 왜 글렌 벡은 킹 목사의 흉내를 내고, 폴 라이언은 "대기업 타도"를 외치며, 보수파들 일반은 그 적들을 '파시스트'로 부르는 법을 배운 것일까? 왜냐하면 의식적으로든 아니든, 그 모든 것은 어려운 시기에 통할 법한 정치전략을 따르기 때문이다.

가령 아메이의 프리덤워크스 압력집단은 좌파 집단인 것처럼 보이고 들리도록 주도면밀한 노력을 기울이고 있다. 그 아이디어는 아메이의 말에 따르면, "좌익의 적들에게 배울 뿐만 아니라, 그들의 게임에서 그들을 혼내주기 위해서"다. 이 위장전투복의 대가께서는 티파티가 공화당과 의회를 석권한 뒤 쓴 글에서, 자신들이 "그 인간에게서 미국을 구할 것"이라고 큰소리쳤다. 그리고 독자들에게 그 발언은 "신좌파가 정치 기득권에 대해 사용하던 문구"라고 친절하게 설명해주었다. 이 집단이 훈련시키는 활동가들은 공산당 지도부의 지도 요령을 학습하고(그들이 읽은 책은 더글러스 하이드Douglas Hyde의 『헌신과 리더십: 공산주의자에게서 배운다Dedication and Leadership: Learning from the Communists』(1966)였다. 라이드는 전직 영국 공산당 간부였다) 유명한 지역공동체 조직운동가인 사울 알린스키Saul Alinsky의 책을 읽어야 한다. 또 워싱턴 대행진의 아이디어는 비폭력 저항운동의 또 다른 유명한 텍스트에서 따왔다. 자유시장경제 옹호자들이 거리를 메우고 데모를 한다! 글쎄, 아메이와 키브에 따르면 "워싱턴 D.C.에서 이는 급진적인 행동으로 통한다. 심지어 위험하게 여겨진다." 이는 그토록 급진적이고 위험하기에 "기득권자들은 전혀 반기지 않는다."[17]

"고된 일을 해도 아빠에게 돈이 되지 않아요." 프리덤워크스의 혁명가들은 이렇게 말하기를 좋아한다. 그들은 유쾌하고 재치 있는, 특권의 반대자들이기 때문이다.[18] 그리고 나는 그 구호가 정말일 수도 있다고 보는데, "아빠에게 돈이 되지 않는다"는 게 "아빠의 돈을 지켜주지 않는다"거나 "늘려주지 않는다", "번거롭게 만든다"로 바꿔 생각하면 과연 그렇다. 따라서 그들은 공산주의자들의 전술을 연구하고, 그 어떤 일이든 해서 시장경제 만능론을 정당한 민주화 투쟁인 것처럼 보이게 만들려 한다. 그러면 어떻게 될까요? 아빠의 돈은 몇 배로 불어날 것이다. 그리고 행복을 카트로 가득 실어다줄 것이다. 아빠의 돈은 덜레스 공항에 자가용 비행기로 도착해서, 환한 미소와 함께, 아빠가 워싱턴에서 '위험한 혁명가'로 오래오래 해먹을 수 있도록 도와줄 것이다.

8. 억만장자여, 단결하라

"형제여, 10센트만 주시면 안 되겠소?" 이것은 대공황기를 상징하는 주제가(그런 것이 있다면)처럼 들리던 노래 속의 표현으로, 1932년의 절망적 상황을 나타낸다. 그것은 보통사람인 노동계급의 목소리로 애국주의를, 미국의 꿈을, 그리고 심지어 미래에 대한 약속을 비웃는다.

그들은 말하지, 나는 꿈을 먹고 산다고.
그리고 나는 군중과 몰려다닌다고.
쟁기질할 땅이나 들어올릴 총이 있다면,
나는 거기에 있었지. 나를 필요로 하는 곳에.
그들은 말하지, 나는 꿈을 먹고 산다고.
평화와 영광을 그리며 시간을 보낸다고.
내가 왜 줄을 서서 기다려야만 하지?
단지 빵 한 조각을 얻기 위해?

나는 철로를 건설했네, 달리게 하려고.

시간에 맞서서 내달릴 수 있게 하려고.
나는 철로를 건설했네, 이제 완성되었네.
형제여, 10센트만 주시면 안 되겠소?

나는 마천루를 건설했네, 벽돌로, 리벳으로,
그리고 시간으로.
나는 마천루를 건설했네, 이제 완성되었네.
형제여, 10센트만 주시면 안 되겠소?
한때 카키색 군복을 입었을 때, 진짜, 우린 대단해 보였지.
양키 두들 덤 덤, 군가에 맞춰 행진했지.
50만 켤레의 군화가 척척, 지옥으로 행진해 들어갔지.
그리고 나는 북을 치는 소년이었지.

분명 이 노래는 소요를 충동질하는 면이 있었고, 그래서 라디오 방송국에서 금지곡이 되었다. 냉소주의의 오랜 역사에서, 내가 알기에 이 노래만큼 히트를 친 노래로는 섹스피스톨즈의 〈신이여 여왕을 보호하소서God Save the Queen〉나 어쩌면 베트남전쟁 시대의 〈운 좋은 녀석Fortunate Son〉 정도일 것이다.

2009년 누군가가 러디 밸리Rudy Vallee가 녹음한 〈형제여〉를 유튜브에 올렸다. 곧바로 이 절망의 명곡에 대한 감상평이 쏟아지기 시작했다. 그 중 몇 가지가 내 눈을 사로잡았다.

> 이 노래는 케인스 경제학의 실패를 이야기한다. 둔화되는 경제를 자극하느라 인프라에 공공예산을 투입하는 방식, 그것은 한 번도 성공한 적이

없으며, 앞으로도 없을 것이다. 그것은 불황만 가져오고, 다시 1930년대 때처럼 공황을 초래한다. 마치 지금처럼 말이다.

요즘 이야기처럼 들린다. 구제금융이니 경기부양책이니 하는 것들. 전체적으로, 정부는 일을 더 나쁘게만 만든다.

이 노래 끝내준다!!! 1929년의 주제는 2009년의 우리에게도 적용된다. 제발 "세계 지도자들"은 "더 나은 미래에 대한 희망"을 주었으면 좋겠다. 이런 따위의 "변화" 말고. 그런 건 히틀러 이래 모든 엉터리 정치인들이 지껄인 소리다.

형제여, 10센트만 주시면 안 되겠소?

미국은 이런 상황에 다시 직면하고 있다. 세상이 어떻게 돌아가는지 잘 살펴보라. 4월/5월……에는 "벼랑에서 떨어지는" 현실이 닥칠 것이다.

당신 지역구 의원에게 전화해서 지금 논의되는 "부양책"에 반대한다고 입장을 밝혀라. 모든 특수이익집단에게 몫을 나눠주는 식으로는 미국에 도움이 될 게 없으며, 그나마 몇 년은 걸릴 것이다. 전혀 쓸데 없는 짓이다.

필수품을 구입해서 쌓아둬라. 우리는 위기일발의 상황에 처해 있다.

이 노래의 유명한 가사는 입 하버그Yip Harburg가 썼다. 그는 사회주의자였고, 나중에 매카시즘 돌풍 속에서 블랙리스트에 올랐다. 그러나 우리의 개명된 시대에는, "형제여, 10센트만 주시면 안 되겠소?"를 듣고 그것을 순수 무결점 자유시장경제론이라고, 공공사업 계획을 반대하는 메시지를 담고 있다고, 심지어는 아마도 후버 행정부의 정책을 지지하는 내용의 노래라고 생각하는 것도 문제될 일이 없다.

이런 내용을 옮겨 적은 까닭은 혼란에 빠진 유튜브 시청자들에게는 안 됐지만, 거기에서 몇 가지 간단한 요점을 끌어낼 수 있어서다. 나는 단지 이런 게시글들 자체가 기본적으로 깔고 있는 가정에 주목하고 싶다. 바로 '보수파는 대공황기 문화의 적법한 후계자다' 라는 가정이다. 말하자면 1930년대에 나온 노래, 책, 영화 등이 대부분 시장의 지혜와 정부의 어리석음에 대한 교훈을 담았다는 것이다. 그 '붉은 십 년' 이 사실상 자유시장지상주의자들의 정신적 고향이었다는 말이다.

이해할 만한 오류다. 인터넷 시대에 아는 1930년대란 당대에 경전처럼 읽히던 텍스트나 표준적인 역사를 통해 알던 1930년대와는 매우 다르다. 구글 검색을 해보면 루스벨트 행정부의 첫째 임기를 모든 면에서 살펴본 정보가 실린 기사와 거의 함께, 보수적 엔터테이너와 자유지상주의 경제학자들이 뉴딜 정책에 대해 써놓은 독설을 볼 수 있다. 도서관에서 찾고 싶다면 아서 슐레진저Arthur Schlesinger, 어빙 번스타인Irving Bernstein, 마이클 데닝Michael Denning, 로버트 매켈바인Robert McElvaine 등의 저작을 찾아볼 수 있지만, 인터넷에서 조사를 시작한다면 프랭클린 루스벨트의 '잊힌 인간' 이라는 표현을 보수주의에 응용하려 한[1] 애미티 쉴레이즈Amity Shlaes의 글이나, 루드비히 폰 미제스 연구소의 자유지상주의 경제학자들이 뉴딜은 불필요했다고, 도움이 되지 않았다고, 공황을 더 악화시켰을 뿐이라며 신랄하고 반복적으로 주장하는 글을 처음부터 마주치게 될 수도 있다. 물론 입 하버그는 "형제여, 10센트만 주시면 안 되겠소?"를 쓸 때 정부의 무능을 질타하려는 뜻이 있었다. 그 밖에 그가 또 무엇을 질타했겠는가?

오늘날의 우익이 쓰는 전략이, 거칠게 말해서 성공적인 좌파 운동을 모방하는 것이라면, 자유주의를 대표하던 시대, 즉 대공황 시대와 오늘날의 유사점에 착안한 나머지 그 시대 자유주의의 기억을 야금야금 훔치는 일은 아주 자연스럽다. 누구든 스스로를 보통사람들의 친구라고 내세우고 싶다면, 사회의 유력자들에게 맞서는 투사의 이미지를 갖추고 싶다면, 결국 1930년대의 문화 패턴으로 돌아가는 것이 필수적이다. 그리고 그에 따라 부흥 우파는 문화적 좌파의 정수精髓를 섭렵하게 되었으리라.

양키 두들 덤 덤, 군가에 맞춰 행진을

다시 한 번 글렌 벡이 이쪽에서 극단적인 사례를 제공해준다. 그는 대공황기의 시대정신에 공감하는 사람으로, 주기적으로 '붉은 10년'의 문화양식을 예찬한다. 가령 그가 노상 걱정하는 일은 파시즘의 도래인데, 그것은 1930년대의 대표적인 두려움이었다. 그것은 그가 우드로 윌슨을 혐오하는 것과도 연관되는데, 오늘날에는 이상하게 들릴지 몰라도 제1차 세계대전 직후의 평화주의 시대에는 흔한 견해였다. 또한 전형적인 1930년대식으로, 그는 선량한 미국인들에게 급진주의자와 공산주의자들로 넘쳐나는 강력하고 원기왕성한 좌파에 대해 경고한다.

벡의 수사법을 살펴보면 저 악명 높은 '라디오 사제' 찰스 커플린Charles Coughlin(1891~1979. 미국의 가톨릭 신부이자 대중선동가. 1930년대에 라디오 연설을 통해 대공황이 유대인의 음모에서 비롯된 것이라 주장하는 등 주로 반유대주의 대중 선동을 했다—옮긴이)의 그것과 매우 흡사하다. 그러나 벡의 포퓰리즘적 습관은 대공황 시대의 인물을 망라하며 영향을 받은 것 같다. 자신의 지식인 기질을 소년 같은 모습과 가벼운 익살로 감추는 수법은 아마도 루이지애나의 "킹피시", 휴이 롱Huey Long(1893~1935. 미국의 정치가로 민주당 소속으로 루이지애나 주지사와 상원의원을 지냈다. 연방준비이사회제도에 반대했으나 공공사업과 복지 증대에는 찬성하는 입장이었다. 프랭클린 루스벨트의 라이벌이자 뒤를 이을 사람으로 꼽혔으나 1935년에 암살되었다—옮긴이)에게서 따온 것일 터다. 롱의 경우에는 야시시한 복장으로 튀어 보이려 했다면, 벡은 서로 충돌하는 패턴의 옷을 일부러 골라 입고는 끈 풀린 스니커즈에 주름 편 셔츠 등으로 튀려고 했다. 벡의 빨갱이 공포증 원맨쇼를 보면 교수들, 재단 이사들, 지식인들의 행동 하나하나를 들추며 그게 사실은 비밀 급진주의의 실마리가 아니냐고 몰아세우는데, 신문왕 윌리엄 랜돌프 허스트의 수법을 따라한 것이다. 1939년도 영화인 〈오즈의 마법사〉는 '우리를 지배하는 사기꾼들'의 은유로 벡이 가장 애용하는 은유의 원전이 된다. 그 세계관에 따르면 "커튼 뒤의 사람"이 있고, 그는 레버를 이리저리 조작하면서 마치 전능한 것처럼 군다.[2] 프랭클린 루스벨트 자신이 사용한 다음과 같은 수사修辭는 벡이 2009년 3월의 특별 텔레비전 프로그램에서 써먹었다.

> 불쌍한 사람을 돕고 약자의 편에 서던 나라는 어디로 갔습니까? 잊힌 사람의 목소리는 왜 들리지 않습니까? 잊힌 사람, 그는 바로 당신입니다.[3]

다시 2003년으로 돌아가서, 이 보수파 엔터테이너가 그의 말로는 "진짜 미국"을 축복하며 전국 일주를 다닐 때, 벡은 미국 중부의 지지를 확고히 하는 일에 주력하면서 공화당 지지주만이 아니라 그의 조부모 시절 "대공황의 사람들"이 생각하던 방식대로 함으로써 중부 전체의 지지를 얻으려 했다.[4] 2009년의 감정이 복받친 어느 상황에서, 그는 그의 텔레비전 시청자들에게 오늘날 경제난의 해법은 대공황 시절의 교훈을 되살리는 데 있다고 말했다. 말하자면 아껴쓰기와 이웃끼리 돕기에 힘쓰는 반면, 노조에 가입하거나 뉴딜에 찬성하지 않는다는 것이었다. 그리고 다음 해, 그는 대공황기의 다큐멘터리 사진집을 냈으며 그것은 노동자 계급의 센티멘털리즘을 불러일으켰다. 거의 소련을 떠올릴 법한, 프롤레타리아적인, 엄숙하다가도 우스꽝스러워지는 분위기였다.[5] 한 농부와 그의 아내를 담은 사진 하나를 응시하더니, 벡은 읊조렸다.

> 그녀가 얼마나 자랑스러워 보이는지 보십시오. 그 확신 어린 표정을. 그녀가 어떻게 서 있는지 보십시오. 그녀의 얼굴을 보십시오. 그녀는 스스로를 자랑스러워합니다. 그녀는 강합니다.

대공황기의 사람들은 미국 정체성의 기반이자 우리의 물질적 풍요의 원천인 듯 제시된다. 그는 이렇게 선언한다. "이분들이야말로 오늘날의 미국을 있게 한 분들입니다. 우리는 그분들의 노고의 성과로 칠십 년 동안 잔치를 벌여왔습니다! 그분들이 세운 성과를 우리는 탕진해버리고 말았습니다!"(당시 전부는 아닐지 몰라도 다수의 기념물이 정부의 공공근로 프로그램의 도움에 힘입어 '건축'되었다. 사실 벡이 그처럼 열광적으로 제시한 사진들도 농촌안정청 소속의 사진사들이 찍은 것들이다. 대공황 세대는 벡이 무엇보다도 싫어하는 정부의 대규모 재정적자 덕분에 이 모든 것을 이뤄냈다).

대공황기 정서에 대한 벡의 가장 절절한 존경은 어려운 시기의 상부상조 정신을 되살리려 한다는 '9 · 12 계획'에서 나타났다. 그는 2009년 3월의 어느 날 밤 텔레비전 쇼에 나와 이 계획을 요란하게 소개했으며, 그에 앞서 미국이 지금 직면한 모든 소름끼치는 문제들에 대해 어지러울 정도로 길게 늘어놓았다. 벡은 자신이 하는 행동에 서린 고귀함에 압도된 나머지, 이렇게 말하면서는 울음을 터뜨렸다. "여러분께 말씀드렸죠,

몇 주 동안이나요. 우리는 혼자가 아니라고요!"

그리고 벡은 앞서 든 "잊힌 사람"의 발언을 인용하며 '9 · 12 계획'을 시작했으며 "전국 어디서나" "여러분과 같은 보통사람들을" 초대하도록 권유했다.[6] 그 운동은 지부 창설, 대중 집회, 수천 장의 사진으로 모자이크 만들기, 그리고 자본주의의 구원은 집단의 힘으로 이루어지리라는 (분노한 시민들이 똘똘 뭉쳐 미국인의 참모습을 보이고, 그들이 더 이상 "무력"하다고 느끼지 않음으로써) 달콤한 대담 등으로 진행되도록 되어 있었다. 벡은 노상 그랬듯 그 운동 계획서를 설명하며 '미국인의 대동단결'에서 '우리를 오도하는 사악한 내부자들'의 비전으로 옮겨갔다.

> 일단 커튼을 젖히고 보면, 몇 안 되는 사람들이 버튼을 누르고 있으며 그들의 목소리는 약하다는 사실을 깨닫게 됩니다. 그들은 결코 우리를 포위하고 있지 않습니다.
>
> 포위하는 쪽은 우리입니다.[7]

그것은 전형적인 1930년대식 이미지의 소환이었다. 군중, 다수의 옳음, 민중주의, 낙관주의.

'9 · 12 계획'에 대해 묘사한 바로 윗 문단을 쓰고 나서, 나는 내가 묘사한 것이 따져 보면 대공황 시대의 가장 유명한 영화의 플롯이라는 사실을 깨달았다. 프랭크 카프라Frank Capra의 〈존 도우를 찾아서Meet John Doe〉(1941)다. 이 영화는 보통사람들이 모호한 시민연대의식에 끌려 한데 모여 대중운동을 벌이는 이야기인데, 그들은 한 인기 라디오 연사의 지도에 따르며 그는 곧잘 자살을 언급한다. 벡과 똑같다. 존 도우 운동의 정치 목표는 이 영화에서 뚜렷이 나오지 않지만, 이 운동과 그 리더격인 사람은 모두 부유한 미디어 황제에게 조종되고 있다. 그 미디어 황제는 벡의 당시 상사인 루퍼트 머독Rupert Murdock처럼 그들을 이용해 스스로의 준파쇼적인 목적을 달성하려고 한다. 이 영화의 플롯이 전개되면서, 그 사악한 부자를 뺀 모두가 어리석게 이용당하는 것으로 나타난다. 오직 그만이 자신이 무엇을 원하는지 알고 있다(두 번째의 놀라운 우연. 벡이 9 · 12 프로젝트를 시작하기 2년 전에, 우익 블로거 미첼 몰킨은 그녀 스스로의 '존 도우 운동'을 선언했다. 그 아이디어란 보통사람들이 테러리스트라고 의심되는 수상한 사람을 고발하도록 하는 것이었다. 그렇게 경각심을 가진 시민들을 몰킨은 '9 · 12 국민'이라고 불렀다. 그 뒤 존 도우 운동에 관한 이야기는 유야무야되었지만, 그 계획이 진행되던 동안에는 모든 보통 미국인들을 각자의 세계에서 소환하여 공통의 목표에 복무하게 한다는 아이디어는 분명했다. 그리고 그것은 벡의 9 · 12 프로젝트와 마찬가지로 수많은 개인 사진으로 거대한 모자이크를 만들자는 것이었다. 몰킨이 2007년에 쓴 에세이, 「포스트 9 · 11의 미국에서의 존 도우」와 「존 도우 선언」을 보라).

대공황기 정치 클럽들에서 행해진 정치 조작을 소재로 한 이 영화는 벡의 꼼수에 대해 우리가 알고 싶어하는 모든 것을 알려준다. '9 · 12 계획'은 1930년대의 포퓰리즘을 본뜨기보다, 픽션으로서의 1930년대 포퓰리즘을 본뜬 것이다. 그것은 흉내의 흉내이며, 가짜 포퓰리즘이 강철의 엘리트주의로 표변하고, 가짜 계몽주의가 최고로 괴상망측한 사기행위의 수단이 되는 과정이다. 가짜 곱하기 가짜, 그것이 글렌 벡의 이야기다.

'우익右翼이'를 기다리며

루스벨트 대통령 시대 이래, 대공황기의 미국인들은 그들을 재앙으로 몰아넣은 상류계층을 매도해왔다. 그리고 21세기의 미국인들이 그들

나름의 터보건 썰매를 타고 경제난으로 미끄러지게 되자, 그들은 다시금 이른바 '지배계급'을 욕하게 되었다. 그러나 이번에는 대중들에게 그런 이야기를 들먹이는 사람들이 좌파가 아니다. 과두체제의 몰락을 꿈꾸는 사람들도 노동조합원들이 아니다. 부흥 우파가 그들이다.

'지배계급'의 존재의식은 2010년 여름에 부흥 우파 진영에 번개처럼 출현했다. 1930년대 초 미국 지식인 사회에 마르크시즘이 유행했던 것과 비슷하다. 가령 벡의 『오버턴의 창문』은 독자에게 "지배계급의 탐욕과 과욕이 빚어내는 필연적인 폭정"을 경고했으며, 세인트루이스의 어느 티파티 지도자는 "티파티는 지배계급이 가져오려는 지옥을 두려워한다"고 소리치며, 다가오는 선거가 "미국 엘리트주의의 종말의 시작"의 이정표가 될 것이 틀림없다고 분석했다.[8]

리처드 비거리의 '매일 이메일 뉴스레터'는 가면 갈수록 "지배계급"이라는 표현을 남발하고 있다. "지배계급"이 사라 페일린을 조롱한다, "지배계급"이 논란이 많은 라디오 해설자를 침묵시키려 한다, "지배계급"은 통한의 패배자들로 이루어져 있다 등등. 비거리는 마침내 2010년의 선거일 특집방송에서는 자코뱅적인 "지배계급에게서 벗어나기"라는 제목을 붙였다. 그 "특별 게스트" 명단에는 귀족적 특권에 평생 맞서 온 그로버 노퀴스트Grover Norquist, 감세운동 집단인 '더 레닌', 풀뿌리운동의 지도자로서 석유 재벌 코크앤드코크에게서 대폭 양보를 얻어낸 팀 필립스Tim Phillips 등이 들어 있었다.[9]

이 요상한 계급투쟁에서 엥겔스의 역할을 하지 않을까 싶은 사람은 은퇴한 국제정치학 교수인 안젤로 코데빌라Angelo Codevilla다. 그가 쓴 선언문인 「미국의 지배계급America's Ruling Class」은 2010년 여름에 《아메리칸스펙테이터》에 실렸으며, 얼마 뒤 확장된 판으로 그 잡지의 도서출판부에서 출간되었다.

이 퇴직 교수는 미국에는 다만 두 가지의 사회적 부류만이 중요하다고 여겼다. "지배계급", 이들은 지적으로 우월하다는 이유로 스스로를 정당화하지만, 실제로는 정부기구의 통제력으로 지배할 뿐이다. 그리고 나머지 거의 전부는 "국민계급"이다. 이런 아이디어의 핵심은 새롭지 않지만, 우리 시대의 구제금융과 경제난은 코데빌라가 그것을 새롭고 비타협적인 방식으로 응용하게끔 해주었다. 그는 누구든 정부와 관계된 사람이면 "지배계급"의 굴레를 씌우며(민주당이든 공화당이든), 그런 관계에 경제적 도움을 준 사람 역시 그에 포함한다. 대기업도 여기 속하는데, 큰 정부와 짝짜꿍인 이상 그렇다. 사실 "미국 경제의 상층부에 존재하는 결속관계는 지금 정부의 어느 한쪽이나 다른 쪽과 특별 관계를 맺음으로써 이루어진 네트워크에 지나지 않는다." 코데빌라의 주장이다. 그리고 양심이라고는 없는 이 체제의 운영 방식을 볼 때, 자비도 기대할 수 없고 개혁의 가능성도 없다. 오직 뭐랄까 모호한, 그러나 폭력적이지는 않은 방식의 "혁명"만이 개선을 이룰 수 있다. "계급들 사이의 갈등은 불가피하다."10

그것은 보수주의 지도자로서는 어이없을 만치 볼셰비키적인 주장이며, 마르크스의 다음과 같은 경구와 비슷하게 들린다. "이제껏 모든 역사는 계급투쟁의 역사였다." 그러나 코데빌라의 테제는 곧바로 큰 인기를 끌었으며, 러시 림보는 이 목소리를 접하자마자 그의 라디오 프로그램의 많은 분량을 덜어 이를 소개하는 데 썼다. 신생 우파에게, 이 모든 생생한 프롤레타리아식 담론은 힘을 솟구치게 하는 약물과 같았다. 이제야말로 우리 사회에 잠복하며 요즘 세상을 어지럽게 만들었던 공포의 실체를 파악하는 것은 보수파의 몫인 것이다. 코데빌라의 가르침에 따르면 이 "지배계급"이 차지한 부는 거의 대부분 부당하게 얻은 것으로, 정부가 자연(말하자면 시장)을 마구 훼손함으로써 얻은 결과물이다. 규제, 구제금융, 세금 등을 통해 정부는 게임을 왜곡하며, 그 결과(사람들이 민주당과 공화당 중 어느 쪽을 지지하든 상관없이) 늘 같은 사람들만 혜택을 입는다. 그들은 코데빌라의 표현으로는 "내부자들", 즉 고등교육을 받은 속물들이다. 다시 말하면 음모가들이며, 곧 지배계급이다.

> 규제하는 자와 규제받는 자는 구별할 수 없게 되었다. 그리고 그들은 함께 번영해간다. 왜냐하면 그들은 공공 선택을 제한할 힘이 있으며, 그리하여 자신들과 자신들의 정치적 지지자들에게만 돈이 돌아가도록 만들 수 있기 때문이다. 대부분의 세계 사람들은 이런 식의 경제 활동을 너무나도 잘 알고 있다. 이제 미국인들도 깨달을 때다.[11]

안젤로 코데빌라에게, 인생의 귀중한 가치를 자신들의 논에만 물을 대듯 독점해버리는 이런 사람들이나 체제는 구제 불능이다. 진정한 능력주의 체제라면야 장점이 많겠지만, 미국에서는 그런 식이 아니라고 코데빌라는 말한다. 우리는 과학 전문가들을 존경하도록 배웠다. 하지만 계급 분석의 날카로운 눈으로 보면, 그 전문가들도 썩어빠졌음을 알 수 있다. 비싼 등록금을 요구하는 미국 대학은 누구에게나 A학점을 주지만, 직능단체들은 일반 대중이 학술작업에 영향을 미치거나 조사하지 못하게 막는다. 그들의 전문성, 그들의 사회적 고려라는 것은 결국 모두가 자의적 권력을 감추려는 가장에 지나지 않는다는 것이다.

1930년대처럼, 보통사람들은 이제 게임의 속성을 알아차릴 만큼 현명하다는 이야기가 나온다. 코데빌라는 썼다. "그들은 알고 있다. 정부가 고독한 사람들의 친구가 아니라는 것을. '국민계급'은 정부가 강자를 섬기기 위해 존재한다는 사실을 알고 있다. 바로 '지배계급' 구성원과 그 지지자들 말이다." 그들은 기성 체제에 존경이나 존중을 바치지 않는다. 그들은 그 기만술을 꿰뚫어보며, 그 모호한 신화를 제껴버리고, 그 속임수를 영원히 던져버린다. 그들은 여기서 그토록 많이 논의된 "폭정"의 존재를 알고 있다. 우리는 이미 그 손아귀에 잡혀 있다.[12]

일단 철도를 뚫고 나면!

1930년대를 이용해먹는 행위가 가장 극명하게 나타난 예는 에인 랜드Ayn Rand가 1957년에 낸 1천 페이지짜리 소설, 『아틀라스Atlas Shrugged』다. 오늘날의 팬들에게 그것은 놀라운 예지력을 보여준 작품이다. 과잉 규제를 일삼고, 자유를 억압하는 오바마 행정부의 이야기가 50년도 더 전에 이미 예언되었다는 것이다. 내게 그것은 우리 시대의 어이없음을 하나로 싸잡아볼 수 있는 정치적 잡설이다. 규제철폐론자와 자유시장만능론자들의 선언. 바로 이 경제위기를 일으킨 장본인들이 스스로가 재난을 가중시킨다는 인식은 눈꼽만큼도 없이 저항운동을 벌이는 꼬락서니.

기업 지도자들의 집단이 큰 정부의 탄압에 맞서 싸운다는 이야기로서, 『아틀라스』는 처음 나올 때부터 인기가 있었다. 특히 자기연민에 빠진 재벌 같은 경우는 스스로를 그 책에 나오는 부자 영웅들과 동일시했다. 자유시장의 신실한 신봉자들에게, 이 책은 그들의 『톰 아저씨의 오두막』, 아니, 더 정확하게는 『시저의 기둥Caesar's Column』(미국의 작가 이그노셔스 도넬리가 1891년에 쓴 소설. 1988년의 미래를 무대로 소수의 재벌이 절대다수의 노동자를 탄압하고 착취하는 암울한 미래를 그렸다—옮긴이)이었다.

2009년 1월 버락 오바마의 취임식이 있을 무렵, 『아틀라스』의 판매

량은 기록적인 상승세를 나타냈다. 모든 사람이 이 책이야말로 그 시대의 소설임을 알 수 있었다. 《월스트리트저널》의 소개란에서는 이를 우리 시대를 예언한 걸작이라고 찬양했다. 파워블로거 미첼 몰킨은 독자들에게 이 책의 경영자 영웅들을 본받으라고 권고했다. 에인 랜드의 유산을 관리하는 단체의 운영자들이 티파티 집회에 얼굴을 내밀기 시작했고, 불만의 불을 지피는 데 일조했다. 저항의 캐치프레이즈들이 이 소설의 문구를 인용하기 시작했다. 어떤 사람은 이 책의 주인공 이름이 새겨진 은화를 주조했다. 그리고 이 책에 바탕을 둔 영화가 부흥 우파의 온갖 기대를 안고 개봉되었다(흥행은 실패로 끝났지만).

에인 랜드의 팬들은 그 '색깔론'에 공명했다. 우리가 언급한 인물들 중에는, 릭 산텔리와 마이크 폼페오가 모두 그에게서 배웠다고 할 수 있다. 폴 라이언은 2009년에 이렇게 썼다. "우리는 지금 에인 랜드의 소설에 나오는 세상에서 살고 있다. 은유적으로 말이다." 국회의원들 중 '랜드 사상'을 배우는 초보자들 사이에서는 팬덤이 열렬하다. 위스콘신 주의 론 존슨Ron Johnson 상원의원은 『아틀라스』를 자신의 "바탕을 이루어준 책"이라고 말했다.[13] 애리조나의 하원의원 데이비드 슈바이커트David Schweikert는 『아틀라스』를 제일 좋아하는 책으로 꼽았다. 아칸소 하원의원 릭 크로포드Rick Crawford는 그의 트위터에 랜드 소설의 구절을 옮기고 있으며, 랜드 폴Rand Paul 상원의원은 『아틀라스』를 "자유의 문제를 고민하는 사람에게 필독서"로 추천했다.[14]

이 소설가의 평전을 쓴 제니퍼 번즈Jennifer Burns는 이 책이 새롭게 인기를 끄는 현상에 당혹감을 나타냈다. 에인 랜드의 문학적 추종자들 일부가 경제위기로 쓴맛을 보자, 그녀는 2009년 《폴리티코》에 이렇게 말했다. "나는 생각했죠. '아, 에인 랜드여, 영원히 묻히세요.' 하지만 그녀는 곧바로 맹렬히 부활해버렸어요."[15]

사실 랜드의 부활은 이 거꾸로 뒤집힌 시대에는 완벽하게 말이 된다. 『아틀라스』는 대공황기의 대체역사라고 볼 수 있으며, 바로 시장주의 보수파들이 그런 식으로 진행되었으면 좋겠다고 꿈꾸던 역사를 그렸다. 간섭쟁이 정부는 경기둔화의 주범이고, 경영자는 영웅 아니면 희생자로 나뉘며, 이 책의 중심 테마인 대규모 총파업은 노동계가 아니라 정치인들 하는 꼴에 신물이 난 천재적인 경영자들이 주도한다.

『아틀라스』는 1957년에 출간되었으며 거기서 설정한 미래는 정확히 몇 년도인지 나와 있지 않다. 그러나 미국인의 생활방식을 보건대 대체로 몇십 년 전의 과거 상황을 풀어놓은 것이다. 그 책은 철강과 철도의 시대를 연대기적으로 서술하며, 그 두 산업 부문은 이 소설에서 미국 재계의 선도 부문으로서 가장 두드러지게 묘사된다. 이 시대는 철도 사업이 파국적인 몰락으로 접어든 1950년대와는 어울리지 않으며, 유선형 스포츠카와 제철소가 미국 경제력의 상징이었던 1930년대에 들어맞는다. 그리고 비록 이 책이 텔레비전 시대가 열린 지 꽤 지난 뒤에 나왔어도, 랜드의 '시장친화적 초인사상'을 선전하는 연사들은 전원 (1930년대 당시에는 매체의 왕인) 라디오 방송에서 그렇게들 했다. 텔레비전에서는 그냥 지나가는 언급만 있었다.

이 소설은 여러 세세한 부분에서 대공황기가 낳은 구조물이다. 그 첫 페이지부터 주인공 중 한 사람과 "부랑자"가 말을 주고받는 장면이 나오는데, 그 부랑자는 "10센트만 주시면 안 되겠소?"라고 묻는다. 그리고 1932년의 공포를 아주 공들여 문학적으로 묘사하는데, 당시 사회 자체가 붕괴했다는 결론에 이르는 그런 묘사야말로 랜드 소설이 지닌 몇 안 되는 미학적 우수함이다. 『아틀라스』는 계속해서 농촌의 궁핍상을 보여준다. 뭘 해야 좋을지 넋이 나가버린 사람들, 잡초로 덮여버린 집과 마을들, 길거리로 나앉아 수레에서 잠을 자는 사람들, 야수처럼 변해버린 아이들. 모두가 허버트 후버 대통령 집권기 미국의 현실을 다룬 여러 글을 참고한 것처럼 보인다.

랜드가 자본주의자를 영웅 아니면 희생자로 설정하는 것도 마찬가지다. 그중 하나는 대공황기의 악당인 금융자본가, 이바르 크뤼에르Ivar Kreuger(1880~1932. 스웨덴의 금융자본가로 주로 미국 자본을 끌어들여 세계의 성냥 생산을 독점하려 했으며 '성냥왕'으로 불렸다. 대공황으로 파산지경에 이르자 자살했다—옮긴이)에서 모델을 얻었다고 한다.[16] 철강업자인 그녀의 다른 주인공이 겪은 고난은 만화『꼬마 고아 애니Little Orphan Annie』의 1935년도의 한 장면에서 통째로 빌려온 듯하다.[17] 그리고 물론 숭배의 대상이 되어 마땅한 의로운 깡패가 등장하는데, 우디 거스리Woody Guthrie의 1939년도 발표곡 〈프리티 보이 플로이드Pretty Boy Floyd〉에서 묘사된 모습과 비슷하다. 단지 극점이 거꾸일 뿐이다. 그는 정부를 털어 착한 부자들의 은행계좌를 메워준다.

이 책의 대공황 풍미는 단지 무대 설정과 등장인물에서뿐만이 아니다. 테마나 철학에서도 철저히 1930년대식 소설이다.『아틀라스』는 백만장자들 사이에서 가장 인기 있는 소설인데, 1930년대풍 문학과 프롤레타리아 문학에 대한 유행이 생긴 지 얼마 안 되는 시점에 상업적으로 가장 성공한 사례이기도 하다. 그런 옛 문학풍이 제대로 기억된다면, 진부한 플롯, 계급의식을 깨달은 노동자 영웅, 그리고 그런 플롯에 언제나 최종 국면으로 설정하는 감동의 파업 등이 떠오를 것이다. 이 장르는 위트라고는 없는, 무미건조한 선전선동이 특징이며 만화책보다 아주 약간 더 정교하다. 그리고 전형적인 재난기 문학 스타일을 띠고 있다.

『아틀라스』는 그 장르의 한 예로 여겨질 법하다.[18] 이 역시 위트라고는 없는 진지한 글쓰기에다 선전선동의 의도가 뚜렷하며, 등장인물들 사이의 대화는 곧잘 몇 페이지나 이어지는 철학 변론으로 발전된다(진짜 사람 중에 이렇게 지리한 장광설을 참고 들어줄 수 있는 사람이 얼마나 될까 싶은데, 그 점에서 랜드 작품의 독자들이 과연 책을 정독했을까 싶은 의문이 들기도 한다). 그 등장인물들에 관한 한, 외관은 늘 그 정체성을 그대로 말해준다. 나쁜 사람은 뭘 봐도 100퍼센트 나쁘고, 따라서 독자는 등장인물이 등장하자마자 그 성향을 알아차릴 수 있다. 한편 좋은 사람은 하나같이 잘생겼고, 훌륭한 취향을 타고났으며, 누구나 요상한 문법으로 말하고, 누구나 기계 다루기에 능숙하며, 사격술이 뛰어나고, 심지어 그 이름들도 같은 발음 요소를 포함하고 있다.[19] 그리고 이런저런 이유로 모두가 비행기를 조종할 줄 안다.

물론 이 소설은 파업을 주제로 한 소설이며, 인민전선 시대의 전형적인 플롯을 갖추고 있다. 장르 차원에서 보면 그 주인공들은 부당하게 탄압받는 숭고한 생산자들이다. 그러나 이 프롤레타리아 소설이 재출현하면서, 자기밖에 모르던 기업인들은 악당 대신 영웅으로 거듭났다. 나머지는 기생충들, 정부에 앵벌이를 해서 돈을 뜯고 유덕한 자본가의 노고에 편승하는 민중과 지식인들이다.

랜드가 그린 디스토피아적인 미국에서, 뉴딜 식으로 간섭을 일삼는 정부는 뭐든 제멋대로 할 수 있다. 워싱턴은 민간사업에 끊임없이 끼어들고, 크고 작은 결정마다 일일이 따지고 든다. 그리고 첫 번째 개입이 만족스럽지 못하면 두 번째는 더 심하게 개입한다. 정부는 발명가들로 하여금 자신의 발명품을 바치게 하고, 부자에게는 재산을, 생산자에게는 원료를 빼앗아서 물자를 적법한 사람이 아니라 정치적으로 후원하는 사람들에게 빼돌린다. '기업인 계급'은 이런 위협과 간섭에 분개하며, 마치 마르크스주의자들의 선전선동 이론처럼, 천천히 자신들의 뛰어난 자질과 그러면서도 정치인 및 지식인들에게 착취당하는 현실을 깨닫는다. 계급의식이 수립되었다!

억만장자들의 단결이 이루어지고 나면, 그들은 천재 발명가 존 갤트 John Galt가 그들을 위해 마련해 둔 산 속의 피난처로 하나둘씩 모습을 감춘다. 이 기업인들의 전략적 후퇴(파업)는 진면목을 드러내기 시작한 문명 자체를 파괴하려는 것이다. 그것은 한 영웅 자본가가 언급한 대로, 세상의 "인간 이하의 존재들"과 "그들보다 나은 자들" 사이의 전쟁이다. 그러나 일반 대중을 의미하는 인간 이하의 존재들은 포기하지도, 교훈을 얻지도 못할 것이다. 그리고 파업 지도자인 갤트는 라디오를 통해 최후통첩을 던진다. 그는 인류의 "도덕적 말종들"에게 외친다. "당신들이 산업사회에서 살고 싶다면, 우리의 도덕률을 따라야만 합니다."[20]

『아틀라스』의 자본가 파업의 목표로 천명된 것들 중에는 종래의 위기 시 사회계급 인식을 뒤집는다는 것도 있었다. 노동자가 미국을 건설한 것이 아니다. 기업인들이 그렇게 했다. 그것이 갤트와 그의 동료들이 증명하고자 했던 것이었다. 갤트는 그의 경영인 친구들에게 말한다. "우리는 파업에 대해 많은 이야기를 들어왔지. 그리고 특별한 사람들이 보통사람들에게 종속되어야 한다는 이야기도."

"우리는 기업인은 기생충이라는 소리를 귀 따갑게 들어왔네. 그의 노동자들이 그를 돕고, 그의 부를 이루어주고, 그가 호화롭게 살게 해준다면서 말이지. 그리고 그들이 파업하면 기업인이 뭘 어쩌겠냐고 말일세! 아주 좋네. 나는 세상에 누가 누구에게 의존해 사는지 보여주려 하네. 누가 누구를 돕나, 누구 부를 만들어내는가, 누가 상대방의 생계를 가능케 하고, 그리고 누가 상대방의 파업 때문에 곤란해지는지를!"[21]

아마 그 단락을 따라 읽다 보면 혼란에 빠질 것이다. "누가" "누구를"이 온통 얽히고설켜 뭐가 뭔지 모를 테니까. 그러나 기본적인 인식은 간단하다. 성공한 기업인은 그 사회의 희생자이며, 이제 그들이 들고 일어나 누가 윗사람인지 보여주겠다는 것이다. 우리는 그들의 고통과 그들의 힘을 동시에 깨닫게 될 것이다. 이 소설이 끝날 무렵, 그들은 나라를 이끌어가는 올바른 지위를 되찾을 준비를 할 것이다.

이 어이없는 사회이론을 들이밀며, 소설가는 감정에 한껏 호소한다. 재계의 거물들은 "큰 희생자들"이며, 어느 등장인물이 말하듯 "최대의 기여를 하고 최악의 부당함을 대가로 받은" 사람들이다. 그리고 길고 긴 소설적 전개가 차차 진행되면서, 랜드는 이 생각을 더욱 천착한다. 그리하여 존 갤트가 스스로를 가리켜 "억압받은 자들, 물려받지 못한 자들, 추방된 자들의 수호자다. 나는 이런 표현을 아무 과장 없이 문자 그대로 사용한다"라고 말하게끔 한다.[22]

자유지상주의 경제학자인 루드비히 폰 미제스는 『아틀라스』를 좋아했으며, 그 책의 반포퓰리즘 메시지를 하나의 감각적 문장에 축약해 넣었다. "당신은 정치인들이 차마 못하는 이야기를 대중에게 할 용기가 있는 분입니다." 그는 랜드에게 보낸 이 팬레터에서 계속해서 이렇게 말했다. "대중은 열등하며, 대중의 삶의 조건이 개선된 것은 대중 스스로는 당연하게 여기겠지만, 사실은 오로지 대중보다 나은 사람들의 노력 덕분이라는 것이죠."[23]

이것을 두고 민주주의에 부합한다고 볼 수는 없을 것이다. 정말이지, 민주주의는 랜드의 관점에서 문제가 있었다. 그것이 "정치꾼"들을 재계 위에 군림하는 자리에 앉히기 때문이다. 그리고 『아틀라스』는 이 정치적 딜레마에 대한 논리적 결론으로, 정치인들이 강압적 요구를 하면 기업인들이 들고 일어나 대항한다는 구도를 제시했다. 그것은 노예 아닌 주인을 위한 마르크시즘이며,[24] 위기의 시대에 기업은 책임이 없고 정부의 "약탈자"들이 위기의 아주 세밀한 부분까지도 전적으로 책임을 져야 한다는 이야기였다.

『아틀라스』가 어째서 잘 나가는 기업인들에게 매력적인지는 이상할 것이 없다. 그러나 어떻게 이 책은 다른 모든 세상 사람들에게 "당신들은 열등하다"는 메시지를 주면서도 포퓰리즘 부활의 선언서처럼 대접받을 수 있을까?

『아틀라스』의 새로운 인기에 대한 통상적인 설명은 앞서 말했다시피 그것이 일종의 예언을 담았다고 여겨지기 때문이라는 것이다. 그 책은 2008년과 2009년의 금융위기 사태를 예언한 것처럼 보이며, 그에 이어진(그렇다 여겨지는) 연방정부 관료들의 기업인 단속 바람도 짚어냈다고 본다. 심지어 다음 단계로 넘어가기 위한 방안까지 제시되었다고도 한다. AIG 사태가 터졌을 때, 어떤 월 가 사람은 《뉴욕타임스》의 독자투고란에 성마른 사임 선언문을 실었다. 자신은 "선출직 관료들에게 부당한 박해를 받고" 자리에서 물러난다면서. 그리고 2011년 9월 존 베이너John Boehner 하원 의장은 경제가 좋아지지 않는 까닭을 "미국의 일자리 창출자들이 기본적으로 파업 상태이기 때문"이라고 했다. 우리는 이 유력한 인사들을 세금과 정신 나간 정부 간섭에서 '해방' 시켜야 한다는 것이다. 재능 있는 사람들이 스스로 바라는 대로 대접받지 못하면 때려치우고 말 것이다. 그렇다면 경제를 살리기 위해 필요한 일을 해야 하지 않겠는가?

그러나 『아틀라스』는 이보다 더 큰 차원으로도 반향을 얻었다. 그것은 '제2 대공황'을 맞는 세상 사람들에게 모든 해답을 담고 있다(그렇다. "모든" 해답이다). 랜드는 정부 기구가 부패와 오류에 빠져 있다고 우리에게 들려준다. 정부는 우리를 지키는 수단이 아니라 우리를 강탈하려는 도구다. 경제가 파국에 빠진다면, 그것은 언제나 정부가 파괴적이고 아전인수적인 방식으로 개입했기 때문일 것이다. 그리고 구원은 오직 '생산자 계급'이 국가로부터 해방되었을 때에만 온다.

그 독자들에게 『아틀라스』는 일종의 폭로로 다가온다. 커튼을 젖히고 세상을 조종하는 권력자들을 드러내주는 것으로. 안젤로 코데빌라의 '국민계급'은 '지배계급'에 대한 불신을 핵심으로 수립되며, 따라서 이 위대한 소설은 오바마 시대에 권력의 가면을 벗기는 힘이 된다. 부흥 우파는 이를 정의를 요구하는 강력한 외침으로 삼는다.

그러나 이 정의를 원하는 외침은 탄광업 CEO가 웨스트버지니아의 노동계급을 대변한다고 기염을 토할 때 보너스 트랙처럼 되어버리고 마는 것이다. 랜드에 대한 팬덤은 노동자들이 무대로 몰려들어 그 CEO의 지혜를 들려달라고 외치고, 정부를 있는 대로 성토하는 재벌을 위해 만세삼창을 하는 것과 우열을 가리기 어렵다.

그리고 그렇게 보통 미국인들이 생산자 계급의 총파업에 동참하고, 자신들의 권리를 온 세계에 알리고, 그 뒤부터 커피숍 문을 닫고, 충치 때우기를 거절하고, 집에 페인트칠 해주기를 거부한다. 그들은 존 갤트와 어깨를 걸고 하나되어 자신들을 갖은 방법으로 박해하는 정부, 그들의 고혈을 짜서 게으름뱅이들을 먹여 살리는 정부에 전쟁을 선포한다. 그들은 "갤트 식으로 간다"고 선언할 것이다.

우리는 자신만만하고, 강력한 국가가 무릎을 꿇는 것을 보았다. 그 국민은 지저분하고, 굼뜨고, 무책임해져 있었다. 우리는 열심히 일하지 않는 사람을 위해 열심히 일해야 할 어떤 도덕성도 찾을 수 없다. 우리는 통치하기보다 군림하려 하며, 생산자들에게 빼앗아 게으름뱅이와 부랑자들에게 주는 사회에 기여하는 일에 어떤 도덕적 가치도 찾을 수 없다. 우리는 이에 우리의 생산 능력을 그것을 받을 가치가 없는 사회에서 거두는 바다.

성공을 추구해왔다고, 가장 위대한 인간으로서 자질을 달성하려 해왔다고 우리를 저주하는 자들이여, 그러나 우리가 사회에 기여한 성과를 야금야금 빼먹으며 살아온 자들이여,

우리가 그리운가?

아틀라스는 어깨를 으쓱하리라!!(원문은 Atlas WILL Shrug!! 에인 랜드의 소설 원제는 Atlas Shrugged, 즉 '어깨를 으쓱한 아틀라스'다. 기업인들이 마치 그리스 신화에서 지구 전체를 어깨에 걸머진 아틀라스처럼 모든 사회의 복지를 책임지고 있는데, 그 기업인들이 부당한 박해를 받고 있으므로 더 이상 참지 않고 어깨를 으쓱해 보이겠다는 뜻이다. 이 소설의 번역 제목도 '어깨를 으쓱한 아틀라스'로 해야 맞겠지만, 국내에는 '아틀라스'라고만 번역되어 소개되어 있으므로 여기서는 그대로 따랐다—옮긴이).[25]

사실 우리들 중 99퍼센트는 랜드가 그려낸 '하늘은 스스로 돕는 자를 돕는다' 식의 세계에서 번영할 수 없으며, 부흥 우파가 제시하는 떡의 떡고물을 거의 얻어먹을 수 없다. 그들은 정부를 타도하고, 모든 규제를 철폐하며, 세금을 없애고, 금본위제로 복귀하자는 운동으로 유일하게 득을 보는 사람들은 그 탄광업체 CEO 같은 사람들뿐이라는 사실, 또한 그럴 경우 우리 대부분의 운명은 그 탄광 노동자들과 비슷해질 것이며, 위

험한 작업장에서 형편없는 급료를 받고 갖은 고생을 해도 무엇 하나 해볼 힘이 없어진다는 사실을 제대로 설명해주지 않는다.

자유지상주의적인 미래에 뭔가 건질 게 있으리라 믿는 사람들은 『아틀라스』의 유명한 장면 중 하나인 대규모 열차 사고로부터 사회가 붕괴하기 시작하는 장면을 다시 읽어볼 필요가 있다. 랜드는 이 재난을 철도회사 쪽의 태만 때문에 일어난 것이 아니라 열차 승객 중 한 사람의 오만한 행동 때문으로 접근하고 있다. 그는 유력한 정치인으로, 열차 승무원에게 위험한 터널로 열차를 몰라고 강제한다.[26] 그리고 이어지는 악명 높은 내용에서, 해설자는 다른 모든 열차 승객들의 사정을 하나하나 살펴보며 결국 재난은 다 개인이 당할 만하니까 당하게 되어 있는 것이라고 풀이한다. 그들 중 한 사람은 정부의 융자를 받았고, 다른 한 사람은 기업인을 싫어하며, 또 다른 사람은 연방규제위원회 위원과 결혼했다. 또 누구는 자신이 열차 소유자가 아닌데도 그 열차에 탑승할 권리가 있다는 바보 같은 생각을 하고 있다. 다들 이처럼 인간 이하의 존재이니, 죽어 마땅하다.

나와 같은 독자는 에인 랜드가 인간성을 거의 완전히 무시하는 자세야말로 최악이라고 생각한다. 그러나 오늘날 우파의 핵심적 사상을 보면, 때때로 그런 자세가 핵심이 아닐까 하고 생각하게 된다. 억만장자들에게는 한없는 동정을 보내면서 다른 모든 이의 죽음이나 처참함은 이리저리 엮어서 합리화한다. 결국 이 게임의 승자는 세상에서 가장 잘 징징대는 사람들일 거라고 그들은 환호한다. 하늘은 언제나 하늘이어야 한다. 먹고 살려면 땅을 파거라, 돼지들아! 아니면 죽어버려라!

9. 자본주의 유토피아에 대한 환상 혹은 망상

2010년 8월의 어느 좋은 아침, 나는 워싱턴 주 포트타운센드의 낡은 카네기 도서관으로 차를 몰았다. 결국 이 책으로 결실을 본 프로젝트 작업을 위해서였다. 이 나라의 나머지 땅에서는, 널리 알려진 여론조사에 따르면 미국인의 다수가 이제 오바마 대통령을 '사회주의자'로 묘사할 수 있다고 믿는다. 보수파 연예인들은 집단주의가 미국을 망하게 할 거라고 있는 대로 비난을 퍼붓고 있었고, 혐오의 물결이 과도한 행동을 벌이는 정부를 겨눔으로써 그해 가을, 공화당의 압승을 낳았다.

그러나 전국을 오른쪽으로 급회전시킨 이런 공포 중 어떤 것도 현실화되지 않았다. 내가 그 도서관에 들어섰을 때 커다란 구식의 탁자에 놓여 있던 신문들 중에는 영국의 《가디언위클리》도 있었다. 그 머리기사 제목은 이랬다. "자본주의는 아직도 유일한 대안이다." 당시는 세계신용시장에 첫 충격이 닥친 지 3년이 지난 시점이었다. 그러나 정치적으로는 아무 변화도 이뤄지지 않았다. 그 신문은 아직도 자유시장 이데올로기가 군림한다고 보도했으며, 다보스 포럼의 신조는 세계를 지배하고 있었다. 금융시스템이 붕괴 직전에 이르렀으나 그 행보를 멈출 수는 없었다. 잉

글랜드 은행의 어느 고위 인사는 이 신문과의 인터뷰에서 "1930년대 이래 반작용이 이렇게 적을 때도 별로 없었다"라고 말했다.

> "그리고 현대사회의 적합한 모델이 무엇인지를 두고 진짜로 세계 경연대회가 열렸다. 자본시장의 충격은 많은 사람들이 자본주의와 자유시장이 앞으로는 비전이 없다고 여기게 만들었지만, 지금 그런 생각의 메아리는 들려오지 않는다."
>
> "아마 인도와 중국은 그들의 금융 규제를 완화하려던 정책을 다소 지연시킬 수 있다. 그러나 넓은 범위로 볼 때, 세계는 방향을 그대로 유지할 것이다. 그것은 이데올로기의 종언을 반영한다. 자본주의는 아직도 유일한 대안이다."[1]

나는 당시 힘써 일하던 미국인들이 티파티가 요란스레 울려댄 경보에 성실하게 대답했으리라고 생각한다. 여기 그들은, 사회주의자들의 정복을 저지하고자 워싱턴의 좌파 강도들에게 맞설 것을 맹세한다. 그리고 그 신문에서 중앙은행의 고위인사는 아무 일도 일어나지 않았다고 밝힌다. 《뉴스위크》의 커버 기사로 등장한 '사회주의'에서 지난 주 베스트셀러인 자유주의 폭정에 관한 책까지, 그 모든 게 잘못된 경고일 뿐이다.

아무것도 변하지 않았다. 우리가 굴락에 끌려갈 일은 없을 것이다. 자본주의가 붕괴하는 일도 없을 것이다. 금융위기는 아무튼 급진파가 미국을 장악하는 결과를 가져오지 않을 것이다. 그렇게 겉보기와는 심하게 다른 위기의 실체는 스스로 소멸할 수밖에 없는 것이다.

부흥 우파의 인식론, 그들이 주변의 세상을 바라보는 방식 또는 더 정확히 말해, 바라보기를 거부하는 방식, '마르스의 지배'(노스트라다무스의 예언서에 지구의 종말이 오기 직전 '마르스가 행복의 이름으로 지배하리라' 고 적혀 있는 것을 빗댄 말—옮긴이)에 대한 공포를 여러 해 동안이나, 정작 마르스는 나타나기를 완강히 거부하는데도 꾸준히 유지하는 능력. 이것이 우리가 지금 살펴보아야 할 수수께끼들이다.

어떤 식의 몰이해가 최신판 우파를 누구나 뻔히 볼 수 있는 진리에 까막눈이 되도록 만들 수 있었을까? 어떤 전도된 형태의 인식이 구제금융에 대한 비판은 그 구제금융 자체에 주어져야 한다고 확신시켰을까? 어쩌다가 규제 철폐가 문제가 아니라 해법이라고, 에인 랜드가 오늘날의 재앙을 초래한 악당이 아니라 영웅이라고 믿게 되었을까? 이런 외관과 실제의 큰 격차는 어떻게 생겨났을까?

이데올로기의 종언이라고?

그 점을 이해하려면 보수주의가 즐겁게 오류에 빠져든 다른 예들을 검토해야 할지 모른다. 우리는 눈길을 아주 한참 뒤로 돌려, 진화론 논쟁이 벌어지던 때나 지구온난화가 한창 논의되던 때로 가봐야 할 수도 있다. 정부 내 과학자들과 이라크 전쟁의 대의를 불신하는 사람들에 대해 부시 행정부가 취한 여러 가지 조치에 대해서도. 어쩌면 공화당이 예산균형 확보의 '공급 측면' 이론에 계속 매달리는 까닭을(그 이론이 도통 들어맞지 않음에도 불구하고) 살펴봐야 할지도 모른다.

우리는 보수주의 운동이 그 신조 속에 갖고 있는 명백한 오류들에 초점을 맞추는 쪽을 택할 수도 있다. 가령 프랭클린 루스벨트 행정부가 대공황을 초래했든지 악화시켰다는 것이다. 또 진보파는 우드로 윌슨 시절부터 이 나라를 좌지우지해왔다거나, 조지 W. 부시는 겉으로만 보수파인 체했다는 것, 주식투자자들은 보통 노동자라는 것, 정부는 서브프라임 사태와 그 모든 파생 상황 일체에 책임을 져야 한다는 것 등도 그런 오류의 예다(최신판 우파들이 버락 오바마의 진짜 탄생지, 그가 이끈다는 비밀 군대, 그의 첫 책을 누가 썼느냐 등을 놓고 내놓는 요상한 생각들까지 굳이 여기에 포함시킬 필요는 없으리라).

이런 어리석은 오류들을 밝혀내기에 충분한 수준의 검토란 없다.[2] 이런 오류 목록을 훑어보고 나면, 여러 자유주의자들은 우파 지도자들에게 '거짓말쟁이'라는 단어를 쓰고 싶을 것이다. 하지만 그게 전부가 아니다. 물론 의도적으로 속이려는 부분도 없잖아 있고, 심지어 치밀하게 계획한 곡해도 있다. 그러나 보다 불편한 사실은 그들이 상당히 비현실적인 인식을 한다는 것이다. 일종의 정치화된 집단사고의 결과로 해가 갈수록 우파는 자신들만의 세계로 빠져드는 것처럼 보인다.

수십 년 동안 미국인들이 점점 더 사회 현실과 멀어져가고 있음은 나 혼자만이 풀어낸 비밀이 아니다. 점점 더 시장이 전문 분야별로 분화됨에 따라 나타난 논리적 결과다. 이는 적어도 '대중사회mass society'(칼 만하임이 처음 쓴 용어로, 현대사회는 전통적인 집단적 관계망을 잃어버리고 원자화된 개인의 집합이 되었으며 그처럼 고립된 개인을 권력이나 매스미디어가 손쉽게 조종하고 지배한다는 의미를 갖는다—옮긴이)론과 텔레비전 등 우리의 감각에 영향을 주는 것들에 대한 사회학적 우려가 나올 때부터로 돌아간다. 기묘하게도, 이런 두려움이 표출된 가장 인상적인 사례 중 하나가 티파티가 가장 좋아하는 영화 중 하나인 〈네트워크〉에서 나왔다. 그 영화에서 릭 산텔리나 글렌 벡과 비슷한 데가 있는 등장인물, 하워드 빌Howard Beal은 텔레비전의 사기성과 시청자의 잘 속는 성질을 비판한다. "우리는 환상을 다루는 거랍니다. 진실은 하나도 없어요. 하지만 당신들은 거기 앉아서 매일 들여다보고만 있지요. …… 우리가 전해주는 게 당신들이 아는 전부예요."

요즘 미국인들은 전에 없이 자신과 같이 생각하고 투표하는 사람들의 동아리에 단단히 '틀어박히는' 경향이 있다. 갤트가 건설한 영웅들의 대피장소, 그 축소판이랄까 싶은 것들이 50개 주에 널리 퍼져 있는 것이다. 물론 인터넷은 이런 스스로 틀어박히기의 온상이다. 그것이 그 존재 이유이며, 그곳에서 규칙을 지키지 않는 사람은 '트롤'(인터넷 커뮤니티에서 파괴적이거나 공격적인 행동을 함으로써 기피 대상이 되는 사람을 지칭하는 말—옮긴이) 취급을 받는다. 보수주의적 소셜네트워킹과 보수주의적 만남을 위한 독립 사이트가 몇 군데 있다. 서로 마음이 통하는 블로거들은 종종 서로의 블로그를 링크하며(다른 측면의 언급을 하는 것은 정치적 죄악으로 취급된다[3]), 따라서 그 독자들의 정신이 반대 의견에 마주침으로써 '오염' 되는 일을 피한다.

민주당 여론조사원 스탠리 그린버그Stanley Greenberg는 2009년에 보수주의자들은 "매우 동떨어진 세상에 산다"고 밝혔다. 그런 곳이야말로 집단 정체성을 강렬히 나타내는 곳으로, 〈폭스뉴스〉가 중요한 기록의 매체처럼 되어설랑, 대통령이 다른 국민에게는 전혀 보이지 않는 '비밀 강령'을 따른다는 사실을 믿어 의심치 않는 영역으로 존재했다. 이런 폐쇄적 성향은 "자유주의 쪽 미디어는 믿지 마라"는 구호로도 이어진다. 그것은 '좌파가 장악한 워싱턴'에서 중요한 역할을 한다는 미디어리서치센터에서 내놓은 구호다. 미디어리서치센터의 기준으로는, 거의 모든 기존 미디어는 자유주의 쪽 미디어이며, 결국 그 센터를 통해 공공여론에서 의도적으로 후퇴해야 마땅하다는 결론을 얻을 수 있다. 비록 최근 매스컴의 발전이 내가 설명하는 부정적 현상에 기여한 면도 있지만, 경제위기가 사람들을 물샐틈 없는 철학적 구조에 기대 스스로를 소외시키도록 몰아가기도 했다. 전통에 대한 믿음이 줄어들 때 사람들이 순수 이상주의로 퇴행하고, '진짜 현실'이 불만스러울 때 '당위적 현실'에 집착하게 되는 것도 이상하지 않다. 《가디언위클리》에 게재된 은행가의 우쭐대는 말에도 불구하고, 대불황기에 이데올로기는 죽지 않는다. 반대로 번성한다.

비타협적 이상주의

"나는 책을 안 읽어요. 블로그를 읽죠."[4] 어느 티파티 활동가는 역사학자 질 르포르Jill Lepore에게 이렇게 말했다. 그 이야기를 보고 내게도 떠오르는 것이 있었다. 얼마 전 읽은 『우리 시대의 일부Part of Our Time』였는데, 1930년대의 "신념가와 행동가들(주로 공산주의자와 그 동료 망명객들)"에 대한 머레이 켐턴Murray Kempton의 이 고전적인 연구서를 보면 그들의 사고방식이 오늘날 블로그를 열독하는 저항적 우파들의 사고방식과 매우 비슷함을 알 수 있다.[5]

켐턴은 J. B. 매튜스J. B. Matthews의 삶을 스케치함으로써 그런 맥락을 조명한다. 한때 급진파였다가 1950년대에 '빨갱이 사냥꾼'으로 변신한 매튜스는 두 가지의 삶에서 모두 성직자다운 열정으로 살았다. 어느 경우에나 애매모호한 것을 인정하지 않았고, "배운 적이 없어도 늘 순간적으로 깨닫게 되는 본질"에 따라 행동했다.[6]

"매튜스는 그가 보고 싶어 했던 것들을 보았다. 그리고 지식을 얻기 위해 책을 필요로 하지 않았다." 켐턴은 그렇게 쓰고 있다. 매튜스는 당시 소련으로 순례여행을 떠난 많은 사람들 중 하나였고, 그런 방문 중 한 번은 1932년에 인위적 정책이 초래한 기근에 신음하던 우크라이나가 목적지였다. 당시 매튜스는 그런 곤혹스러운 상황을 이렇게 넘겼다. "그는 소련에서는 그런 일이 결코 없다고 우겼으며, 어찌됐든 인도의 꼴을 보라면서 말을 돌렸다. 그는 인지적 충격에서 스스로를 보호하는 방법을 알고 있었다."[7]

그의 동료들도 많이 그랬다. 아니, 사실 대부분이 그랬다. 대공황기에 소련을 방문했던 그들이 보여준 고집스러운 맹목성은 결국 1930년대 역사 연구의 중요한 과제가 된다. 좌파들은 한결같은 모습만 보였고, 그들 중 가장 신랄한 사람조차 소련의 상황을 대강만 그려보였을 뿐이다. 여러 해가 지나서 이 여행자들의 어이없는 귀국 보고서를 조사해본 소설가 하비 스웨이도스Harvey Swados는 "믿고자 하는 의지가 감각 경험을 얼마나 자주 정복할 수 있는지" 놀랐다고 한다.[8]

스웨이도스는 계속해서 이를 가능하게 한 것은 1930년대가 "비타협적 이상주의"의 시대였기 때문이라고 보았다. 외부 세계의 그 어떤 보고도 신념가들의 확신을 흔들어놓을 수 없었다(1939년에 독소불가침 조약이 맺어지기 전까지). 그 시대에 대한 각광받는 문학비평가 맬컴 코울리Malcolm Cowley는 이를 약간 다르게 표현했다. 당시는 "신앙의 시대"였다고 한다. 전통적 사회조직이 해체된 다음, 사람들은 이데올로기 체제의 도래에 직면해 이쪽 아니면 저쪽을 선택해야 한다고 생각했다. 그것은 그들의 생각에, "빛 아니면 어둠, 그 중간에는 아무것도 없는" 선택이었다.[9]

그리고 그렇게 한 세대의 사상가들이 정치적 사기꾼 패거리가 만든 규칙에 사로잡혀 있었다. 그들은 역사의 법칙이 동형적이고, 수학적이고, 예측 가능하다고 믿어 의심치 않았으며, 멀리 떨어져 있는 소련 총통의 지시에 철저히 순종했다. 그들은 "구원자가 되리라 여겨졌다"고 머레이 켐턴은 애석하다는 듯 말한다. 그들은 결국 "경찰"로 끝났기 때문이다. 그들은 완전히 자잘한 이론적 차이를 두고 서로를 그들의 소규모의 마르크스주의자 소굴에서 파문해버렸으며, 세계가 언젠가는 그들 방식

대로 행진해 나가리라 염원했고, 스스로를 괴상하고 웃기는 존재로 꾸며 나갔다.[10]

그것은 사실 이념적 좌파에게만 국한되는 병폐가 아니었다. 기업에서도 같은 일이 벌어졌다. '적극적 사고방식'의 교리가 나왔고, 그 열정적인 이상주의와 실증성에 눈을 감는 성향은 공산주의자들의 "믿고자 하는 의지"와 다를 것이 없었다. "신앙의 시대"는 사실상 프롤레타리아 소설을 쓰든지, 적극적 사고방식을 익힘으로써 물건을 팔아치우든지 하는 것이었다. 두 가지 노력 다 자신과 외부세계 사이의 교류를 단속함으로써 스스로의 정신을 통제하는 것을 중심으로 했다.

1937년의 대형 베스트셀러였던 『놓치고 싶지 않은 나의 꿈 나의 인생Think and Grow Rich』에서, 나폴레온 힐Napoleon Hill은 일종의 자기 최면을 우리에게 권한다. 독자는 의도적으로 스스로에게 성공에 대한 믿음을 불어넣고 돈을 눈앞에 그려보며, 장차 남부럽지 않게 살고 있는 자신을 이미지화한다. 그러면 언젠가는 성공, 돈, 번영이 실제로 이루어진다는 것이다. 원하라, 그러면 이루어지리라! 또 1936년에 대형 베스트셀러가 된 『데일 카네기 인간 관계론』에서 데일 카네기는 독자에게 타인에 대한 존중을 가장하도록 권한다. 일종의 영업용 미소를 지으라는 것이다. 핵심은 그런 존중이 진심처럼 느껴지게 해야 하며, 따라서 이는 주의 깊게 연마되어야 하는 기술이다. 이 또한 신앙 행동의 일환이다.

독단주의의 위로

이런 비타협적 이상주의는 미국인의 삶의 그늘에서 여전히 판을 치고 있으며, 우리 시대의 경제난 때는 전에 없는 호황을 누렸다. 하지만 마르크시즘이 다시 유행하는 것은 아니다. 그래도 에인 랜드의 매니아들에게 불만을 표출하는 일은 최선이 아니다. 완고한 독단주의, 그것은 소시오패스적 날카로움과 빠른 전개 다음으로 『아틀라스』를 인기 있게 만든 요소다. 이 소설에서 랜드의 절대적이고 흔들림 없는 선악 판단은 그 어떤 것에 대해서도 거침없이 이루어지며, 언제나 가장 뚜렷이 강조되고 있다. 랜드의 추종자들은 그들의 저자를 열광적으로 숭배하는 만큼, 자신들의 삶에도 독단주의를 도입한다. '랜드교敎' 에서, "'객관적 현실' 이란 랜드가 말한 내용을 뜻한다." 자유지상주의 작가인 제롬 투실을 다시 불러보자.

> '도덕성' 이란 에인 랜드의 규칙에 따른다는 뜻이다.
>
> '합리성' 이란 에인 랜드의 생각과 들어맞는다는 뜻이다.
>
> 에인 랜드의 사상과 어긋난다는 것은, 비합리적이고 부도덕한 것으로 정리된다. (그녀의 철학) 신조에서 조금이라도 벗어나는 것은 허용되지 않는다. 객관주의는 …… 우파의 새로운 마르크시즘으로 빠르게 자리잡았다.[11]

랜드교에서는, 내부자 집단끼리 서로를 파문하지 않을 때는 그 소설가와 그녀의 교도들은 순수한 연역적 추론의 흉내를 내며, 흡연은 생명에 이롭다는 판단을 내렸다. 또 독점이란 연방정부의 규제가 없이는 존재할 수 없다고도 했다. 랜드는 환경주의자들과도 싸웠으며, 그녀는 그들을 진보의 적으로 규정했다. 또 인디언들도 적대시했는데, 그들의 문화에 그녀의 철학체계와 어긋나는 점이 다소 있었기 때문이다. 그러므로 그들의 땅을 빼앗는 일은 그들의 '자업자득' 이었다.

이런 식의 생각이 끊임없이 열매를 맺는 또 다른 곳이 전문 경제 쪽이다. 사실 주택 버블 자체가 '전지전능한 시장' 이라는 친숙한 신화를 고집하느라 현실에 눈을 감아버린 경제학자들의 의지의 산물이었다.

예를 들어 부동산 시장에 버블이란 없다고 밝힌 명망 있는 경제학자들의 명단을 보면 길고, 호화찬란하다. 이들 경제학의 대가분들은 주택가격이란 펀더멘탈에 따라 상승하는 것이며, 여느 가격 변동과 다를 것이 없다고 확신했다.[12] 하지만 지금까지의 상황에서 더욱 문제가 많았던 일은 경제학자들이 금융시장에서 벌어지는 협잡을 방지할 규제를 철폐하게끔 밀어붙인 일이다. 그런 금융업자들은 철저히 합리적이며 주주의 가치를 보호하는 데 열심이므로, 결코 그런 협잡이 생기도록 놔두지 않으리라는 의기양양한 생각이 그런 행동을 가져왔다. 하지만 그런 협잡은 온갖 수준에서 온갖 파멸적인 방식으로 발생했다. 그럼에도 달라진 것은 없었고, 경제 이론은 현실을 반영하여 협잡을 뿌리뽑기를 거부했다.[13]

이런 식의 추상적 사고는 강단에만 국한된 것이 아니다. 다른 곳에서도 그것은 만연해 있는데, 가령 글렌 벡의 제국을 빠트릴 수 없다. 2011년 2월, 그는 자신이 전에 좋아하던 영국 록밴드 '뮤즈Muse'의 최근 공연을 분석하며 그 그룹에 대한 생각을 바꾸었다고 밝혔다. 그들의 노래의 가사는 저항적이기는 해도 보수 부흥의 이야기를 전혀 담고 있지 않기 때문이라는 것이었다. 왜 그럴까? 왜냐하면 그들이 유럽인이기 때문이다. 그리고 유럽인이란, 모두가 알다시피,

> 참된 자유에 대해서는 거의 모릅니다. 심지어 영국이 제2차 세계대전에서 승리하고 나서도, 그들은 참된 자유의 시대를 열지 못했습니다. 그래서 『노예에의 길the Road to Serfdom』이 나온 것이지요. 그래서 윈스턴 처칠을 비롯한 많은 사람들이 '가만, 지금 우리는 어디로 가는 거지? 길을 잘못 들었어' 라고 이구동성으로 말했던 것이지요. 그리고 영국은 자유 대신 노예제로

통하는 길을 가고 말았습니다.

벡은 1944년에 발행된 이 유명한 책, 『노예에의 길』이 오스트리아 경제학자 프리드리히 하이에크가 영국 정치를 비판하고자 쓴 책이며, 하이에크는 그 책에서 노동당의 사회주의가 결국 전체주의로 이어질 수 있다고 경고했음을 정확히 짚었다. 비판자들이 오랫동안 지적해왔듯, 이 책의 최대 약점은 하이에크의 핵심 예측이 결국 빗나갔다는 점이다. 영국인들이 전후에 사회주의에 열광했지만 그들이 오랫동안 누려온 언론, 출판, 집회, 결사의 자유 등이 제한되는 일은 일어나지 않았다. 이 나라는 심지어 1970년대 들어 그 방향을 바꾸고, 이번에는 시장경제를 열심히 신봉하기 시작했다.

그러나 글렌 벡은 그런 점을 모두 외면해버리고는 이 1944년도에 나온 보수파의 성전 같은 책이 예측한 것은 뭔가 다른 것이었다고 주장했다. 시장은 자유로워야 한다, 그렇지 않다면 자유가 사라질 것이다, 이것이 바로 하이에크가 내다본 장래였다는 것이다. 이런 논리의 확대는 단순하다. 전후에 시장은 자유롭지 못했고, 따라서 '왕홀을 든 섬'(셰익스피어의 표현에서 유래된 말로, 영국을 지칭한다—옮긴이)에서 자유는 사라져야만 했다. 그리고 유럽 전체에서도. 그리하여 유럽 대륙 전체가 슬프게도 '참된 자유'를 모르게 되었다는 것이다.

나는 벡 선생의 짜증나는 주장을 이번에 마지막으로 인용한 것이다. 그가 역사를 해석하는 모양이 러시아를 여행했던 1930년대의 좌파들과 닮았기 때문이다. 그들은 소련에서 자유를 보았는데, 그것을 보고 싶었기 때문이었다. 벡은 영국에서 자유의 부재를 보았는데, 그가 그래야만 한다고 믿었기 때문이었다. 그 케케묵은 "믿는 자는 볼지어다"라는 말은 아직도 "감각경험 증거"를 압도하고 있다.

이런 비타협적 이상주의는 부흥 우파의 어딜 들여다봐도 찾을 수 있다. 예를 들어 짐 드민트 상원의원은 2009년에 낸 베스트셀러 저서 『자유 구하기: 우리는 미국이 사회주의로 빠지는 것을 막을 수 있다Saving Freedom: We Can Stop America's Slide into Socialism』에서 벡과 거의 비슷한 논점을 제시했다. 그는 서유럽 국가들이 제2차 세계대전 이후 "사회주의라는 세이렌(그리스 신화에 등장하는 괴물. 사람의 마음을 현혹하는 노래를 불러 넋이 나간 뱃사람들을 해친다—옮긴이)의 노래"에 굴복했으며 그 뒤로 곧바로 "경제 침체의 늪으로 빠져들어갔다"고 한다.[14] 사실 그것은 부정확한 주장이었는데, 심지어 어이없을 정도로 부정확했다. 당시 통계를 조금만 들여다봐도 이 전후 기간에 프랑스, 이탈리아, 벨기에, 스웨덴(모두 드민트가 전후 사회주의로 돌아섰다고 꼽은 나라들이었다) 모두가 현대사에서 최대의 호황을 누렸음을 알 수 있다. 그러나 드민트 상원의원의 이론적 틀에 따르면 그것은 불가능한 일이다. 사회주의는 항상 침체를 가져오며, 따라서 사회주의는 침체될 수밖에 없기 때문이다.

그의 베스트셀러 책의 전체에서, 이 상원의원은 사실상 실제 증거에 근거해서가 아니라 추상적 도덕론에 따라 자신의 비판을 전개하는 것으로 보인다. 2008년의 대통령 선거 논쟁에서 한 중요한 대목을 짚으며, 드민트는 당시 상원의원이던 버락 오바마를 비판했다. 그가 "시장이 규제 철폐 이후 멋대로 날뛰고 있다"고 한 말 때문이었다. 드민트는 시장이 규제 철폐 이후 멋대로 날뛰지 않았다는 점을 보여줌으로써 그 말을 반박하지 않았다. 다만 장래의 대통령은 이런 발언을 하는 사람이며, 따라서 "사회주의 원칙"을 따르는 사람이라고만 했다.[15] 여기서 드민트의 목적은 논쟁에서 논박하려는 것이 아니었다. 시장에 대해 폭로하려는, 용납

할 수 없는 사고방식을 정죄하려는 것이었다. 자유의 신봉자들이 2008년의 금융위기를 해석하는 방식은 하나뿐이며, 그들은 그게 사실에 입각한 것이든 아니든 관계없이 그것을 절대적으로 믿는다.

매사에 도덕론을 내세우는 자세는 드민트 상원의원이 동화를 유독 좋아하는 까닭도 설명해줄 수 있다. 그는 자신의 책 한 장에서 '세 마리의 아기돼지'를 되돌아보는 자리를 마련했고, 또 다른 장에서는 '생강빵 남자'에 대한 몇 가지 생각을 내놓았다. 우리는 이런 유아적 취향을 신흥 우파의 다른 쪽에서도 찾을 수 있다. 그리고 그런 취향이 함축하는 의미는 분명하다. 정치경제 영역은 선과 악의 전장으로 이해할 수 있다는 것이다. 정부는 나쁜 마녀이고, 시장은 자유와 번영을 선물해 주는 요정 여왕인 것이다.

여기서 진행되는 일은 단지 단순성으로의 퇴행이 아니다. 단순한 해답을 찾는다면, 오늘날에는 너무나 쉽게 찾을 수 있다. 우리 지도자들은 이제까지 30여 년 동안 자유시장의 꿈을 좇아왔으며, 그런 추종의 한 발자국을 내디딜 때마다 불평등이 심해지고, 더 많은 금융 버블이 생겨났다가 터졌으며, 더 많은 정치 부패가 퍼져나가고, 경기변동은 더 심하게 널을 뛰었다. 'A는 B를 가져온다.' 얼마나 "단순한" 해답인가〔단순성으로의 환원, 그 좋은 예(그리고 어떻게 단순한 이야기가 우리의 이해를 돕는지의 예)는 금융위기를 소재로 한 찰스 퍼거슨의 2010년도 다큐멘터리, 〈내부자의 일〉에서 찾을 수 있다. 그 다큐멘터리에서 해설자는 말한다. "대공황 이후, 미국은 한 차례의 금융위기도 없이 40년 동안 경제적 번영을 누려왔습니다. 금융업은 엄격하게 규제되어 왔습니다." 규제는 끝나고, 위기는 터졌다〕.

그러나 최신 우파는 현실을 단순화한다기보다 이상화한다. 그들은 결과를 따지지 않는 믿음, 검증되지 않은 추론의 세상에서 살며, 자신들이 믿는 것을 소리 높여 반복할 뿐이다. 이는 마치 최근의 무시무시한 뉴스들이 그들로 하여금 극도로 방어적인 태도를 취하게 했고, 그들이 자신들의 체계를 신성화하지 못하면 모든 것을 잃고 말 거라고 염려하는 듯하다.

진짜 자본주의를 찾아서

문화비평가 길버트 셀디즈Gilbert Seldes는 1936년에 쓴 글에서 "절대적인 것에 대한 광적 열망"이 자신의 동포들을 온통 사로잡고 있음에 경악했다. 당시에는 모든 정치 진영에서 순수파들이 목소리를 높였으며, 그들 중 아무도 프랭클린 루스벨트의 정책을 좋아하지 않았다. "급진적 비판자들"에게 뉴딜은 분명 시원찮은 것이었다. 그것으로 자본주의 체제를 뒤엎을 수 없기 때문이었다. 한편 "보수 반혁명파"에게 뉴딜 개혁은 정반대의 이유로 못마땅했다. 그것이 "자본주의 체제를 뒤엎는 것"이기 때문이었다.[16]

오늘날에도 그대로라고 할 수 있는 불만은 이들 중 후자의 것이며, 셀디즈는 그 오랜 역사를 유려한 문장으로 소개한다. 이미 1840년대에 노동조합은 자본주의를 파멸시킬 거라고 전전긍긍하던 목소리가 있었다고 저자는 말한다. 그리고 분명, 당시의 자본주의 방식은 소멸했다. "단체교섭권의 신설로 수정된 자본주의"로 대체되었다. 셀디즈에 따르면 1880년대에 연방정부가 철도산업 규제를 하겠다고 위협하자 종말의 공포가 되살아났고, 그런 종말론은 역시 실현되지 않고 넘어갔다. 자본주의는 또 죽었고, 이번에는 "단체교섭권과 연방정부 규제로 수정된 자본주의"로 대체되었으며,[17] 세상은 또 그대로 돌아갔다.

오늘날, 길버트 셀디즈의 시대와 마찬가지로 진짜 자본주의가 사라질 위험에 처해 있다는 두려움이 재연되고 있다. 이번에도 전처럼 절대적인 사고방식이 판을 친다. 공포에 사로잡힌 사람들은 미국인의 실용적인 천재성과 우리 경제체제를 실제로 세운 오래되고 복잡한 정치적 타협의 역사를 외면한다. 대신 그들은 일종의 계급전쟁에 따른 종말을 상상하는데, 그것은 패배자는 영영 패배자로 남으며 승리자는 패배자에 대한 모든 책임에서 최종적으로 해방되는 전쟁이다.

그런 순수 자본주의 따위란 없다는 사실은 그들의 눈에 들어오지 않는다. 그들이 꿈꾸는 것은 일찍이 존재한 적이 없고 존재할 수도 없는, 더더욱 존재하게 될 턱도 없는 시스템이다. 그리고 그 추한 유토피아를 그들이 우리에게 들이댈수록, 우리 사회의 상황은 그만큼 악화된다. 하지만 그래도 그들은 멈추지 않으며 과거의 현실도, 그들의 가짜 처방이 가져올 것이 분명한 재난도 돌아보지 않는다. 오직 꿈만이 현실성이 있으며, 꿈을 찾는 여행에서 우리의 번영, 건강, 그리고(그렇다!) 우리의 명예까지 팽개쳐지고 만다.

10. 민주당은 아직도 정신 차리지 못했다

자, 우리는 이제껏 보수파들이 내뱉은 말을 갖고 이리저리 찔러 보며 재미있게 놀았다. 그렇지 않은가? 그들은 마음만 동하면 진실을 엿 바꿔 먹었다. 상대 진영의 상징을 훔쳤다. 동화를 갖고 경제이론 논쟁을 풀이했다. 글렌 벡 쇼를 듣다 보면 루비얀카 감옥(구소련 시절 정치범들을 가두던 모스크바의 감옥—옮긴이)에서 세뇌를 당하는 기분이 든다. 그것은 말도 안 되고, 역겹다.

하지만 이보다 더 못한 것을 알고 있는가?

아무것도 없는 것보다는 이게 낫다.

한 번 더 과거를 돌아보자. 이 대재앙의 범인들, 우리 경제를 이렇게 망쳐 놓은 장본인들은 그들이 벌인 짓으로 처벌받지 않았다. 반대로 보상을 받았다. 그들은 손목에 매를 맞고 끌려나가기는커녕, 수십억 달러와 우리의 축복을 받았다. 오늘날 그들은 보통사람은 상상도 못할 방식으로 부를 누리고 있다. 이 모든 것이 우리 정부의 배려 속에서 이루어졌으며, 관료들 스스로가 마치 불미스러운 일은 전혀 없었다는 듯 행동했다. 그들은 공적 자금이 회수될 거라고 말했으며, 전문가들은 이런 일들이 이해할 만하다고 했다.

미국의 제도에 대한 대중의 믿음을 박살내기 위해 이보다 더 멋진 시나리오를 쓸 수는 없을 것이다. 죽을힘을 다해 일해서 겨우 몇 달러를 버는 일이 무슨 소용이랴? 부정직한 금융 사기꾼들은 그렇게 쉽게 거액을 벌고 있는 판에? 규칙을 따를 필요는 무엇인가? 그 규칙이 모든 사람에게 공평하지 않은 판에? 불량배와 깡패와 부정부패한 인간들이 이 사회에서 가장 큰 보상을 받고 있는 판에?

구제금융과 불황이 함께 이루어짐으로써 잭슨적 전통을 이은 포퓰리즘이 준동하기에 최적의 조건이 되었다. 낡고 낡은 재앙의 예언자들, 부패와 권력자들을 꾸짖는 예레미야의 모습이 되살아났다.

이것은 당시의 대박 사업 기회였고, 이제껏 보았다시피 한 정치 파벌이 그 기회를 곧바로 잡아채고는 한껏 혜택을 누렸다. 그들은 불편한 지도자들을 차내고, 지배계급에 전쟁을 선포했다. 그들은 공원에 모여 확성기로 집회를 열고, 대중에게 떨쳐 일어서라고 소리쳤다.

그러나 다른 파벌, 잭슨, 브라이언, 루스벨트의 정치적 후예들인 그들은 이 문제를 다루는 데 몇 년이 걸렸다. 그들은 그 상황이 중대한 변화를 요구하고 있음을 이해하지 못하는 것 같았다. 그들은 시대의 요구에 부응하지 못했는데, 전통적으로 위기 때 쓰던 방법(규제, 개혁, 사회보장)을 쓰겠다고 밝혔음에도, 그리고 위기에 대응하는 일을 당의 존재 이유로 삼았음에도 그랬다.

플로차트 브리핑

물론 그들에게도 기회는 있었다. 2008년에 버락 오바마는 루스벨트 자신이 그랬듯 운명을 손에 쥔 사람으로 비쳐졌다. 그는 루스벨트와 비슷한 위기 상황에서 대통령 취임 선서를 했으며, 잠시 동안은 루스벨트처럼 위기 극복의 주역으로서 기대를 모았다.

7개월 뒤 오바마가 포퓰리즘적 리더십을 발휘할 기회를 놓쳤음이 분명해졌다. 그가 경제정책을 월 가의 유명한 짝패인 래리 서머스Larry Summers와 팀 게이트너에게 맡기기로 한 것은 당혹스러운 결정이었으며, AIG 사태 후에도 부시 행정부의 구제금융 정책을 밀고 나가기로 한 일 역시 사람들을 기겁하게 만들었다. 그러나 내가 보기에 민주당이 결정적으로 민심을 잃은 때는 건보개혁을 둘러싼 논란 때였다.

지난 세월 동안, 국민건강보험 문제는 자유주의자들이 다른 모든 문제에도 불구하고 노동계급 기층과 연대할 수 있던 관건이었다. 그리고 보건서비스를 민간에 맡겨온 관행은 보험업자에게 은연중 이익을 남겨주었을 뿐 아니라 환자에게 엉망인 서비스를 제공해온 점도 있었으므로, 이 논란은 대개 포퓰리즘적인 목소리를 띠었다. 국민건강보험제도 도입의 주장은 전투와 같았으며 해리 트루먼Harry Truman의 표현처럼, "소수의 특권"에 대한 "만인"의 투쟁이었다. 여기서 소수의 특권이란 주로 의사협회, AMA를 의미했으며 그들은 예상대로 국민건강보험을 "의료의 사회주의화"라고 비판했다.

2009년 오바마의 건보 전략은 트루먼의 전략을 뒤집은 것이었다. 그는 건보개혁의 오랜 반대자들, AMA, 빅파르마(약사협회), 보험회사 로비업체 등을 의사결정 기구에 끌어들이고, 냉정한 합의의 형태로 타협안을 얻어내려 했다. 모든 전문가들이 주의를 기울일 수 있을 것이다. 모든 조직과 전문분야의 '주주' 들이 고려될 것이다. 어느 누구도 입장을 무시당할 일이 없을 것이다.

그리고 "타운홀의 여름" 충돌이 벌어졌다. 건보개혁안을 내건 민주당 의원들은 자기 지역구에서 극렬하게 항의하는 주민들과 마주쳤다. 보통사람들이 '대타협'의 특사들과 마주본 자리에서 그들에게 비난을 퍼부었다. 이 타운홀 미팅에 그것을 엉망으로 만들려는 사람들이 주도면밀하게 참가한 것도 사실이지만, 그들이 일으킨 포퓰리즘의 기세는 단지 공작의 산물이라고만 할 수는 없었다. 민주당은 이익집단과 결탁하려는 듯 비쳐졌고, 이번에는 '사회주의자'다, 세금도둑이다 등을 외치는 사람들은 해리 트루먼의 '보통사람들'이었다.

워싱턴 주 브레머튼에서 개최된 어느 타운홀 미팅은 특히 기억에 남을 만했다. 티파티 회원인 켈리 캐린더는 20달러 지폐 한 장을 들고 흔들며 그녀 지역구의 민주당 의원에게 이리 와서 이 돈을 빼앗아가 보라고 외쳤다. 납세자의 돈을 가로채는 새 건보 제도의 '계약금' 조로 말이었다(타운홀 미팅에서의 건보개혁 관련 논쟁이 으레 그랬듯, 캐린더가 구체적으로 어느 계획을 두고 그랬는지는 확실하지 않다). 그녀가 그 자리에 우뚝 서서 손을 번쩍 든 채로 하원의원을 부릅뜬 눈으로 쳐다보는 장면은 신문 사진으로 영원히 남게 되었으며, 그 모습은 자유지상주의의 노마 레이Norma Rae(1979년도에 나온 동명의 영화에 등장하는 주인공으로 노동운동의 여성 투사—옮긴이)처럼 보였다.

내가 라디오에서 들은, 또 다른 타운홀 미팅의 에피소드는 성난 메릴랜드 주민들이 그 지역 상원의원을 번갈아 모욕했다는 소식이었다. 그는 당시 검토 중이던 여러 건보 프로그램을 상세하게 설명하는 연설을 할 예정이었다. 그러나 청중은 그런 것은 안중에도 없는 듯했다. 그들은 더 큰 것, 철학적인 것을 이야기하고자 했다. 자유, 폭정, 헌법 그리고 정부의 일반적인 무능 따위를.

그해 여름의 일이 자세히 생각나지 않는다면, 민주당이 해리 트루먼의 방식대로 싸움에 들어갔다고 생각할 수 있다. 크고 철학적인 이야기를 할 기회를 만끽했다고. 기존 체제가 어떻게 개인의 손에서 20달러를 빼앗아 가는지, 실패할 수밖에 없는 정부기구가 어떻게 실패하는지, 사회보험이 어떻게 자유를 침해하기보다 강화하는지 등의 이야기를 할 기회를 잡았다고.

그러나 진상은 그게 아니었다. 내가 살펴본 대부분의 타운홀 미팅에서, 주관자의 입장에 있던 민주당 정치인들은 사실 자유나 정부의 본질에 대한 논쟁에 끼어들 여지가 없었고, 심지어 상대방이 주장하는 시장경제 만능론을 반박하지도 못했다. 그런 만능론은 매번 모임마다, 전국적으로 건보개혁 반대론자들의 입에서 쏟아져 나오고 있었다.

그것은 마치 정통 자유주의 교리문답서가 금서화되고, 그런 사상들이 금지되기라도 한 듯 싶었다. 내가 들은 대로라면 대부분의 민주당 정치인들은 논쟁의 주제를 건보개혁안의 (어이없을 정도로 세세한) 세부 사항으로 되돌리려고 안간힘을 쓸 뿐이었다.

이런 실패는 계속해서 두 번째 재난으로 이어졌다. 우파의 공격에 전면 후퇴하며, 민주당은 그 전통적 동맹자의 품으로 피했다. 그들은 더 간단하고, 대중적이지만 더 정부 중심적인 생각을 고려 대상에서 제외하고는 "사적 위임"에 안주했다. 그것은 모든 국민이 민간보험 회사와 계약을 맺는 것을 필요로 했다. 이 해결책은 다른 대안보다 실행하기 힘들고, 복잡하고, 규제 항목이 많았다. 그러나 그것이 사회보험 프로그램을 만들어내지는 않기 때문에, 보다 '중도적'이기도 했다. 당연하게도 이는 민간보험 회사들을 만족시켰다.

이런 식으로, 우파가 몰아친 포퓰리즘적 공세는 조리 없는 민주당이 자신들의 계획 중 가장 포퓰리즘적인 요소를 포기하고 보다 엘리트주의적이며 정실 자본주의적인 대안을 선택하여 대중의 선택권을 줄이고 기업의 이익을 보장하는 쪽으로 전환하게 만들었다. 따라서 수십 년 동안 보통 시민 모두에게 보험체제를 마련하겠다고 추구해온 목표가 '지배계급'(곧 부흥 우파가 그렇게 부를 것이었다)의 내부 거래 이상의 것이 아니게끔 된 것이다.

건보개혁 논쟁 동안 기술적인 세부사항에만 사로잡혔던 것은 타운홀 미팅에서 수세에 몰린 국회의원들만이 아니었다. 민주당 전체가 그런 실책을 범했다. 능변가인 지도자에서 맨 아래까지, 민주당 사람들은 어째서 우리의 기존 시스템에 문제가 있으며 따라서 어째서 뭔가 다른 것을 시도해야 하는지, 그 간단한 설명을 하지 못했다. 그들은 그들 나름의 이념에 주의를 환기시키지 못했다.

이념의 공백, 그것은 오바마 행정부가 과거 자유주의 진영이 성취한 최대의 업적을 평가하는 자리에서도 나타났다. 크리스티나 로머Christina Romer가 2009년에 한 연설, "대공황에서 배운다"를 보자. 이는 오바마 행정부의 성향을 단적으로 드러냈으므로, 이미 내가 여기서 몇 번이나 언급했다. 그 연설에서 당시 경제자문위원장이던 로머는 1930년대를 낱낱이 뒤지며 오늘날의 공직자들에게 줄 교훈을 찾았다. 그러나 통화량 증대나 경기부양책 필요성 등에 대해서는, 그것을 단순한 정책 선택 문제로만 치부했다. 마치 교육받은 사람이라면 누구나 주어진 문제를 해결하기 위해 당연히 선택하게 마련인 대안이라는 듯이 말이다. 그런 통화 증대와 경기부양책 실시가 1930년대에 가능했던 것은 일반 미국인들의 정부와 경제에 대한 생각에 변화가 있었기 때문이라는 사실은 언급하지 않았다. 단지 학술문헌을 읽기만 하면 우리가 어떤 길을 가야 할지는 자연히 알게 된다는 듯이. 전문가가 우리를 이끌 것이고, 이념은 아마도 별 볼일이 없으리라는 듯이.[1]

그리고 민주당 지도자들이 월 가에서 워싱턴에 미치는 영향력은 거의 언급하지 않은 채 구제금융에 대한 공분을 무마하려고 애쓰는 동안, 그 영향력을 따져 묻는 일은 부흥 우파가 맡았다. "그들은 경기부양책을 내놓고, 적자예산을 메울 그럴듯한 방안은 제시하지 않았다." "그들은 일부 규제기관을 비판했지만, 그런 기관들을 고치기 위해 돈을 도대체 어떻게 쓸 것인지는 밝히지 않았다." 그리고 분명히 안전하지 않은 BP 석유업체가 유독 성분이 들어 있는 원유 수백만 갤런을 멕시코만에 쏟아부었을 때, "오바마 대통령은 자신이 이 문제의 책임을 따져 '누구의 엉덩이를 걷어차야 할지' 알아내기 위해서는 전문가 패널을 소집해야 한다고 언론 회견에서 말했다."[2]

민주당이 어쩌다가 이렇게 허가 묶이고 전문가를 숭배하는 종자가 되었는가는 이해하기 어렵지 않다. 로머는 전통적인 민주당식 해법으로 문제를 해결할 수 있다고 주장한다. 하지만 그런 해법의 배경이 되는 이념은 (그리고 많은 경우에 해법 자체도) 민주당에 자금을 갈수록 많이 대는 사람들에게 용납되지 않을 것이다. 대신 민주당은 이를 두 가지 방식으로 접근하려 했다. 여기서는 일반적인 자유주의적 수단을 쓰고, 저기서는 전통적인 자유주의적 언사를 조심스레 피한다. 오바마 대통령은 골드만삭스나 BP 같은 기업과 좋은 관계를 유지하려 했다. 그들이 전 세계적으로 싸질러 놓은 불을 끄려고 정신없이 돌아다니던 와중에도 말이다.

그동안 국민은 국가적인 도덕성 회복에 목말라 있었다. 사람들은 알고 싶었다. 2008년 위기는 어떻게 일어난 것인가? 어째서 정부는 경고를 미리 알아차리지 못했을까? 어려운 시기에 우리 이웃에게 우리가 져야 할 책임은? 그 대답으로 민주당은 기술적인 설명만 들려주었다. 그들은 마음으로 받아들일 수 있는 재난 설명을 국민에게 해주지 못했다. 그럴

수 있었던 쪽은 오직 우파 이상주의자들뿐이었다. 분노에 치를 떠는 국민에게, 민주당은 끈기 있게 일의 수습 과정을 자세하게 표시한 플로차트를 보여줄 따름이었다.

좋은 구제금융과 나쁜 구제금융

구제금융, 경기부양책, 건보개혁 논쟁 등의 쟁점에서 전문성에 기대는 태도는 오바마 행정부가 부자들의 힘 앞에 타협하려는 것으로 보였다. 그리고 워싱턴에서의 사고방식에 따르면, 그것은 완전히 당연한 일이었다.

그러나 모든 경우에서, 오바마 행정부는 잘못된 쪽과 손을 잡았다. 월 가의 구제금융, 오바마가 집권하기도 전에 퍼진 정치적 독약을 그는 결코 제대로 해독할 수 없었다. 당시에는 널리 알려져 있지 않았지만, 2008년의 구제금융 규모는 전에도 있었던 규모였고, 역시 그때도 정치적으로 큰 문제가 되었다. 그러나 그것은 성공한 구제금융이 되었으며, 심지어 대중적 인기까지 끌었다.

한 마디로 차이는 월 가에 있었다. 구제금융의 유독성은 정실성에 있으며, 정경유착에, 워싱턴 정가의 사람들이 투자은행에 다니는 친구들을 위해 베푼 특혜에 있었다. 반대로 건전한 구제금융은 월 가 대신 정부가 중심이 되는 것이었다. 월 가의 경제적 실책으로 피해를 본 사람들을 정부가 돕는 것이었다.

그것은 구제금융의 역사에서 아예 처음부터 얻을 수 있는 교훈이며, 후버 및 루스벨트 대통령 때 부흥금융공사Reconstruction Finance Corporation, RFC를 두어 추진한 구제금융이 그것이다. 허버트 후버 때는 구제금융 담당기관에서 전혀 인기가 없는 정책을 취했다. 오늘날과 거의 비슷한 경우다.

1932년 RFC는 월 가의 이해관계가 집중되어 있던 철도회사(오늘날의 AIG처럼!)에 대한 구제금융에 착수했다. 그리고 한 시카고의 대형 은행에 돈을 퍼부어 주었는데, 그 은행장은 바로 몇 주 전까지 RFC 이사장이었을 뿐 아니라, 캘빈 쿨리지Calvin Coolidge 대통령 시절 부통령이었다(이 어찌 정실주의가 아니겠는가!). 그리고 그러는 도중 자금이 바닥나서 공립학교 교사 월급도 못 주는 도시에는 지원을 거부했다(대체 누구를 위한 구제금융이란 말씀이십니까!).[3]

프랭클린 루스벨트의 유산은 요즘의 논쟁 과정에서 거의 언급되지 않았지만, 나쁜 구제금융이 일으킨 문제는 루스벨트의 유명한 1932년도 "잊힌 사람" 연설의 주제 중 하나였다. 그 연설에서 그는 "우리 경제 군대의 장병들"이 잊힌 가운데 후버는 수십억 달러를 "대형 은행, 철도 업체, 국영기업 등에 쏟아붓고 있다"고 비판했다.[4]

프랭클린 루스벨트의 구제금융 비판은 더 이상 구제금융을 추진하지 않겠다는 뜻이었을까? 그렇지 않았다. 대통령으로서, 루스벨트는 오히려 RFC를 확대했다. 다만 그 방침을 바꾸었다. 그가 그 이사장으로 앉힌 사람은 텍사스의 은행가인 제시 존스Jesse Jones였고, 그는 팀 게이트너와는 전혀 다른 인물이었다. 그는 반대로 대형 금융 거래를 극도로 불편해하는 전형적인 포퓰리즘적 금융가였다. 존스는 돈을 월 가에 퍼붓는 대신 그 주변에 두루 뿌렸다. 그의 RFC는 소도시 은행들에 구제금융을 주고, 수백만 달러를 농민, 공무원, 교사, 보험업자, 그 밖에 온갖 소규모 재정난에 처한 사람들에게 원조했다.[5] 그리고 그의 RFC는 요즘 우리가 보는 것에 비해 투입한 공적 자금의 회수에 훨씬 엄격했다. 존스가 불신임하는 구제금융 투입 은행의 은행장은 RFC의 권한으로 파면되었다. 존스가 필요하다고 여길 때, RFC는 새로운 은행의 설립을 도왔다. 구제금융을 받은 기업의 CEO에 대해서는 오바마 팀에서는 생각지도 못했을 정도로 엄중한 책임을 물렸다. 그 구제금융을 받은 철도업체에는 월 가의 은행에 그 돈이 들어가지 않도록 철저한 추가 조치를 취했다. 존스는 심지어 철도업체 경영진에게 뉴욕 시를 떠나라는 요구까지 했다.

가장 중요한 것은 이것이다. 제시 존스의 지휘 아래, RFC는 확고부동하게 월 가의 입김이 닿지 않는 기관으로 존립했다. 그보다 그 기관은 월 가의 지배에 대항하여 이 나라의 경제구조를 재조직하려는 그들의 경쟁자였다.[6] 존스의 RFC가 이런 일을 하는 동안, 당시의 민주당은 증권거래위원회를 통해 투자은행을 규제하고, 글래스 스티걸 법(미국에서 1933년에 제정된 법률로 정식 명칭은 1933년도 은행법이지만 제안한 의원의 명칭을 따라 글래스 스티걸 법이라고 부른다. 유가증권 인수 업무에서 상업은행을 배제하는 것을 골자로 했다—옮긴이)으로 대형 은행을 해체하고, 연방준비제도를 개혁하여 뉴욕 은행들의 힘을 억제했다. 그리고 그들은 국민에게 그들이 하는 일에 대해 되풀이해서 주지시켰다.

어쩌면 루스벨트 · 제시 존스식 접근법은 지금 세상에서는 통하지 않을지 모른다. 아무튼 최근에 나타난 구제금융 반대파 지도자들은 월 가에서 국민의 세금을 받아먹는 것과 마찬가지로 소규모 구제금융을 펼치는 일에도 반대하고 나설 것이다. 하지만 적어도 그렇게 하면 부흥 우파가 스스로를 월 가에 맞서는 유일한 세력이라고, 또는 은행과 워싱턴의 검은 유착 관계에 대응할 방법을 아는 유일한 쪽이라고 선전하는 일은 불가능해질 것이다.

그럴지 아닐지, 우리는 결코 알지 못하리라. 오바마는 대신 허버트 후버의 방식을 선택했으니까. 부실자산 구제프로그램도 여기저기의 지역 은행을 지원했지만, 근본적인 목표는 월 가가 저질러버린 치명적인 실책에서 월 가를 구해내는 데 있음을, 그리하여 그 은행들이 기운을 차리고 좋았던 옛 시절처럼 거액의 보너스를 뿌릴 수 있도록 도우려는 데 있음을 모르는 사람은 없었다.

권좌에 앉으면서 오바마는 월 가의 지배력을 되찾자는 행크 폴슨Hank Paulson의 운동과도 절연하지 못했고, 투자은행의 힘이 미국인의 삶에 미치는 영향력을 줄이려는 계획도 세우지 못했다. 대신 그는 자신이 폴슨의 전략을 따르고 있음을 보여주고자 폴슨의 짝패인 게이트너를 재무장관에 임명하는 수고까지 했고, 구제금융 정책의 핵심 인물인 벤 버냉키를 연방준비이사회의 수장에 계속 앉혔다. 그리고 그의 경제수석비서관으로 래리 서머스를 뽑았으나, 그는 클린턴 행정부에서 재무장관을 지내며 전통적인 은행 규제법을 전면적으로 뜯어고친 사람이었다. 오늘날까지도, 또 그들을 '사회주의자'라고 매도하는 목소리가 있음에도 이 오바마 정권의 경제 팀은 은행의 국가 소유 지분에 대해 합당한 권리를 행사하려 하지 않았고, 부실 운영 책임을 물어 그런 기관의 장을 교체하려는 시도도 일체 하지 않았다(하지만 그들은 제네럴모터스의 경영진을 바꾸었으며, 그 자동차 부문 구제금융을 벤처캐피털이 담당하도록 했다. 이는 현대의 민주당이 가진 세계관 속에서 제조업체가 고급 금융업체와 어떻게 해나가야 하는지에 대해 시사하는 점이 일부 있다). 그리고 정치적 반대세력이 형성된 이래 매번, 오바마 팀은 월 가의 입장을 존중하는 결정만 내려왔다. 마치 정치적 반대가 그쪽에서 나와서 그쪽을 무마시킬 필요가 있다는 듯이.

워싱턴 정가의 기준으로는, 오바마 행정부는 아주 제대로 잘하고 있다. 부실자산 구제프로그램에 찬성하고 부시 행정부의 구제금융 정책을 계속하기로 결정한 것은 정치적 성숙함의 표시이며, 민주당이 제휴할 만하고, 어려운 결정을 내릴 수 있으며, 쓴 약을 삼킬 배짱이 있고, 성인답

게 책임을 질 줄 알며, 권력자의 방식대로 움직일 깜냥이 있음을 만천하에 밝힌 것이라 평가된다. 어떤 경우든, 이런 사고에서는 모든 정치전쟁은 '중앙'을 확보하기 위한 전쟁이다. 민주당은 '좌측'의 정당이므로, 그들의 비판자들은 민주당의 '우측'으로의 움직임을 반길 것이다. 그것이 바로 오바마가 자신을 급진적이라고 겁내는 사람들을 달래기 위해 취한 행동의 근거다. 그래서 그는 재계(즉 월 가)에 양보를 하고, 경제 프로그램을 진행하며 위협적이지 않은 성향을 과시해야 했다.

이런 전략의 경제적 문제점은 이미 잘 드러나 있다. 이는 또한 대통령의 냉철한 정치 자문역들은 아마 생각지도 못했을 선거 참패로 이어질 수도 있다. 어쨌든 월 가에 충실한 덕에 빌 클린턴은 승리만을 챙겼다. 시장의 법칙대로 따르라는 것은 1990년대의 좋은 전략이었으며, 보수적 경제사상의 명백한 진실성을 정치 차원에서 수용하는 것으로 여겨졌다. 그리고 워싱턴의 민주당원들은 클린턴 시대를 황금시대로 여겼다.

그러나 어려운 시기가 찾아오면서 이런 모든 생각은 플로피디스크처럼 케케묵은 것이 되어버렸다. 민주당은 아마 그 사실을 몰랐던 것 같지만, 대불황은 모든 기준점을 바꿔버렸다. 1990년대에 통했던 것은 아무것도 통하지 않게 되었다. 이제는 더 이상 '좌파' 대 '우파'의 구도가 아니었다. 특수 이익 대 보통 이익의 구도였다. 이야말로 클린턴 2기가 아니라 프랭클린 루스벨트 2기라 부를 만한 시대였다.

우파는 이를 즉각적으로 알아차렸고, 그것은 그 진영의 많은 정치운동과 사상과 선언서에서 입증된다. 국가는 철학적 지침을 필요로 했고, 우파는 그것을 제공했다. 보수주의자들은 불황으로 넋이 나간 사람들을 대변한다고 큰소리쳤고, 내가 이 책에서 보여주고자 했듯, 전통적인 위기 시의 저항운동이 취했던 색깔과 상징을 채택했다. 분명 2011년 4월은

《내셔널리뷰》에서 「대기업의 여명」을 쓴 사람인 폴 라이언 하원의원을 프랭클린 루스벨트로 묘사할 만했다. 2008년에는 《타임》에서 오바마를 똑같은 이미지로 묘사했다.

그러나 세상이 바뀌었음을 워싱턴의 민주당 사람들이 깨닫는 데에는 몇 년이 걸렸다. 가령 2010년의 '완패' 후, 오바마 대통령의 대응은 전직 투자 은행가이며 클린턴의 경제정책을 되풀이할 줄만 알던 람 이매뉴얼Rahm Emanuel을 사임시키고 빌 데일리Bill Daley로 대신한 것이었다. 그 역시 클린턴주의자였으며 전직 투자 은행가였다. 대통령이 이런 인사를 했을 때 누구의 눈치를 보았던 것일까? 아마 독자의 짐작도 내 짐작과 같을 것이다.

가장 한심한 상황은 2011년 여름에 부채 상한선 논쟁이 벌어질 때였다. 새로 구성된 하원 내 공화당은 자신들의 요구를 들어주지 않으면 국채 지불의무 불이행 선언을 하겠다고 엄포를 놓았다. 공화당 의원들은 그들의 매뉴얼대로 움직였다. 더욱 오른쪽으로 갈 것, 가까운 장래에 '일어나리라 예측하는 체하는' 재난을 '만들' 것. 그리고 오바마는 자신의 매뉴얼을 따랐다. 몇 달 전부터 협상 조건에 몰두해 있던 그는 이제 이른바 광폭정치의 일환으로 '대타협'을 하고자 공화당의 요구에 응하겠다고 선언했다. 그는 사회보장과 메디케어 축소를 받아들였다. 두 가지 모두 민주당의 가장 자랑스러운 업적들이었는데, 오바마는 그 축소가 불가피하다 보았으며 경제위기에 휘청거리는 국민을 내핍 생활로 이끌 경제정책을 추진하라는 공화당의 요청을 수락했다.

때때로 나는 워싱턴의 민주당 사람들의 행동을 보며 제1차 세계대전 당시 어이없을 정도로 무능했던 영국 일반참모부를 떠올린다. 당시 그들은 대규모 공격 지시만 되풀이해서 내렸고, 그 결과 그들의 군대가 전멸을 되풀이하는 모습만 보았다. 그래도 그들은 방향을 바꾸지 않았고, 똑같은 일을 반복하며, 신사적인 전쟁방식을 고집한 나머지 약게 굴지 않았다. 그리고 언제나 상대방이 20세기적인 잔인한 전쟁방식으로 덤벼 왔을 때 혼비백산하곤 했다.

워싱턴의 민주당 사람들이 짜는 전략을 보고 있으면 그것과 똑같은 맹목성과 틀에 박힌 사고를 보게 된다. 그들 중 아무도 구제금융을 다른 방식으로 쓸 수도 있다거나, 공화당이 부채 상한선 노선을 관철하지 않을지도 모른다는 생각을 하지 못했다. 그들은 클린턴이 했던 그대로 했다. 그리고 그것이 실패하자 혼비백산했다. 그러고는 똑같은 방식으로 또 했다. 워싱턴의 민주당원들이 다른 전술의 가능성을 인지하는 걸 기다리느니, 그들이 조지타운을 버리고 볼티모어의 불타버린 본부로 대거 옮기기를 기다리는 게 빠르다. 대신 그들은 자신들의 자유주의적 비판자들을 비현실적인 몽상가로 멸시하고(람 이매뉴얼의 "빌어먹을 저능아 새끼들"이라는 표현은 유명하다) 클린턴이 성공했던 방식을 또 시도한다. 그리고 또 실패한다.

오바마와 그 동료들이 원하기만 한다면 부흥 우파의 전진을 막을 방법을 생각하는 건 그리 어렵지 않다. 가장 명확한 것부터 시작하면, 오바마와 그의 동료들은 월 가에 대한 국민적 분노를 대변하는 데 앞장서야 하며, 자신들을 대중이 혐오해 마지않는 정실 자본주의의 대표자처럼 보이지 않게 행동해야 한다. 대형 은행을 파산시키겠다고 약속하거나 반트러스트 규제를 부활시키기로 하여 중소기업의 분노를 잠재울 수 있다. 또한 티파티가 NAFTA를 혐오하며, 따라서 뜻을 같이하는 사람들을 모으기 쉽다는 잘 알려진 사실에 근거해 또 다른 전술을 세울 수 있다. 이쯤에서 이 나라의 파멸적인 자유무역협정을 재검토하겠다고 선언하는 게 왜 안 되는가? 또 있다. 누구나 알다시피, 신생 우파는 자유주의 경제가 자동적으로 기초적 자유를 침식할 거라는 공포를 놀랄 만큼 성공적으로 퍼뜨리고 있다. 왜 이처럼 어리석은 생각이 퍼지는 것을 차단하지 않고 내버려두기만 하는가? 부시 행정부의 국내 도청 프로그램을 집어치워라. 월 가에 규제를 다시 도입하고, 또한 애국자법의 폐기를 추진하라.

아마도 민주당이 그런 일을 못하는 한 가지 이유는 신흥 우파의 광태에만 초점을 맞추는 게 그들의 생각의 주요 배경까지 캐는 일보다 쉽기 때문일 것이다. 티파티 지도자들은 대단히 요란하며, 그들의 저항 구호는 아주 유치하다. 그러므로 그들과 맞서기보다 무시해버리는 게 낫다고 생각할 만하다. 그리고 티파티의 역사 가운데 편집증적 · 인종차별적 순간들만 잡아내서 집중 공격하고[7] 보다 중대한 자유시장경제 관련 주장은 그들의 진짜 생각(신정정치적인 백인우월주의 같은 것)을 위장하려는 수단으로 치부하거나 그냥 무시해버리는 게 낫다고 여기게 된다.

불행히도 그들은 신정정치적 백인우월주의 같은 것으로 움직이는 게 아니다. 오늘날의 세계를 위협하는 것은 무슨 돌아온 큐 클럭스 클랜(19세기 말에서 20세기 초까지 주로 미국 남부에서 활동했던 백인우월주의 비밀결사. KKK단으로도 불렸으며 흑인을 집단 린치하고 살해하는 등의 과격한 행동을 일삼았다—옮긴이) 같은 것이 아니며, 경제 통합의 붕괴다. 은행의 사기, 구제금융, 거액의 보너스 놀음, BP. 이것들은 2010년을 달군 쟁점이었으며, 민주당은 이를 방치해 두었다. 대신 그들은 광란자들을 막을 거대한 마지노선을 구축해놓고는 거기 앉아 기다리기만 했다. 그 사이에 공격은 전혀 다른 방향에서 들이닥쳤다.

일시적으로만 훌륭한 사람들

이런 실책들은 오바마 대통령에게만 책임이 있지 않다. 그의 냉정한 성품과 학문적 배경이 다소 문제이지만 말이다. 문제점은 그가 이끌고 있는 당과, 그에게 투표했으나 점점 다른 목소리를 내는 유권자들에게도 있다. 아무튼 버락 오바마는 이념의 영향력이 지배적일 때 '유능함'을 대답으로 삼은 최초의 민주당 정치인이 아니다. 1988년의 마이클 듀카키스Michael Dukakis도 그랬다. 그리고 오바마 대통령은 2009년에 쩔쩔매면서 세부사항에만 골몰하던 타운홀 미팅 때의 불쌍한 민주당 정치인들에 비해 보면, 스스로 건보개혁을 설명할 때 마치 데모스테네스Demosthenes(기원전 384~322. 고대 그리스의 정치가. 웅변술이 뛰어났으며 알렉산드로스에 대항해 그리스 폴리스들의 단합을 이뤄냈다. 능변가의 대명사다—옮긴이)처럼 보였다.

문제는 그보다 더 심각한 데 있다. 그것은 민주당의 가장 확실한 지지자층이 큰 변화를 겪은 데서 비롯된다. 새로운 민주당의 지지층을 버락 오바마보다 잘 설명한 예는 없다. "나는 갈수록 능력 있는 사람들과 시간을 많이 보내는 자신을 발견하고 있었다. 그들은 로펌 간부들, 투자은행가들, 헤지펀드 매니저들, 벤처캐피털리스트들 등이었다." 이 장래의 대통령이 그가 2006년에 낸 『담대한 희망』에서 옛일을 회상하며 한 말이다.

> 대체로 그들은 명민하고 재미있는 사람들이었다. 공공정책에 지식이 많았고, 자유주의적인 정치 성향을 가졌으며, 그들이 내는 정치헌금의 대가로 단지 그들의 의견을 들어주기만을 바랐다. 그러나 그들은 거의 하나같이 그들의 계층이 갖는 관점을 대변했다. 소득 규모가 최고 1퍼센트 내외에 속

하는 그들은 정치 지망생에게 2천 달러 수표를 써줄 능력이 있었다. 그들은 자유시장경제와 수월성 위주의 교육을 신봉했다. 그들은 높은 SAT 점수가 치유하지 못할 사회적 병폐가 있다고는 상상하지 못했다. 그들은 보호무역주의나 노동조합의 소요를 전혀 참지 못했으며, 국제자본 덕분에 생계를 이어가는 사람들에게 특히 동정적이었다. 대부분 대담하게도 낙태에 찬성하고 총기 소지에 반대했으며, 독실한 종교적 감정에 대해서는 대체로 탐탁치 않게 여겼다.[8]

"나는 펀드레이징 사업을 벌인 결과 내가 만난 부유한 기부자들을 좋아하게 된 나 자신을 발견했다." 오바마는 몇 문단 뒤에 이렇게 고백하였다.[9] 분명 그는 그랬다. 그리고 그의 당도 마찬가지였다. 현대의 민주당은 루스벨트나 트루먼처럼 행동하지 않는다. 그들의 눈은 그들이 믿는 대상, 오바마의 표현을 빌면 '자유시장경제'에 꽂혀 있으며, 그것은 티파티에 결코 뒤지지 않는 열성을 띤 관심이기 때문이다. 반면 계급적 시각은 이 새로운 민주당의 경향을 이상한 것으로, 참을 수 없는 것으로 여긴다. 하지만 이 정당의 사상을 주도하는 사람들은 민주당을 계몽적 전문인의 전위대로, 또 순수한 세계화의 성전이라고 생각하기를 즐긴다.

포퓰리즘에서 물러섬으로써, 민주당은 지난 수십 년 동안 지지기반을 넓힐 기회를 체계적으로 축소시켜왔다. 가령 그들은 전에 가장 친밀한 사이였던 노동계 인사들과의 인연을 재계의 눈치 때문에 잘라버렸다. 어쨌든 이것은 으레 있는 실수라고 할 수 없다. 노동계는 시장 포퓰리즘 신앙에 맞설 수 있는 최후의 제도적 세력 중 하나이기 때문이다. 그들이 2009년에도 민주당을 위해 강력한 목소리를 냈다면, 상황은 매우 달라졌을 것이다. 하지만 오바마와 그의 동료들은 민간경제부문의 노조 소속

노동자 수가 20세기 때에 비해 크게 줄어든 점 때문에 그들을 중시하지 않았다. 그 행동의 어리석음을 민주당이 과연 몰랐을까 생각할 수 있다. 그들은 그들 스스로의 풀뿌리 사회운동 역량을 스스로 쳐냈으며, 그들 스스로의 이념을 침묵하게 했다. 이 전략 덕분에, 미국의 많은 지역에서 자유주의가 뿌리뽑혔고, 그런 곳에서는 억만장자들을 불쌍히 여겨야 한다는 엘 러시보의 지혜에 맞설 담론을 찾아볼 수 없었다.

반면 불황의 심각함은 새로운, 능력 있는 민주당원들에게 직접적인 영향을 미치지 않은 것처럼 보인다. 물론 그들은 안 좋은 일이 일어났음을 알고 있다. 고통받는 사람들을 고려한다는 뜻을 밝히고, 그들을 돕겠다고 약속하기도 한다. 그러나 불황이 얼마나 무시무시한지를 개인적으로 느끼고 있지는 않다. 그것은 그들의 근본 가치를 뒤흔든 사건이 아니라 다만 자선을 베풀 기회였을 뿐이다.

아, 그러나 모든 이가 전문가의 말에 귀를 기울이고 그대로 착실하게 따르는 사회, 그것은 신민주당이 예배를 드리듯 믿는 유토피아일 뿐이다. 그들은 양당제와 중립적인 국가, 합리적인 합의 도출이 이루어지는 사회를 꿈꾼다. 그런 사회는 문화전쟁이 사라진 가운데, 누구나 자유무역과 지식산업의 가호 아래 SAT 점수를 올릴 수 있는 사회다(오늘날 두 정당의 차이를 보여주는 요소들 중 하나는 '타협'에 대한 그들의 태도에 있다. 2010년 말에 실시된 조사에서, 공화당 지지자들은 평균적으로 "정치지도자들은 설령 성과가 적다 해도 그 신념을 관철하는 것이 중요하다"는 데 찬성했다. 반면 민주당 지지자들은 "정치지도자들은 성과를 얻기 위해 타협하는 것이 더 중요하다"고 대답했다. 더 자세한 내용은 http://gallup.com/poll/144359/Democrats-Republicans-Differ-Views-Compromise.aspx).

굳이 우리 사회의 가장 뛰어난 정치비평가에게 물어보지 않아도, 그와는 다른 답을 얻을 수 있다. 가령 2010년도 선거가 치러지기 며칠 전, 통찰력 있고 때로는 공격적 태도를 보이는 코미디언인 존 스튜어트John Stewart는 여러 티파티 행진과 글렌 벡 주최 집회에 자기 나름의 저항을 선보임으로써 대답했다. 그가 "제정신 차리기 대회"라 부르고, "백만 중도파 행진"이라고도 불린 집회였다. 워싱턴의 내셔널몰에 운집한 수십만 명의 군중은 "나는 합리주의를 지지한다I'm with Reasonable"는 문구가 적힌 티셔츠를 사고, 정치적 견해 차이를 벗어나 모든 보통 미국인들은 이웃사람과 연대해야 한다는 스튜어트의 연설에 귀를 기울였다.

이제 뭔가 고귀한, 심지어 대공황기의 정서를 담은 '보통사람이여, 일어나라'는 메시지가 스튜어트에게서 나왔으며, 나는 그 상황에서 그가 한 말에 많이 공감한다. 그러나 어이없는 기업의 사기로 엉망이 된 나라를 바라보며 담합이 우리를 괴롭히고 합리성이 그것을 다스린다고 선언하는 것 이상이 필요하다. 민주당 중앙당 사람들처럼, 스튜어트는 과정과 전문성, 그리고 표면적인 양식良識에 중점을 두었다. 그러나 진짜 드라마는 다른 곳에서 벌어지고 있다. 바로 높아지는 실업률, 그리고 아직도 사라지지 않은 구제금융의 충격이다. 보수파들은 1970년대부터의 고유 전략을 따른 결과 지금 미국이 빠진 난국에 빠지지 않은 상태다. 바로 "불만을 조직화하라"는 전략. 그리고 이 점에서 워싱턴 내셔널몰의 자유주의자들은 시민성을 조직화함으로써 이 시대를 구하려 하였다.

결론: 약한 놈을 짓밟아라

1944년 헝가리의 역사학자 칼 폴라니Karl Polanyi는 '자율적 시장'이란 '유토피아'일 뿐이라는 주장을 제기했다. 또한 그는 이론가와 몽상가들이 그런 유토피아를 실현시키려 할 때 어떤 일이 생기는지도 언급했다. 그는 유명해진 단락에서 이렇게 썼다. "시장 메커니즘을 인간의 운명과 그 자연환경을 좌우하는 유일한 기준으로 삼는다면 인류사회가 멸망할 것이다."

> 문화 제도의 보호가 없어진다면, 인간은 사회에 그대로 노출되는 결과 절멸하고 말 것이다. 악덕, 부패, 범죄, 궁핍으로 사회가 철저하게 해체되고, 인간은 사멸할 것이다. 자연은 그 요소 단위로 해체될 것이고, 지역사회와 주변 환경이 오염되고, 강물이 더러워지고, 군사적 안보는 위태로워지고, 식량과 자원을 생산하는 능력은 상실된다.[1]

대공황의 경험은 사람들이 맹목적으로 추구하던 자유시장의 꿈에서 벗어나게 했나. 사회는 주기적으로, 또한 본능적으로 시장의 약탈에서 스스로를 지키려 해왔다고 폴라니는 썼다. 그리고 수십 년 동안, 세계적으로 그런 패턴은 자연스러웠다. 새로운 경제위기가 올 것이다. 그리고 새로운 뉴딜이 있을 것이다.

그러나 지금 우리는 새로운 패턴을 보고 있다. 시장이 바로 폴라니가 묘사한 그대로 미국사회를 유린한 다음(폴라니도 그 누구도 예상하지 못했던 덤까지 붙여서), 사회는 또다시 유린될 처지에 놓여 있다. 그 가장 영향력 있는 저항운동은 미국이 운동화 끈을 묶고 다시 출발선에 서라고, 그리고 전에 없이 열심히 시장 유토피아를 향해 달리라고 주문한다. 말하자면 약자를 돌보기보다 '짓밟아라' 라고 하는 것이다.[2]

금융자본은 또 다른 프랭클린 루스벨트가 나타나지 않을 것을, 금융계를 두들겨 팰 사리사욕 없는 경찰이 또 나타나지 않을 것을, 한때 은행업이 따분하지만 안전하도록 만들었던 제도가 되살아나지 않을 것을 알고 있다. 그들은 우리를 두려워할 까닭이 전혀 없다. 그리고 그들 마음 내키는 대로 할 것이다. 이것이야말로 대불황 시대의 진정한 비극이다.

그리고 우리가 계속 이런 식으로 간다면, 어떤 일이 일어날지는 뻔하고 뻔하다. 투자금융은 결국 기사회생할 것이고, 다시 한 번 우리에서 풀려난 코끼리처럼 날뛰기 시작할 것이다. 규제의 힘이 약해짐에 따라 금융사기는 당연히 늘어나며, 그 규모도 수익성도 점점 커질 것이다. 엔론보다 서브프라임의 규모가 컸고, 엔론은 1980년대의 금융 비리보다 컸듯이 말이다. 생존 가능한 독점전략을 갖지 않은 사람들은 누구나 많은 것을 예상해야 한다. 2009년에 많은 애국자들의 눈물을 짜냈던 보험업의 경우, 가격을 일방적으로 정할 수 있는 힘을 유지할 것이며, 많은 미국인들이 메디케어를 내던지고 재벌들의 품에 안주하기를 바란다는 사실에 흡족해할 것이다. 소프트웨어 산업의 과대망상적 구도도 마찬가지다. 석유왕들, 군수업체들 역시 마찬가지다. 이 땅은 확고부동하게 그들의 땅이다.

그러나 우리가 가장 우려해야 할 시나리오는 새로운, 더욱 이념적으로 힘을 모은 우파가 정부의 나머지 부분에 손을 댈 때 무슨 일이 일어날까 하는 것이다. 그들은 그들의 선배들과 마찬가지로 대개 늙고 덜 떨어진 작자들이지만, 이제는 그들의 사보타지에 한껏 뽐내며 정면으로 들이대는 뻔뻔스러움까지 갖췄다. 우리는 그들이 2010년에 하원을 다시 정복했을 때 그들의 비전을 알아볼 수 있었다. 그들은 자신들이 경제난에 분노한 국민을 대표한다고 했으며, 선거가 끝나기 무섭게 월 가의 금융사기를 막기 위한 규제기관인 증권거래위원회를 없애버렸다. 그들은 오바마 행정부의 보기 드문 대규모 포퓰리즘 개혁으로 신설된 소비자보호국에 집중포화를 퍼부었으며, 독특한 방식으로 그 신생 기구의 발목을 잡거나 예산을 확보하지 못하게 했다. 그리고 2011년의 부채 한도 논쟁에서 그들은 언제나 우리가 그걸 당해도 싸다고 했던, 전체 시스템의 탈선을 실현 직전까지 몰고 갔다.

세상에서 가장 복잡한 경제를 운영하는 정부가 중소기업 경영하듯 하게 된다고 하자. 정부지출과 정부규제를 크게 줄인다고 하자. 그 결과를 감히 예상할 수 있을까? 그들이 이미 골병이 든 경제에서 연방정부의 지출을 거둬들인다면 국민은 어떤 절망의 나락으로 떨어질 것인가? 월 가에서 벌이는 사기의 잔치마당이 곧바로 난장으로 바뀐다면?

그러나 그것이 우리의 숙명이 될 것이다. 이 나라가 아래로, 아래로 기어내려가 유토피아라는 이름의 불지옥이 내뿜는 유황 가스 속에 파묻힐 때쯤까지, 시장만능 사상은 계속 이어질 것이다. 오래지 않아 그들은 한때 아무런 논란거리도 되지 않았던 국가의 팔다리를 당장 잘라내야만 한다고 생각할 것이다. 가까운 미래의 어떤 개인 날, 그들은 가령 미국연방예금보험공사란 다른 이름의 구제금융일 뿐이라는 생각을 떠올릴 것이다. 길거리를 떠도는 게으른 인간들이 주택시장이 붕괴했을 때와 마찬가지로 은행이 망하면 한 푼도 돈을 돌려받지 못해야만 한다고 믿을 것이다. 그들은 또 자문할 것이다. 주간(州間) 고속도로나 국립공원은 어떤가? 기생충들이 자기 몫을 내지 않아도 되게 하는 사악한 국가보조금 덩어리가 아니던가? 재해 원조라는 게 뭔가, 태풍 속에서 스스로의 힘으로 설 수 없는 패배자들에게 힘을 실어주는 게 아닌가? 그리고 수십 년 동안 공립학교는 저속한 세속화의 도구라는 뜻에서 공격을 당해왔지만 이번에는 가난한 집 아이들이 무임승차를 하고 있다는 점이 국가지도자들로 하여금 가장 골머리를 썩는 요인이 될 것이다.

물론 사회안전망은 어느 무엇보다도 먼저 쓰레기통으로 들어가야 할 제도다. 약한 자를 돕는 일은 정의에 근본적으로 어긋난다는 게 그들의 신념이니 말이다. 어째서 사회가 책임 능력도 없으면서 크루거란드(남아프리카공화국의 금화인데 액면가가 표시되어 있지 않아 실제 화폐로 유통되기보다 동전수집가들의 수집 대상으로 주로 쓰인다—옮긴이)나 모으는 퇴직자들의 뒤를 봐줘야 하는가? 나이 든 세대는 운명과 마주칠 준비를 해야 한다. 그들이 영웅시하는 프랭클린 루스벨트의 말처럼 말이다. 그리고 곧 미국에서 계급전쟁을 벌이는 포퓰리스트들, 게을러터진 부랑자들과 늙은 기생충들은 자신들의 운명과 마주치리라. 말하자면, 인적자원 담당 공무원의 인솔에 따라 지역의 박스형 대형상점에서 물건 나르는 일이나 하며 연명하게 되리라.

물론 오늘날 언론의 사설에서 설레발치는 모든 문제들은 더욱 악화될 게 뻔하다. 불평등, 지구온난화, 금융 버블. 그러나 미국은 멈추지 않을 것이다. 생시보다 더욱 생생한 꿈을 좇아, 만인이 만인에 대항해 싸우는 그곳, 그들만의 낙원으로 더욱 빠르게.

감사의 말

이 책을 쓰기 시작할 때 굳이 지리적인 면을 고려하지는 않았다. 하지만 돌이켜보니, 이 책에 쓴 많은 에피소드가 워싱턴 주에서 일어난 일들이고, 등장시킨 인물도 태평양 연안 북서부 출신들이 많아서 스스로도 놀랐다. 그런 우연은 뭐라고 설명할 수가 없지만, 이 책의 아이디어가 처음 떠올랐던 때가 2009년 여름, 워싱턴의 112번 도로를 따라 케이프플래터리까지 차를 몰고 가던 영원과도 같이 지루한 시간이었음을 생각하면 그럴 만도 하다. 그 드라이브 도중에 나는 라디오로 어딘가에서 열린 타운홀 미팅이 정체가 의심스러운 지지집단에 의해 난도질되는 상황을 청취할 수 있었다. 그리고 나중에 포트타운센드의 낡은 공립도서관에서 이 책의 대부분을 썼는데 그곳은 1932년의 분위기가 쉽게 떠오르는 곳이다.

이 책에 합쳐진 몇몇 단락은 본래 《월스트리트저널》에 쓴 칼럼이었으며, 그 글들을 이 책에 옮겨 낼 수 있게 도와준 그곳 편집팀에 깊은 감사를 드린다. 《하퍼스》 편집진에게도 똑같은 감사를 드려야 하는데, 그들도 처음에 그 잡지에 실렸던 내 글들을 책에 옮기는 데 협조했을 뿐 아니라 힘들 때마다 이 책에 몰두한다는 명목으로 연재를 쉴 수 있도록 배려해 주었다. 또한 《플레이보이》의 리 프릴리히에게도 감사한다. 그는 글렌 벡에 대해 내 주의를 처음 환기시켜준 사람이다.

어쨌든 머리를 죽어라고 복잡하게 만드는 데는 최고인 여러 경제 쟁점들을 놓고 씨름하는 일에서, 빌 블랙과 제이미 갤브레이스의 도움이 컸다. 모우 타식 역시 그런 도움을 주었으며, 킴 필립스페인도 마찬가지였다. 나의 집필보조원인 애니 스웽크는 인터넷 검색의 여신으로서 위엄을 발휘했다. 크리스 레만은 귀중한 편집 관련 조언을 주었고, 데이비드 멀케이히와 짐 맥닐도 그랬다. 학계에 있는 제이컵 해커와 세임스 올슨은 여러 특수 문제들을 헤쳐나갈 지침을 마련해주었다. 데이비드 시로타는 내가 덴버에 가서 그곳 사람들의 반응을 직접 취재하려고 했을 때 묵을 곳을 제공했다. 알렉산더 켈리는 중요한 국면에서 중요한 연구 결과를 들고 나타나 주었다. 그리고 비록 그 중에 내가 직접 만나본 사람은 하나도 없지만, 《미디어매터스포아메리카》에 쌓여 있는 우익 인사들의 발언에서 글의 실마리를 잡은 일이 몇 번인지 모른다.

우리 마나님이신 웬디 에델버그는 내가 한 해를 꽉 채우는 기간 내내 고약하기로 소문난 집필 방식대로 살아가는 꼴을 참아주고 도와주었다는 점에서 최고의 감사를 받을 만하다. 조 스필러는 그 멋진 글솜씨로 내 부족한 글솜씨를 보강해주었으며, 새러 버첼과 그녀의 동료인 리바 호셔먼은 다시 한 번 자신들이 업계 최고의 편집자들임을 증명해 보였다. 그들 없이 이 책을 어찌 내놓을 수 있었겠는가. 약속하건대 언젠가는 꼭 더 그럴듯한 감사의 글을 쓰려고 한다. 그래야만 이 형편없는 글쟁이가 드려야 할 감사를 듣지 못하는 분이 한 분도 없게 될 것이다.

옮긴이의 말

어떤 나라가 있다. 그 나라는 불과 얼마 전에 큰 재앙을 겪었다. 투기가 투기를 낳으며 한껏 커진 버블이 터지려고 움찔움찔거리는데, 경제관료, 대기업, 언론 등은 하나같이 "괜찮다"고만 했다. 기어코 무시무시한 경제난이 온 나라를 휩쓸었고, 수없이 많은 서민이 회사에서 잘리거나, 길바닥에 나앉거나, 목을 매었다.

보통 이런 재난이 오면 그 책임자들, 권력을 누리며 흥청댔던 사람들은 혹독한 비난과 징벌을 받을 것이다. 그리고 당분간 옛날의 영화는 꿈도 못 꾸면서 손가락이나 빨고 있게 될 것이다. 그게 상식이다. 그러나 이 나라에서는 웬걸, 일이 거꾸로 돌아갔다. 경제난의 주범인 기업과 금융기관은 막대한 정부 구제금융을 받았고, 그 구제금융을 마련하기 위해 혈세를 바쳐야 했던 서민들은 '다 팔자 소관'이라는 식으로 아무런 구제를 받지 못했다. 재난 이전이나 이후나 가진 자들은 여전히 가지고 있었고, 도리어 그 위기를 이용해 지배력을 강화했다. 그럼 달라진 게 없었느냐고? 확실히 달라졌다! 서민들은 이제 전보다 훨씬 팍팍해진 삶에 허덕이며, 미래에 대한 희망을 줄여야 한다. 그리고 그놈의 기업에 취직하고 그놈의 금융기관의 대출을 받기 위해, 전보다 더 굽실거려야만 한다.

이쯤 되면 분노한 대중의 손으로 준엄한 심판이 내려져야 하지 않겠는가? 적어도 그 나라는 민주공화국이라고, 권력은 국민에게서 나온다고 헌법에 명시되어 있으니 말이다. 하지만 그 역시 '웬걸' 이었다! 지나친 자유방임주의와 시장만능주의를 고집하고, 게다가 악질적인 부패와 무능까지 곁들임으로써 파국을 몰고 왔던 정치세력은 잠시 주춤하나 했더니만, '국민의 선택' 에 따라 멋지게 승리했다. 정치권에서 그 세력이 차지하던 비중은 위기 이전보다 도리어 크게 늘어났다. 어떻게 그럴 수가? 여러 이유가 있을 테지만, 그 정치세력이 약빠르게 스스로를 '약자', '희생자', '진정 국가와 국민을 생각하는 사람들' 로 이미지메이킹하고, 반대편 정치세력과 지식인 집단이야말로 음흉한 권력자들이라고, 경제위기의 주범이라고, 심지어 저 말도 안 되는 구제금융도 그들의 소행이며, 그들은 장차 이 나라를 통째로 '빨갱이 세상' 으로 만들어버릴 음모를 꾸민다고 요란하게 선동했기 때문이다. 이에 대해 약빠르기는커녕 답답하게 대응하고, 스스로의 장점과 핵심 정책대안들도 상대방에게 빼앗겨버리고, 조용한 다수에게 믿음을 주지 못했던 반대편 정치세력은 뼈아픈 패배를 겪어야 했다.

어디서 많이 본 나라 이야기 같지 않은가? 혹시 대한민국? 에이, 그럴 리가 있나. 기분 탓이겠지! 2000년대 말에 서브프라임 사태로 표현되는 무서운 경제난을 겪었으나, 신자유주의의 위세는 오히려 전보다 기승을 부리고 있고, 보수파와 공화당도 각종 선거에서 오히려 전보다 약진하는 모습을 나타내는 미국이 이 책에서 다루는 나라다.

저자는 어떻게 그렇게 영영 나가떨어질 줄 알았던 우파가 그처럼 기세등등해질 수 있었는지 하나하나 짚어가며 분석한다. 이상주의적 포퓰리즘 노선 채택, 3류 언론과 대중문화의 최대한 활용, 독립전쟁 때의 역사나 대공황 시대의 기억을 편의적으로 왜곡해 이용하기, 좌파를 비난하면서 좌파의 수법을 흉내내 쓰기, 자신들이 가진 특권은 감추고 상대방의 능력은 특권이라고 오도하기……. 읽다 보면 진절머리가 날 정도로 이 책의 페이지마다 끝없이 쏟아져나오는 전술과 수작들은 다양하다. 하지만 교묘하지는 않으며, 오히려 엉성하고 저질스럽다(가령 히틀러의 나치당 이념의 정식 명칭이 '국가사회주의'였다는 사실을 빌미로, "나치즘=국가 '사회주의', 그러므로 사회주의=나치즘"이라면서 좌파를 히틀러 같은 악의 무리로 몰아붙이는 얼척없음을 보라!). 그러나 그런 저질스러움이 많은 선량한 대중의 마음을, 그리고 표를 움직였다. 그러기에 슬프고, 또한 무섭다.

그 무서움은 장차 얼마나 커질지 모른다고, 서브프라임보다도 대공황보다도 더 큰 재앙이, 그야말로 미국과 세계를 끝장내고야 말 아마겟돈이 초래될지 모른다고, 이 책의 저자는 저질스러운 꼼수와 속 들여다보이는 징징거림에 혀를 끌끌 찬 다음 급정색하며 경고한다. 그가 마지막에 인용한 말은 칼 폴라니가 시장만능주의의 폐해를 두고 남긴 말이다. "시장 메커니즘을 인간의 운명과 그 자연환경을 좌우하는 유일한 기준으로 삼는다면 인류사회가 멸망할 것이다. …… 악덕, 부패, 범죄, 궁핍으로 사회가 철저하게 해체되고, 인간은 사멸할 것이다. 자연은 그 요소 단위로 해체될 것이고, 지역사회와 주변 환경이 오염되고, 강물이 더러워지고, 군사적 안보는 위태로워지고, 식량과 자원을 생산하는 능력은 상실된다." 신흥 우파는 좌파를 승리의 권좌에서 끌어내리기 위해, 아니 자신들의 기득권을 단단히 쥐고 놓지 않기 위해, '좌-우'의 정치구도를 '상-하'의 정치구도로 변조해버렸다. 그리하여 영국의 식민지배에 자유와 존엄을 지키고자 싸웠던 이 나라의 건국이상, 소수의 기득권 카르텔의 농간으로 다수의 서민이 암흑기를 보내야 했던 대공황기의 악몽을 소환하면서 "여기서 서민 대중을 압제하는 사악한 권력자들은 다름 아닌 좌파-민주당이다. 저들은 테크노크라트의 오만과 빨갱이 이데올로기를 가지고 개인의 자유를 빼앗아 모든 것을 국가권력에 종속시키려 하고 있다"라고 참으로 저질적으로 그럴싸한 음모론을 대중에게 내쏘았다. 그리고 적지 않은 성과를 거두었다. 그러므로 그들이 결국 완전 집권에 성공하여 대안 세력을 영구 추방해버린다면, 우파뿐인 정치-경제-사회 체제는 신자유주의의 유토피아를 향해 미친 듯이 달려갈 것이 분명하다. 그 끝은 폴라니가 예언한 파멸이다!

그러므로 저자는 두려워하는 것이다. 그러므로 저자는 이 책을 쓴 것이다. 단지 '징징대는 억만장자들'을 비웃기 위해서가 아니라, 어째서 실패한 우파가 다시 승자가 되었는지를 냉정하게 분석하고 대처하자, 그리하여 브레이크 없는 벤츠가 파멸로 돌진하는 사태를 막아보자는 뜻인 것이다. 생각해보면 신자유주의가 가져올 디스토피아에 대해서는 지난 십여 년 동안 수많은 책이 나왔다. 그리고 그 디스토피아를 막는 유일한 해법은 바로 정치라는 식의 주장이 많았다. 하지만 꼭 그렇지만도 않다는 것이 이 책이 던지는 경고다. 우파는 이기기 위해서라면 얼마든지 좌파 흉내를 낼 수 있다. 억만장자들이 희생자라고 징징대며 진짜 나쁜 건 국가권력이라고 손가락질할 수 있다. 따라서 "닥치고 투표"만 해서는 어떻게 될지 모른다. 충분히 생각하고 나서 투표해야 하는 것이다.

이번 미국 대선 이전에 이 책을 쓴 저자는 아마 지금은 한숨을 돌리고 있을 것으로 짐작된다. 악조건 속에서도 오바마가 승리했으며, 티파티를 비롯한 신흥 우파의 선동정치가 생각보다 큰 힘을 못 썼던 것으로 결론이 났으니까!(이 책이 그에 얼마간 기여했을까?) 물론 그들은 더 교묘하고 더 그럴듯한 술책을 개발해서 도전해올 것이지만 말이다. 하지만 같은 시대, 태평양을 사이에 둔 세상에서 살며, 우리는 그런 한숨 돌림도 어려운 처지가 아닌가, 그런 생각이 역자들의 가슴을 답답하게 하고 있다.

딱히 어려운 문장을 쓰지 않으면서도 촌철살인의 풍자와 비유를 연거푸 구사하는 저자의 글솜씨를 한국어로 옮기느라 애를 먹었다. 부디 그가 전하고 싶었던 메시지가 졸역 때문에 오도되지 않기를 바란다. 우리 두 사람을 믿어주시고, 좋은 공부와 작업을 할 수 있게 기회를 주신 갈라파고스 출판사의 임병삼 대표님과 여러 직원분들께 깊은 감사를 드린다.

2013년을 열어가면서

함규진 · 임도영

주

서문: 조짐, 그리고 놀라움

1. 내가 이야기할 수 있는 한 이러한 비유가 처음으로 사용된 것은 하원 원내대표 에릭 캔터Eric Cantor에 의해서였다. 그는 2009년 9월《워싱턴 인디펜던트》의 기자 데이브 바이겔Dave Weigel에게 이러한 움직임을 '미국의 자각'이라고 말했다. 자신의 블로그 "인스타펀딧"으로도 유명한 미국 테네시대학 법학 교수 글렌 레이놀즈Glenn Reynolds는 티파티의 대회에서 큰 감명을 받아 2010년 2월 7일《워싱턴 이그재미너》에 저 표현을 한층 더 높여 '세 번째 위대한 자각'이라 적고 있다. 전 대통령의 아들 마이클 레이건Michael Reagan 역시 같은 해 9월 16일 자신의 칼럼을 통해 비슷한 이야기를 던졌다. 그는 2010년 출판된『우리를 짓밟지 마라』의 부제를 "21세기 정치적 자각의 조짐들"이라 달며 티파티 운동을 '위대한 자각'이라 불렀다.
2. Dick Armey and Matt Kibbe, *Give Us Liberty: A Tea Party Menifesto*(New York: Harper Collins, 2010). p.8.
3. 2008년 4월 24일 Salon.com에 올라온 시드니 블루멘털의 책에서 발췌된 내용을 살펴보라. 분명하게 짚고 넘어가야 할 부분은 블루멘털은 절대로 보수주의의 역동성을 얕잡아보지 않았다는 사실이다. 또한 보수주의자들이 이러한 의견을 받아들이지 않고 더욱 오른쪽으로 갈 수 있다는 점 역시 정확히 알고 있었다. 그는 "공화당의 과격화는 끝이 아니다. 오히려 그것은 단지 새로운 단계에 들어섰음을 보여주는 것일지도 모른다"라고 적었다. 더 살펴보면 다음과 같다. "2006년 선거의 패배는 자신들이 그간 해왔던 일들에 대한 꾸지람으로 받아들여지지 않는다. 공화당과 우익들은 정반대로 이를 의지와 대담성 부족, 이데올로기적 순수성 확보 실패, 의원들의 단순한 부도덕성, 매체의 배신, 자신들 내부에 존재하는 중도주의자 때문이라 받아들였다. 그들은 자신들의 의제가 다수의 지지를 받고 또 스스로 '올바른 방향성을 가진 나라'에 있다는 자아도취감에 빠져 있었던 2004년 선거에서 전혀 깨어나지 못하는 것일지도 모른다."
4. Sean Wilentz: "Conservative Era is Over", *U. S. News & World Report*, November 24, 2008. Fransis Fukuyama: "The Fall of America, Inc.", *Newsweek*, October 4, 2008. *Politico*: Daniel Libit, "'Deregulator', Our Old Friend", October 1, 2008.

5. Charles Blow: *New York Times*, May 16, 2009. Kathleen Parker: Washington Post, November 29, 2009. Stu Rothenberg: http://rothenbergpoliticalreport.com/news/article/april-madness-can-gop-win-back-the-house-in-2010. 물론 로젠버그의 예상에 완전히 동조하던 사람은 없었다. 하지만 적어도 당시 거의 대부분 사람들이 공화당의 지배는 끝났다고 믿은 것은 사실이다.
6. 최근 우파의 인종 이슈에 대한 태도를 보여주는 몇 가지 좋은 연구들 또한 존재한다. 워싱턴 대학의 정치학자들에 의해 2010년 수행된 한 연구에 따르면, 티파티의 '철저한 추종자' 들은 일반 대중보다 흑인들에 대해 덜 자선적인 태도를 보였다(자세한 내용은 http://depts.washington.edu/uwiser/racepolitics.html을 참고하라). 하지만 같은 해 이루어진 티파티의 구호들에 대한 연구는 그들이 적어도 명시적으로는 인종주의적 색채를 거의 갖고 있지 않다는 점을 보여준다. 오히려 티파티는 인종주의 대신 경제정책에 압도적인 관심을 쏟았다(다음을 살펴보라. "Few Signs at Tea Party Rally Expressed Racially Charged Anti-Obama Themes", *Washington Post*, October 14, 2010). 우익에 대한 가장 인상적인 연구는 2009년 스탠리 그린버그Stanley Greenberg에 의해 이루어진 『매우 유리된 보수주의 공화당원들The Very Separate World of Conservative Republicans』이다. 이 보고서는 다음과 같이 결론짓는다. "보수주의 언론과 엘리트들은 이런 극심한 이데올로기적 분열에 주의를 기울이는 대신 유권자들의 믿음을 이끌어낼 수 있는 인종주의적 요소를 찾는다. 그렇지만 그들은 이를 극복하고 싶어 한다. …… 우리는 조지아 주의 나이 많은 백인 공화당 지지자들에게 인종 이슈를 그들의 토론 주제로 온전히 이용할 수 있도록 해주었다. 하지만 인종 이슈는 단 한 번도 토론의 중심 주제가 되지 못했고 실제로 요점에서 한참 벗어난 이야기에 불과했다." 전체 보고서는 http://www.greenbergresearch.com/articles/2398/5488_The Very Separate World of Conservative Republicans 101609.pdf를 참고하라.
7. Army Gardner, "Gauging the Scope of the Tea Party Movement in America", *Washington Post*, October 24, 2010.

1. 미국발 대지진 일어나다

1. Christina Romer, "Lessons from the Great Depression for Economic Recovery in 2009", a paper presented at the Brookings Institution, March 9, 2009, p.2.
2. 이 모든 사실들은 다음의 책 8장과 12장에서 가져왔다. Irving Bernstein, *The Lean Years: A History of the American Worker*, 1920~1933(Chicago: Haymarket

Books, 2010 [1969]). 인용된 부분은 317페이지와 422페이지를 참고하라.

3. Jonathan Alter, *The Defining Moment.: FDR's Hundred Days and the Triumph of Hope*(New York: Simon & Schuster, 2006), p.2.

4. 나는 이 부분을 리처드 파커Richard Parker가 쓴 경제학자 존 케네스 갤브레이스 전기에서 찾은 경제적 통념에 관한 요약본에 기대고 있다. 갤브레이스는 당시 하버드에서 경제학을 연구하고 있었다. 다음을 살펴보라. Richard Parker, *John Kenneth Galbraith: His Life, His Politics, His Economics*(New York: Farrar, Straus and Giroux, 2005), pp.12, 48, 77.

5. 이는 마크 코넬리Marc Connelly가 1930년 각색한 유명한 희곡 『녹색의 목장The Green Pastures』에서 비롯된 것이다.

6. 비슷한 진술들은 드러커의 첫 번째 저서 곳곳에서 찾아볼 수 있다. 예를 들어, "1930년대의 경제 붕괴로 인해 인간은 더 이상 자신의 존재가 세상과 어떤 합리적인 연관성을 갖고 있으며 또 그것과 잘 어우러져 있다고 설명할 수도 그리고 그렇게 이해할 수도 없게 되었다. 더불어 인간은 반대로 세상과 사회적 현실을 자신에게 잘 맞게끔 만들 수도 없게 되어버린 것이다. 사회 속 개인의 기능은 완전히 비이성적인 동시에 그 의미 역시 사라져버렸다." Peter Drucker, *The End of Economic Man: A Study of the New Totalitarianism*(New York: The John Day Company, 1939), p.55.

7. 《네이션스 비즈니스》에 관련된 인용은 다음을 참고하라. William E. Leuchtenberg, *The FDR Years: On Roosevelt and His Legacy*(New York: Columbia University Press, 1995), p.6. 2008년의 여파로 지금에서야 떠오른 것이지만 몹시 우려를 표하던 또 다른 흐름 역시 있었다. 역사학자 리처드 펠스Richard Pells는 1973년 그의 저서에서 1930년대 작가들과 사상가들에 대해 다루었고, 그가 집대성한 내용들은 직설적이면서도 정확하다. 다음을 살펴보라. Richard Pells, *Radical Vision and American Dreams: Culture and Social Thought in the Depression Years*(New York: Harper & Row, 1937). 이에 따르면, "붕괴의 각 단계에서 나타났던, 사회 전체가 무너져 내릴 것 같다는 느낌은 일반 시민들뿐만 아니라 대다수 미국 지식인들에게도 막대한 영향을 끼쳤다. 불경기는 단순한 사업 실패 이상의 것을 뜻했다. 많은 사람들에게 그것은 마치 눈앞에 있는 것은 무엇이든 박살내고 뿌리 뽑아버리는 대지진과 같았다. 한마디로 저항할 수 없는 강력한 자연 재해였다. …… 그것은 미국인들로 하여금 전체 세계가 문자 그대로 무너졌음을, 전통적인 기대와 믿음들이 전적으로 의미 없음을, 대재앙에서 그 누구도 혼자만 빠져나갈 수 없음을 느끼게 해주었다. 그것은 개개인을 어리둥절함과 공포의 공간으로 밀어넣었다."(p.72)

8. 캘빈 쿨리지의 말은 다음에서 인용했다. Charles A. Andrews, "'I'm All Burned Out'", *Good Housekeeping*, June 1935, p.209. 쿨리지의 전기 작가 윌리엄 앨런 화이트William Allen White는 같은 시기 다음과 같이 적었다. "캘빈 쿨리지의 전체 세계관 그리고 그의 자존심 모두 무너져 내리고 있었다." 다음을 살펴보라. William Allen White, *A Puritan in Babylon: The Story of Calvin Coolidge*(New York: The Macmillan Company, 1938), p.432.

9. Warren Susman, *Culture as History: The Transformation of American Society in the Twentieth Century*(New York: Pantheon, 1984), p.172. Writers and Intellectuals: Malcolm Cowley, "The 1930s Were An Age of Faith", *New York Times Book Review*, December 13, 1964. Robert McElvaine, *The Great Depression: America*, 1929~1941(New York: Three Rivers Press, 1933), p.202.

반대로 사회학자 로버트 퍼트남Robert Putnam은 『나 홀로 볼링Bowling Alone』에서 1930년대를 '시민적 메마름'의 시대로 부른다. 왜냐하면 그 시점을 전후로 온갖 종류의 전문적인 그리고 시민적 성격을 가진 협회들이 늘어나기는커녕 줄어들었기 때문이다.

10. Alan Brinkley, *Voices of Protest: Huey Long, Father Coughlin, and the Great Depression*(New York: Vintage, 1983), p.22.

11. 케인스는 뒤이어 "그러나 도대체 무엇을 제자리에 갖다놓아야 하는가를 생각하게 되면, 우리는 몹시 어리둥절함을 느낀다"라고 적었다. 다음을 보라. John Maynard Keynes, "National Self-Sufficiency", *Yale Review 22*(1933): 761.

12. 멜론에 대한 인용은 다음을 살펴보라. Herbert Hoover, *The Memoirs of Herbert Hoover: The Great Depression, 1929~1941*(New York: Macmillan, 1952), p.30.

13. 이 생각이 실제로 시도된 것은 1933년 2월 디트로이트에서였다. 당시 디트로이트의 거물 헨리 포드Henry Ford는 지방은행을 구제하려는 노력에 동참하기를 거부했다. 부흥 금융회사 회장 제시 존스Jesse Jones는 포드의 말을 인용하여 "무너질 테면 무너져 보라지요"라고 이야기했다. 그는 뒤이어 이렇게 말했다. "만약 모든 것이 떨어진다면 거기에 있는 낙하산이 마침내 정화작업을 시작할 것이며, 포드가 이야기했듯 곧 모든 사람은 일을 시작할 것입니다. 무슨 일이 벌어지든 여전히 스스로 젊다 느끼기에 그는 사업을 다시 일으킬 수 있다고 말했습니다." 그러나 결과는 끔찍했던 미시간 은행 공황 그리고 '은행휴일'이었다. 그리고 이것은 바로 다음 달 국립은행의 기능을 완벽하게 마비시켰다. 다음을 보라. Jesse Jones with Edward Angly, *Fifth*

Billion Dollars: My Thirteen years with the RFC(New York: Macmillan, 1951), p.62.

14. William Randolph Hearst: M. Schlesinger, Jr, *The Politics of Upheaval*(Boston: Houghton Mifflin, 1960), p.85. 미국자유연맹의 회장은 전임 캔자스 하원의원 주엣 샤우스Jouett Shouse였다. 하지만 당시 연맹의 주요 후원자는 오늘날의 코크 형제Koch Brothers와 비슷한 뒤퐁DuPont 가문이었다. 이들이 연설을 통해 이야기하고자 했던 것은 '뉴딜 대 민주주의' 라는 구도였으며, 1936년 연맹의 책자를 통해 발간되었다.
15. 미국자유연맹의 입장에 대해서는 다음을 보라. Kim Phillips-Fein, *Invisible Hands: The Making of the Conservative Movement from the New Deal to Reagan*(New York: Norton, 2009), p.13.
16. Remley J. Glass, "Gentlemen, the Corn Belt!", *Harper's*, July 1933, pp.199~202.
17. "Virtually impossible": Theodore Saloutos and John D. Hicks, *Twentieth Century Populism: Agricultural Discontent in the Middle West 1900~1939*(Lincoln, NE: University of Nebraska Press, 1951), p.448. "We pledge ourselves": Gilbert Seldes, *The Years of the Locust*(America, 1929~1932)(Boston: Little, Brown, 1933), p.286.
18. "The days of 1776": Gilbert Seldes, *The Years of the Locust*(America, 1929~1932)(Boston: Little, Brown, 1933), p.284. "They say blockading the highway's illegal": Mary Heaton Vorse, "Rebellion in the Cornbelt", 1932, reprinted in David Shannon, ed., The Great Depression(Englewood Cliffs, NJ: Prentice-Hall, 1960), p.125. 사우스다코다의 한 농장 파업 참여자는 1970년 스터즈 터켈에게 "그것은 미국 독립혁명 정신에 가까웠습니다"라고 이야기했다. 다음을 살펴보라. Studs Terkel, Hard Times: An Oral History of the Great Depression(New York: Pantheon, 1970), p.256.

2. 1929년, 시즌 투: 역사는 반복된다, 그러나

1. Joshua Cooper Ramo, "The Three Marketeers", *Time*, February 15, 1999.
2. 금융 혁신과 그것을 부동산에 적용한 것에 대해서는 다음을 보라. Simon Johnson and James Kwak, *13 Bankers: The Wall Street Takeover and the Next Financial Meltdown*(New York: Pantheon, 2010), pp.105~113.
3. 이 사례들은 모두 다음의 책 첫 80페이지가량에서 가져온 것이다. *Financial Crisis*

Inquiry Report: Final Report of the National Commission on the Causes of the Financial and Economic Crisis in the United States(New York: Public Affairs, 2011), hereafter FCIR.

4. John Lippert, "Friedman Would Be Roiled as Chicago Disciples Rue Repudiation", Bloomberg, December 23, 2008.
5. Gary Becker, quoted in John Cassidy, "After the Blowup", *New Yorker*, January 11, 2010. 베커가 추가로 고백했다시피 그의 동료들은 파생상품, 규제완화 혹은 "파산하기에는 너무 크다"던 은행들의 문제점에 대해 완벽하게 알지 못했다. 베커는 또한 연방의 개입으로 말미암아 더 큰 재앙을 피할 수 있었다는 것을 인정했다.
6. Richard Posner, *A Failure of Capitalism: The Crisis of '08 and the Descent into Depression*(Cambridge, MA: Harvard University Press, 2009), p.306. 포스너는 붕괴에 대해 다음과 같이 적었다. "붕괴는 자유시장의 태생적 한계가 가져온 결과물이다. 개개인들의 인센티브 그리고 보수적 경제학자들에게 영향을 받은 보수적 관료들이 채택하고 시행한 무책임한 통화정책에 뿌리박힌 한계들 …… 또한 그나마 남아 있던 규제로 인한 세금 집행으로 부채의 일부만을 치른 은행과 금융 영역에 대한 규제 완화를 시행한 데서 오는 한계들이 바로 그것인데, 이 규제 완화는 지나치게 이데올로기에 물든 데서 비롯된 것이다." 비슷한 논의는 다음을 참고하라. Jacob Weisberg, "The End of Libertarianism", *Slate*, October 18, 2008.
7. 2008년 찰스 코크는 우리는 이 "자유 상실"에 맞설 수 "있었다고" 적었다. 그리고 2009년 1월에 적은 편지에서 그는 "이 예측은 들어맞았다"라고 선언했다. 다음을 살펴보라. Charles Koch, "Perspective", *Discovery, the Quarterly Newsletter of Koch Companies*, January 2009.
8. Moe Tkacik, "Washington for CNBC", *Columbia Journalism Review*, May/June 2009.
9. 다음을 보라. Max Abelson, "The New Doom", *New York Observer*, July 13, 2010.
10. 《뉴스위크》의 표지기사 "사회주의"가 내세운 전제는 은행들을 구제하는 일은 마치 40년대 영국 탄광들이 그러했듯 이들을 "국영화시켜주는 것"이었다. 이 전제는 사실상 사회주의에 대한 모독과도 같은 것이었다. 그러나 이를 통해 독자는 "부자들을 위한 사회주의"가 무슨 짓거리를 했는지 알아볼 수 있었다. 왜냐하면 정부는 거대 금융기관들의 경영진, 주주, 거래 상대를 구원해주기 위해 수백만 시민의 돈을 사용해왔음에도 정작 시민들에게는 구원의 손길조차 내밀지 않았기 때문이다. 더욱 중

요한 것은, 스스로 사회주의자라 말한 거의 유일한 그리고 정직한 사회주의자인 노먼 토머스Norman Thomas가 1936년 이야기한 것처럼 "미국 정부의 무릎에 올라앉은 모든 은행들을 남김없이 넘겨받자고 외치는 사회주의는 전혀 없다. 이것은 마치 은행들이 은행가들에게 또다시 파멸을 가져다줄 수 있는지를 알아보기 위해 그것들을 다시 이들의 발밑에 두는 것 그리고 이들에게 되돌려주는 것과 같다"는 사실이다. 인용된 부분은 다음을 살펴보라. *Progressive*, February 15, 1936.(이것이 다시 등장한 부분은 Progressive, April 2009, p.39.)

11. 로버트 라이시Robert Reich는 2009년 3월 《뉴욕타임스》에 "경제 압박이 심한 시기에 분노한 포퓰리즘의 능력을 절대 가볍게 보지 말 것"이라 이야기했다. "오바마 대통령에게 닥쳐올 거대한 도전은 이 혹독한 하락세가 한창일 때 이성적인 그리고 전략적인 공개 논의를 유지시켜야 한다는 것이다." 2009년 3월 30일 역사학자 마이클 카진Michael Kazin이 《뉴스위크》에 기고한 이야기 또한 살펴보라. 그는 1930년대와 이 시기에 대해 아주 명쾌하고 훌륭한 비교를 제공한다.
12. 2010년 1월 21일자 《더 힐》을 참고하라. http://thehill.com/blogs/blog-briefing-room/news/77365-afl-cio-cites-working-class-revolt-in-special-election-aftermath?page=2.
13. 에이미 가드너Amy Gardner가 2010년 2월 18일자 《워싱턴 포스트》에 실은 내용. 그녀가 뒤이어 적은 것은 웨스트버지니아의 민주당 대표 릭 바우처Rich Boucher가 11월 있었던 선거에서 떨어졌다는 내용이었다.
14. "비록 그들의 의료보험 가입 비율은 높은 수준의 교육을 받은 백인들의 그것에 한참 미치지 못했음에도 대학교육을 받지 않은 57퍼센트가량의 백인들은 의료보험 개혁법안의 폐기를 원했다." 다음을 살펴보라. Ronald Brownstein, "White Flight", *National Journal*, January 7, 2011. http://nationaljournal.com/magazine/in-2012-obama-may-need-a-new-coalition-20110105?page=1. 다음 역시 참고하라. Ronald Brownstein, "Populists Versus Managers", National Journal, December 17, 2010. http://www.nationaljournal.com/magazine/populists-versus-managers-in-the-gop-race-20101217.

3. 실패한 자들은 실패하도록 내버려 두라

1. "그야말로 일하는 사람들"이라는 표현. John M. O'Hara, *A New American Tea Party*(Hoboken, NJ: Wiley, 2010), p.2. 여기에서 위의 표현을 사용한 존 오하라John O'Hara가 부시 행정부 시절 미국 노동부 소속이었다는 사실을 언급할 필요가 있

다. 확실히 그는 노동자들이 원했던 것은 자신들의 이웃들로 인해 골머리를 썩지 않는 것이었다고 이야기할 위치로 가게 될 것이었다.

2. Frank Ahrens, November 13, 2008, "Five Questions for Rick Santelli", WashingtonPost.com.
3. 딕 아메이가 자신의 책에 적은 바에 따르면, 부실자산 구제프로그램은 "오늘날 우리가 볼 수 있는 엄청난 화염폭풍에 불을 붙인" 장치였다. Dick Armey and Matt Kibbe, *Give Us Liberty*, p.36.
4. 위의 책 p.68.
5. 위의 책 p.38에서 필자가 강조. 더불어 같은 책 부록에서 집을 잃었음에도 불평하지 않는 한 티파티 여성 활동가의 가치관을 설명한 부분을 보라. "우리는 스스로 예산을 줄였고 나 또한 다시 일했습니다. 이것이 내가 스스로를 구하기 위해 선택한 방법이었습니다"라고 이야기한 그녀는 뒤이어 "그러는 사이에 워싱턴의 정치인들은 기업들을 살려주고, 주택과 모기지 기반 채권에 잘못 투자한 사람들에게 보상해주고 있었습니다"라고 말했다. 이에 대해 아메이와 그의 공저자는 "시티그룹, GM, AIG의 편안한 연착륙과 그녀의 경험 사이의 대조는 화가 치밀어 오를 정도였다"고 적고 있다. p.288. 라디오 진행자 마이클 그레이엄Michael Graham은 자신의 티파티에 관한 서적을 통해 "내가 당신들의 담보대출금으로 장난을 친다면 경적을 울리시오"라며 이제 와서 천덕스레 대출금을 누군가가 대신 갚아주기를 바라는 무책임한 담보대출자들을 맹렬히 비난했다. 그는 "평범한 미국인들"은 구제금융으로 "완전히 미쳐버릴" 지경이라고 적었는데, 다음과 같은 이유 때문이다.

   "부시 대통령에서 시작되어 오마바 대통령에서 꽃을 피운 구제금융 체제는 못된 행동과 관련된 사람들에게 여러 차례 보상을 해왔다. 그리고 행동이 더 나빠질 때마다 더 큰 구제금융이 뒤따랐다. 이들의 짐을 떠맡게 된 사람들은 옳은 일을 하고도 당연히 받아야 하는 것들을 희생해온 사람들이다. 그들은 미래에 살게 될 멋진 집의 계약금을 마련하고자 매일 밤 자신들의 잔돈을 초라한 아파트 옷장 한쪽 구석에 모으던 사람들이었다. 그러는 동안에 이들의 이웃들은 계약금도 없이 단지 패니 매이와 프레디 맥의 담보대출금에만 의존해 그리고 부동산 거품이 부풀어 이득이 나길 바라며 자신들이 감당할 수 없던 집으로 이사하고 있었다." Michael Graham, That's No Angry Mob, *That's My Mom: Team Obama's Assault on Tea-Party, Talk-Radio Americans*(Washington, DC: Regnery, 2010), p.77.
6. "망가졌다(Broke)"는 말은 심지어 2010년 나온 벡의 책 제목이기도 하다. Glenn Beck, *Broke: The Plan to Restore Our Trust, Truth and Treasure*(New York:

Threshold Editions, 2010). "자연의 섭리"라는 말은 다음에서 가져왔다. Glenn Beck, *Glenn Beck's Common Sense: The Case Against an Out-of-Control Government, Inspired by Thomas Paine*(New York: Threshold Editions, 2009), p.15.

7. 글렌 백은『바보들과의 논쟁Arguing With Idiots』에 "혁신주의를 다시 꺼낼 필요는 없다. …… 왜냐하면 그것은 한 번도 사라진 적이 전혀 없었기 때문이다"라고 적고 있다. 그의 눈에는, 마법과도 같았던 80년대를 제외하면 지난 한 세기의 역사는 그저 진보의 시대가 어마어마하게 확장된 과정일 뿐이었다.

"수년 동안, 주도권을 가진 자가 공화당이냐 민주당이냐의 여부는 중요하지 않았다. 중요한 것은 그러는 동안에도 정부는 계속해서 커졌다는 사실이다. 자리를 늘리거나 확장하기를 원치 않는다는 기관, 부처, 프로그램의 요구를 접해본 대통령은 거의 찾아볼 수가 없다. 그리고 우리의 논의는 '작은 정부 대 큰 정부'에서 점점 '터무니없이 큰 정부 대 정말 큰 정부'로 옮겨갔다." Glenn Beck, *Arguing With Idiots: How to Stop Small Minds and Big Government*(New York: Threshold Editions, 2009), pp.214, 231.

이와 유사한 역사에 관해 맹목적이긴 하지만 조금은 더 지적인 느낌을 풍기는 관점은 전 뉴욕 주지사 엘리엇 스피처Eliot Spitzer의 2011년 책에 대한 한 블로거의 리뷰에서 찾아볼 수 있다. 엘리엇 스피처는 자신이 워싱턴에서 본 것을 기나긴 '자유주의'의 지배라고 비판했고, 이에 한 시장자유주의자 블로거는 다음과 같이 분노를 터뜨렸다. "이자가 지금 무슨 헛소리를 지껄이는 거야? 스피처가 말한 '자유주의 지배의 시기'는 미국 역사상 가장 규제가 심했던 시기잖아." 그는 시장자유주의의 지배에 대한 종래의 관점은 완전히 거꾸로 된 것이라고 주장했다. 왜냐하면 연방준비제도이사회가 존재한 이래 규제는 계속 이어져왔고, 진정한 자유시장주의자는 자신들의 뜻을 단 한 차례도 펼쳐본 적이 없다는 것이다.

"30여 년의 시장자유주의라고? 이 기간은 연방준비제도이사회라는 미국의 중앙은행이 통화 공급량을 1조 6천억 달러에서 7조 7천억 달러로 높이는 기간이었어. 더불어 이 시기는 무책임한 은행들에 맞서 경쟁하기 위해 종합 증권회사를 차리는 것이 거의 불가능해진 시기이기도 했지. 문자 그대로 수백만 달러를 들이지 않고서는 각종 규제를 넘어설 수 없었기 때문이야. 마지막으로 이 기간은 정부가 폭발적으로 증가한 우리 삶의 구석구석까지도 규제하려 든 시기였어. 바로 이 같은 모습들이 스피처가 우리에게 시장자유주의 지배의 시기라 지껄이는 것의 진짜 모습이었단 말이지."

다음을 살펴보라. http://www.economicpolicyjournal.com/2011/07/eliot-spitzers-outrageous-attack-on.html.

8. 무어의 글은 에인 랜드의 『아틀라스Atlas Shrugged』가 가진 놀라운 통찰을 보여주고자 폴슨이 등장하는 이 장면을 책 속의 한 장면에 빗대었다. Stephen Moore, "'Atlas Shrugged': From Fiction to Fact in 52 Years", *Wall Street Journal*, January 9, 2009.

9. 글렌 벡의 이야기를 너무 많이 하느라 필자의 의도가 조금은 빗나갔다. AIG는 모기지 관련 채권들에 투자하고 신용부도스와프를 발행하는 등 마치 헤지펀드처럼 굴던 보험 회사였다. 그리고 이러한 것들이 바로 AIG를 위기로 몰아넣은 주범이었다. AIG가 서브프라임 모기지를 토대로 한 계열사를 가지고 있었다는 것 그리고 월 가의 모두가 그러했다는 것은 틀림없는 사실이다. 그러나 내가 아는 한 AIG가 이 자회사에 쏟아 부은 것들을 탓할 생각을 가진 이는 아무도 없었다(인용된 부분은 2009년 3월 17일 방영된 벡의 텔레비전 프로그램을 참고하라).

   정부 규정은 그 누구에게도 위험한 주택담보대출을 받으라고 요구한 적이 없으며 마찬가지로 확실히 누군가에게 이 위험한 담보대출에 기초한 채권에 투자하기를 강요한 적 또한 없다. 그리고 그러는 와중에 신용부도스와프 사업은 규제에서 거의 완벽하게 자유로웠다. 실제로 이 회사의 감독 책임자는 후에 자신은 AIG라는 "코끼리 위의 모기에 지나지 않았다"고 비유했다(Financial Crisis Inquiry Report, pp.350~351). 따라서 되살아난 보수주의가 하는 소리는 마치 코끼리가 미쳐 날뛰자 '이건 다 모기 탓이야!' 라고 말하는 것이나 다름없다.

10. 인용된 모든 문구는 2009년 3월 18일 방영된 글렌 벡의 텔레비전 쇼에서 가져왔다.

11. 벡의 포퓰리즘은 진화를 거듭했다. 2009년 1월 그는 정부가 AIG를 구제해준 것은 골드만삭스가 AIG의 지불능력에 관심을 가졌기 때문이며, 이는 다른 말로 정부가 거대자본의 꼭두각시였기 때문이라고 이야기했다(2009년 1월 14일자 그의 라디오 쇼를 보라. 이 내용이 기술된 것은 다음을 참고하라. http://www.glennbeck.com/content/articles/article/198/27840/). 몇 주 뒤 그는 정부와 기업들이 너무나 철저하게 아우러졌기 때문에 AIG의 로고를 여러 기업들의 상징들과 마찬가지로 미국 국기에 별들 대신 집어넣어야 한다고 제안했다. 그러고서 2010년 여름 출판한 『오버턴의 창문Overton Window』에서는 금융위기를 비난하며 긴급구제가 월 가에만 국한되었다고 적었다. 또한 그는 정부와 은행들 모두 "그 뒤에서 이 보는 꼭두각시를 조종하는 전지전능한 골드만삭스"에게 조종당한다고 이야기했다. Glenn Beck, *The Overton Window*(New York: Threshold Editions, 2010), p.247.

12. Erick Erickson and Lewis K. Uhler, *Red State Uprising: How to Take Back America*(Washington, DC: Regnery, 2010), pp. xv and xvii.

4. 사회주의자 버락 오바마? 되살아난 적색공포

1. 벡이 자신의 첫 저서 『진짜 미국The Real America』에 실은 사진들 중 한 장은 우파 행사 기획자가 라디오 드라마를 연출하는 모습을 보여주는데, 눈에 띄는 것은 사진 속 그가 화성 침공 방송을 연출하던 당시의 웰스와 거의 똑같은 자세를 취하고 있다는 사실이다.
2. 오슨 웰스에 대한 글렌 벡의 예찬은 다음을 참고하라. Glenn Beck, *The Real America: Messages from the Heart and Heartland*(New York: Pocket Books, 2005), pp.186~187. 《데일리 워커》에 관한 내용은 1930년대 좌파문화에 대한 역사학자 마이클 데닝Michael Denning의 설명을 참고했다. 파시스트 위협에 대한 벡의 엄청난 집착을 고려해보면, 데닝이 관찰한 바는 꽤나 흥미롭다. 그에 따르면, 이 시기 웰스 작품의 상당 부분은 "반파시즘에 관한 우화들"로 이루어져 있다. 특히 1938년 화성 침공에 대한 라디오 쇼는 파시스트들의 잔혹한 행위들을 담았고 이는 당시로서는 아주 익숙한 장르 중 하나였다. Michael Denning, *The Culture Front*(New York Verso, 1996), pp.367, 371, 382.
3. 이 표현들은 각각 글렌 벡에 의해 2009년 11월 19일, 러시 림보에 의해 2009년 9월 30일, 짐 퀸Jim Quinn에 의해 2010년 1월 5일에 사용되었다. 이 문구들을 비롯해 이보다 더 겁에 질려 비명을 지르는 수많은 입장들을 찾는 데는 다음 링크가 아주 큰 도움을 주었다. http://mediamatters.org/research/201003220034.
4. 전체 원문은 다음과 같다. "세속적 사회주의 기계는 과거 나치 독일 혹은 소련이 그랬던 것과 마찬가지로 미국을 향한 어마어마한 위협에 해당한다." 이 책은 부제를 통해 오바마 행정부를 "세속적 사회주의 기계"로 이야기한다. Newt Gingrich, *To Save America: Stopping Obama's Secular-Socialist Machine*(Washington: Regnery, 2010), pp.4, 5.
5. Erick Erickson and Lewis K. Uhler, *Red State Uprising: How to Take Back America*(Washington: Regnery, 2010), pxiv.
6. "가르침": 이는 자신들이 박해 받는다는 상상 속 이야기로 2009년 9월 가장 인기를 끌었던 주제였다. "앞으로 있을 폭동": 사라질 뻔했던 한 프랑스 무정부주의자의 팸플릿과 문구는 글렌 벡에 의해 2009년 다시금 빛을 보게 되었다. "박해": Matthew Continetti, *The Persecution of Sarah Plain*(New York: Sentinel, 2010)을 참고했

다. "체계적인 공격": David Limbaugh, *Crimes Against Liberty*(Washington, DC: Regnery, 2010), p.12를 보라. "굴락 행": http://gulagbound.com/we-are-gulag-bound-2.을 살펴보라.

7. Scott Rasmussen and Douglas Schoen, *Mad As Hell: How the Tea Party Movement Is Fundamentally Remaking Our Two-Party System*(New York: Harper, 2010), p.144.
8. 포브스는 또한 자신은 "현실 세계에 대한 가르침"을 줄 셈이라 말한다. 하지만 그는 이내 경제학자들이 좋아해 마다않는 추상적이고 허구적인 소리들 즉, 만약 정부가 연필을 만들었다면 그것이 어찌 되었을까 따위의 이야기를 던지기 시작한다. 그러고는 우리에게 사회주의 국가들에서는 제대로 굴러가는 것이 없음을 다시 한 번 일깨워준다. Steve Forbes and Elizabeth Ames, *How Capitalism Will Save Us: Why Free People and Free Markets Are the Best Answer in Today's Economy*(New York: Crown Business, 2011), p.14.
9. C. Jesse Duke, *Spread This Wealth*, pp.69~70. 강조는 필자.
10. 벡은 2008년 9월 3일 자신의 라디오 쇼를 통해 이처럼 묻고 답했다. 하지만 진실을 살펴보면, 1969년경 나사는 2007년 패니 메이와 프레디 맥보다 훨씬 더 직접적인 정부의 운영 아래 있었다(또한 통합되어 있었다). 당시 인간을 달에 보내는 일은 금전적 수익성 측면에서 이를 추진할 까닭이 전혀 없었던 반면, 오늘날 패니 메이와 프레디 맥은 이를 충분히 가지고 있다. 실제로 두 모기지 기업을 연구한 경제학자들은 이들이 제대로 작동하지 못한 것은 두 기업을 정부가 운영해서가 아니라 이들을 이끌던 자들이 사기업들의 수익과 보너스를 좇으려 했기 때문이라 여긴다. 미주리 대학교 캔자스시티 캠퍼스의 빌 블랙Bill Black 교수는 2011년 1월 10일 《벤징가Benzinga》에 기고한 칼럼에 다음과 같이 적고 있다. "패니 메이와 프레디 맥이 그토록 끔찍한 실패를 불러일으켰던 것은 이들이 '확실한 것'을 손에 넣은 관리들에 의해 돌아가는 사적 기관이었기 때문이다. 이들의 거대한 부는 실효성 있는 손실방지책을 마련하지 않은 채 짧은 시간 안에 높은 수익을 내는 상품들을 사고파는 것을 통해 만들어진 것이다."
11. 이는 새 우익들이 폭넓게 공유하는 시각이다. "규제적 편파성에 오염되지 않은 자유시장 속 소비자들은 하루에도 수백만 번의 조용한 투표를 하는 것이다." 다음을 살펴보라. Dick Armey and Matt Kibbe, "punishing irrational behavior, bad actors, and liar loans with equal and swift justice", *Give Us Liberty*, p.169. 강조는 필자.
12. Sidney Lens, "The Mortal Roots of the New Despair", *Christian Century*,

February 26, 1975.

13. 11장의 『금융위기조사보고서The Financial Crisis Inquiry Report』는 패니 메이와 프레디 맥이 보장하던 대출과 여기서 이야기되는 사설 대출 사이의 성과를 비교하였다. 이 보고서의 결론에 따르면, 패니 메이와 프레디 맥의 대출은 사설 대출기관들보다 훨씬 낮은 위험성과 체납률을 가지고 있었다. 이는 모든 단점에도 그들이 민간 부문의 경쟁자들보다 높은 인수 기준을 가지고 있었기 때문이다. 특히 보고서의 218페이지에 나온 도표를 살펴보라. 우익을 겁에 질리게 만들었던 지역사회재투자법에 대해서는 123페이지의 주석을 보라.

14. "시장에 참여하는 이들"은 부동산 거품이 일어나는 동안 자신들이 마구 해주던 위험천만한 대출이 회사의 파산으로 이어질 수도 있음을 완벽히 알고 있었다. 그들은 단지 이를 조금도 개의치 않았을 뿐이다. 이는 경영진들이 "참여하는 이들"로 하여금 상황이 어찌되건 위험천만한 대출을 끊임없이 해주도록 부추기는 인센티브 제도를 만들어두었기 때문이었다. 결국 자신들의 회사가 죽어감에도 개인들은 자기 이익만 챙기는 일을 멈추지 않았던 것이다.

15. Glenn Beck, *Arguing with Idiots: How to Stop Small Minds and Big Government*(New York: Threshold Editions, 2009), pp.4~5. 강조는 벡.

16. 《워싱턴 포스트》의 다나 밀뱅크Dana Milbank는 "그것은 미국 포퓰리즘 연대기에서 가장 찾아보기 어려운 사건들 중 하나였다. 보통사람이 스스로 지갑을 열어 부자들을 더 부자로 만드는 데 힘을 보탰던 것이다"라고 적었다. Dana Milbank, "The Elite Behind the Tea Party", *Washington Post*, October 20, 2010.

5. 우파는 절대 사업 기회를 놓치지 않는다

1. 2011년 2월 보수주의 행동 프로젝트가 제작한 비디오는 자신들의 전년도 메니페스토이자 "불붙은 국민운동"이라는 마운트 버논 성명에 대해, 그것은 앞선 1년 내내 계속되었던 티파티 저항들에 힘입은 바가 크다는 점을 분명히 한다. 이 비디오는 에드 메스와 다른 프로젝트 지도자들이 자신들의 변변찮은 메니페스토를 웅얼거리는 우스꽝스러운 장면 또한 담고 있다. 이를 보고 싶다면, 다음의 유튜브 동영상을 살펴보라. http://www.youtube.com/watch?v=Pl6nJna-bl8.

2. 예를 들어, 커펜이 2009년 4월 13일자 《밀워키 저널-센티널》 사설란에 적어낸 글을 살펴보라.

3. 마이크 폼페오의 모습은 2010년 9월 23일 올라온 다음의 유튜브 동영상을 살펴보라. http://www.youtude.com/watch?v=fXucbtDU14M&feature=related.

4. Will Bunch, *The Backlash: Right-wing Radicals, High-def Hucksters, and Paranoid Politics in the Age of Obama*(New York: Harper, 2010), p.231.
5. 덧붙여 벡은 자본가들과 힘을 합치는 것이 가능하다는 분위기를 꾸며내기 위해 제작사 머큐리 라디오 아츠의 우두머리인 자신의 역할을 중요하게 여긴다. 특히 2011년 6월 내놓은 홍보 비디오 〈GBTV를 만드는 일The Making of GBTV〉을 살펴보자. 이 비디오는 머큐리 라디오 아츠의 여러 직원들의 인터뷰를 담고 있는데, 여기서 이들은 벡의 기업가적 지식 그리고 사업상 결정을 내림에 있어 독특하면서도 뛰어난 능력에 존경심을 드러내고 있다.

   벡은 또한 정치화된 브랜드 확장의 달인이기도 하다. 그가 한창 잘나가던 2008년에서 2011년 사이에, 그와 직원들은 적어도 10권가량의 책과 책 비슷한 것들(유머집 3권, 소설 2권, 자기 계발서 1권, 오디오북 1권, 아동도서 1권, 연방주의자들의 시기에 대한 견해를 다룬 책 2권)을 써냈으며, 벡이 엄선한 "당신이 싫어해야 할 대통령" 따위의 강의를 들어볼 수 있는 벡 대학이라는 교육 프로그램을 만들어내기도 했다.
6. 다음을 보라. http://www.vmionline.com/secrets/slanding.html(검색일 2010년 12월 15일).
7. 첫 번째 사례는 다음을 찾아보라. Alan Crawford, *Thunder on the Right*(New York: Pantheon, 1980). 나머지는 나의 책 『난파선의 선원들The Wrecking Crew』을 보라.
8. 윌 번치에 따르면, 보수주의 단체 저드슨 필립스는 이 같은 불평을 늘어놓는 티파티 회원들을 다음과 같이 꾸짖었다. "우리는 당신들이 일단 저자들이 사회주의자라는 사실을 알았으면 한다." 번치의 책 234페이지를 살펴보라.
9. Chuck Norris, foreword to Mark Karis, *Don't Tread on Us: Signs of a 21st Century Political Awakening*(Los Angeles: WND Books, 2010), n.p.
10. 이 자문회사는 바로 루소 마쉬+로저스Russo Marsh+Rogers다. 더 많은 내용은 다음을 보라. Kenneth P. Vogel, "GOP Operatives Cash the Tea Party", *Politico*, April 4, 2010, http://www.politico.com/news/stories/0410/35785.html.
11. 2010년 9월 자유 엑스포에서 집어온 팸플릿에 따르면, "고GOOOH는 '내 집에서 나가Get Out of Our House'를 가리키며, '고go'와 같은 발음을 사용한다." 아이코커스의 "철퇴 날리기" 계획 또한 저곳에서 나눠준 문건에서 나온 것이다. 이들은 의회를 개혁할 수많은 구상들을 갖고 있는데, 그 윤곽은 이들의 웹사이트를 통해 만나볼 수 있다. "우리 모두가 기다려온 대답이 여기 있다"는 미국의 재창립자들이라 불리는(강조한 것은 바로 그 이름 때문이다) 집단이 나눠준 명함에 있는 말이다. 이에 더해

"재독립 선언문"은 웹사이트를 통해 헌법 개정 목록을 길게 적어두었는데, 어떤 항목은 불법 로비를 통해 이루어질 것들이었다. '우리는 헌법을 읽었다'는 http://www.wereadtheconstitution.com/에서 제대로 살펴볼 수 있다.

12. 2009년 5월 타운홀 미팅에 뿌려진 메모를 살펴보자. 보수주의자가 어떻게 '행동'하는 것이 좋은지를 알려주는 이 메모에는 "타운홀을 뒤흔드는 방법-모범 사례들" 등이 적혀 있다. 직접 보고 싶다면 다음을 보라. http://thinkprogess.org/wp-content/uploads/2009/07/townhallactionmemo.pdf.

13. 다음을 살펴보라. "Hedrick Urges Social Security privatization", Vancouver Columbian, August 13, 2010. "The race is on for a wide open U.S. House seat", *Seattle Post-Intelligencer*, April 24, 2010. "Hedrick throws his support to Herrera", *Vancouver Columbian*, August 19, 2010.

6. 대기업의 방패막이 된 영세자영업자

1. C. Jesse Duke, *Spread This Wealth*(And Pass This Ammunition)(Amelia Island, FL: Encouraging Word Press, 2009), p.19.

2. 2010년 11월 29일자 《롤링스톤》에 실린 돈 블랭킨쉽의 프로필을 살펴보라. 그는 "어두운 석탄 제국의 지배자"로 일컬어지고 있다.

3. 이에 대한 2011년 6월 29~30일자 《뉴욕타임스》의 기사와 사설을 살펴보라. http://www.nytimes.com/2011/07/01/opinion/01fri3.html.

4. 교양 없는 행동의 몇몇 유명한 사례도 있다. 2010년 3월, 어느 항의시위자는 이매뉴얼 클리버Emanuel Cleaver 의원에게 침을 뱉고 존 루이스John Lewis 의원에게는 인종차별적 언사를 내뱉은 혐의가 있다. 그리고 내가 글렌 벡의 팬들에게서 받은 이메일 중에는(내가 그 앵커맨의 표적이 된 다음) 일반적인 경우보다 훨씬 무례한 것들도 있었다. 반면 그런 거친 행동은 내가 참석했던 덴버 집회에서 일부 반대자들과 충돌이 빚어졌을 때는 찾아볼 수 없었다. 그 경우에, 보수파들은 자신들의 팻말을 흔들고 경찰에게 개입을 요청했을 뿐이었다.

5. 티파티의 "핵심역량": http://www.michigancapitolconfidential.com/14194. "정치 사업가들": 샘 애덤스 연합이 2010년 10월 13일 티파티 운동에 대해 내놓은 보고서 『표면 장력: 티파티와 그 정치적 공고화Surface Tension: Tea Parties and the Political Establishment』를 살펴보라. '얼리어답터들'이라는 말이 티파티 사람들에게 쓰인 것은 2010년 8월 1일 앞의 단체가 다른 주제들보다 훨씬 깊게 다룬 보수주의 운동 관련 "시장 조사 보고서" 『차세대 물결: 그것에 대하여The Next Wave: A Surf Report』에서였다.

"표면 장력"은 다음을 살펴보라. http://www.samadamsalliance.org/media/17350/surface%20tension.pdf. "차세대 물결"은 다음을 보라. http://www.samadamsalliance.org/media/13655/94813%20sam%20adams%20alliance%20-%20next%wave%20report%20v4%20final.pdf.

6. 경영관리론에 대한 내용은 다음을 참고하라. Ori Brafman and Rod Beckstrom, *The Starfish and the spider: The Unstoppable Power of Leaderless Organizations*(New York: Portfolio), 2006. 2010년 당시 그들이 맘에 든다고 이야기한 최고경영자들은 다음 목록을 참고하라. http://stlouisteaparty.com/brave-ceos.

7. Don Crist: *What Can I Do?: After the Tea Party*(NP: np, 2009), p.145. Stephen D. Hanson: *Transcending Time with Thomas Jefferson: Is the Constitution Still Applicable Today?*(New York: Universe, 2010), p.253. DeMint, Saving Freedom, pp.15~17.

8. 허먼 케인과 빌 클린턴에 관해서는 1994년 9월 18일자 《뉴스위크》에 실린 「잃어버린 기회」를 보라. 케인에 대해서는 2011년 7월 20일자 《워싱턴 타임스》에 실린 인터뷰 「진짜 사람들」을 살펴보라.

9. 글렌 벡의 이야기는 『진짜 미국』의 9장을 참고하라. "미국의 정신": 2009년 10월 22일자 벡의 프로그램에서 나온 말들을 적은 공식 기록을 보라.

10. 커크의 권리장전에서 맨 처음 명시된 것은 이렇다. "노조 선거에서 비밀투표를 보장하라." 이제 요상하게도 작업장 민주주의를 보장하는 것이 전통적으로 노조라면 갈아마시고 싶어했던 소기업의 관심사가 되었다. 여기서 기억해야 할 것은 '카드 투표' 법안이다. 이는 노동자들이 투표를 등록된 카드로 할 수 있도록 허용하며, 결과적으로 노조 가입을 더 손쉽게 하는 법안이다. 따라서 이는 겉으로는 대의에 따르는 듯한 말장난 속에서 거부될 필요가 있었다. 그렇게 해서 오늘날 보수주의가 사용하는 요술거울의 힘으로, 작업장 민주주의의 최대 적은 그것을 최대로 보장하려는 제도가 되어버렸다.

11. http://www.cansecoforcongress.com(검색일 2011년 4월 13일).

12. Robb Mandelbaum, "Meet the New Small Business Owners in Congress", *New York Times*, November 16, 2010. http://boss.blogs.nytimes.com/2010/11/16/meet-the-small-business-ownersincongress/?scp=small%20business%20congress&st=cse.

13. NFIB 소속의 하원의원들은 2010년의 '십자군'에서 훨씬 두드러졌다. 가령 위스콘신 주에서 열린 어느 티파티 집회에서, 지역 NFIB 직원은 불만에 찬 군중에게 자신

들이 "비미국적인 사회주의적 행태"에 맞서 연대 투쟁할 것이라고 확약했다. "NFIB는 여러분이 믿는 것과 똑같은 것을 믿습니다." 그는 군중들에게 말했다. "우리는 큰 정부를 끝장내야 합니다." 세상에는 다행스럽게도, 그의 연설은 유튜브에 보존되어 있다. http://www.youtube.com/watch?v=jA5ftE4B01Q.

14. 와이오밍의 상원의원 존 바라소John Barrasso는 토론이 끝나자 "문제는 '우리가 자신이 가진 돈 이상의 지출은 불가능한 미국의 모든 가정, 작은 사업체, 그리고 49개 주에 하나같이 적용되는 규칙에 따라 살 것인가? 말 것인가?' 입니다"라고 말했다. 다음을 살펴보라. http://www.voanews.com/english/news/Obama-Signs-Debt-Bill-US-Avoids-Default-126600373.html.

15. Nan Hayworth: http://westfaironline.com/2011/10481-leave-jobs-creation-to-business-says-congresswoman을 참고하라. Glenn Beck: 2009년 3월 5일과 10월 27일 방영된 글렌 벡의 프로그램을 보라.

16. 이 같은 사실들을 한 눈에 살펴보려면 다음을 살펴보라. Steven Pearlstein, "Small Business, Big Fable", *Washington Post*, July 8, 2009. 경제학 교수 스캇 셰인Scott Shane에 따르면, 진실은 작은 비즈니스의 선전자리는 사람들이 우리에게 내세운 것과 거의 정반대 수준이다. 2009년 8월 5일 그가 《뉴욕타임스》 웹 사이트에 적은 글을 살펴보자. 그는 중소기업청의 숫자들을 1992년에서 2008년 사이 가장 거대한 규모의 사업체들(500명이 넘는 직원을 가진)이 전체 일자리의 36퍼센트를 만들어냈고, 중간 규모의 사업체들(50명에서 500명 정도의 직원을 가진)이 뒤이어 30퍼센트의 일자리를 만들어냈으며, 가장 작은 규모의 사업체들은 가장 적은 일자리를 만들어냈다는 사실을 보여주기 위해 사용했다. 더 많은 것을 보고자 한다면 다음을 참고하라. http://boss.blogs.nytimes.com/2009/08/05/are-medium-sized-business-the-job-creators.

17. 다음을 보라. http://www.davidrivera.org/issues.html(검색일 2011년 8월 27일).

18. 민주당도 다르지 않다. 버락 오바마가 종종 마귀 같은 기업의 적으로 비쳐지지만, 그가 2010년도 중소기업 주간에 한 발언에 따르면 중소기업은 "우리의 번영의 엔진이자 우리 국민성의 자랑스러운 반영입니다. 건전한 중소기업 부문은 활성화된 지역사회, 첨단기술 그리고 21세기에 살아남을 수 있고 승리할 수 있는 미국경제를 가져다줄 것입니다." 원문은 http://www.whitehouse.gov/sites/default/files/2010smallbusiness_web.pdf.

19. UC 산타바바라 대학교의 미 대통령 선거 관련 데이터베이스인 "미국 대통령 프로젝트" 웹 사이트의 로널드 레이건 연설에 대한 공식 기록을 따랐다. 다음을 살펴보라.

http://www.presidency.ucsb.edu/ws/index.php?pid=41324.

20. 다음을 참고하라. Virginia Postrel, "Populist Industrial Policy", *Reason*, January 1994.

21. 예를 들어, 미국 소기업 연맹 기구에 의해 널리 퍼진 '사회주의'를 맹렬히 비판한 사설이나 존 H. 번젤John H. Bunzel이 『미국 소기업The American Small Business』 109페이지에서 인용한 부분이 있다.

22. 비록 내가 그것이 명시된 티파티 보고서를 본 적은 없으나, 중소기업인들은 지난 몇 년 동안의 특정 경제 상황에 대해 분개할 특별한 이유가 있다. 하나의 계급으로서, 경영자들은 다른 어떤 사회집단보다 집을 담보로 융자를 구하는 경우가 많다. 그리하여 그들의 사업자금을 조달하는 것이다. 부동산 가격이 폭락하자, 많은 경영자들이 위기에 처했으며 자신들의 신용이 바닥을 쳤음을 알게 되었다. 이는 틀림없이 그들이 월 가에 투입된 공적 자금에 유난히 분통을 터뜨린 까닭이었다. 마크 슈바이처와 스코트 셰인Mark Schweitzer and Scott Shane이 2010년 12월 20일에 남긴 「주택 가격 폭락이 중소기업 대출에 미친 영향」이라는 논평을 보라. 이는 클리블랜드 연방준비은행 홈페이지에 실려 있다. http://www.clevelandfed.org/research/commentary/2010/2010-18.cfm.

23. 2010년 11월 1일 팻 미한의 웹 사이트에 올라온 내용으로 다음을 살펴보라. http://www.meehanforcongress.com/news/heading-improving-economy. 이것은 사실 틀린 말이다. 경기부양과 긴급구제는 별개의 것들이다.

   롭 멘델바움이 2009년 8월 26일 《뉴욕타임스》의 작은 사업체 블로그에 올린 「자영업자 전국 연합을 (그 회원 외에) 대표하는 이는 누구인가?」를 참고하라. http://boss.blogs.nytimes.com/2009/08/26/whom-does-the-nfib-represent-besides-its-members. 이것은 작은 사업체 정치의 케케묵은 이야기다. 깅리치 혁명 당시 작은 사업체 개입에 대한 리처드 레셔Richard Lesher의 1996년 입장을 들어보자. 1996년 나온 『중산층의 붕괴Meltdown on Main Street』 11페이지를 통해 그는, 1994년 당시 유명한 신규 학급은 "온통 낙태와 같은 불안정한 사회적 이슈들로 가득했다." 하지만 그들은 한목소리로 "큰 정부에 대해 거리낌 없이 비판했다"라고 적고 있다.

24. 나는 리처드 레셔가 1996년 내놓은 『중산층의 붕괴』를 참조하는데, 보아하니 거의 끝도 없이 이 같은 이야기를 늘어놓는 것처럼 보인다.

25. 인터뷰는 다음을 살펴보라. http://www.alternet.org/story/148941/?page=entire.

26. 다음을 보라. Jonathan J. Bean, "Shame of the Cities: Setting Aside Justice for the 'Disadvantaged'", *Independent Review* 7, no.1(Summer 2003). 좀 더 긴 그

의 다음 에세이 또한 참고하라. Jonathan J. Bean, "'Burn, Baby, Burn': Small Business in the Urban Riots of the 1960s", *Independent Review* 5, no.2(Fall 2000).

27. 이 이론에 따르면, 은행들이 거주지 단위로 대출에 차별을 두지 못하게 한(인종별이 아니라) 1977년의 지역재투자법(CRA)이 금융위기의 원인이 되어버린다. 그러나 이 이론은 반복해서 확실하게 논박되었다. 다른 무엇보다도, CRA는 이빨 없는 법안에 지나지 않았다. 그것을 지키지 않는 은행도 거의 제재를 받지 않았기 때문이다. 또한 불량 대출자 역시 그 적용 대상이 되지 않았고, 비록 강제 조치를 당한 은행이라도 부실 채권이나 조작 채권을 책임지지 않아도 되었다. 사실 「경제위기조사보고서」 제6장에 따르면, CRA에 따라 이루어진 대출이란 대체로 그 이전에도 별 문제가 없었던 우량 고객들을 상대로 한 것이었다. 이 시화를 상세하게 해부하고 싶다면, 윌리엄 블랙William K. Black이 놀랄 만큼 자세히 조사 분석한 글, 「윌리슨과 세 가지 디Wallison and the Three De's」를 읽어보라. http://newseconomicperspectives.blogspot.com/2011/02/wallison-and-three-des-deregulation.html.
28. 2011년 8월 24일 리처드 비거리가 보수주의자 본부닷컴에 올린 에세이 「블룸버그, 월 가 귀족들에게 호의를 보인다는 티파티 분노의 오명을 씻어내다」를 읽어보라. http://www.conservativehq.com/article/bloomberg-vindicates-tea-party-outrage-over-favors-wall-street-aristocracy.
29. NRA는 루스벨트 시기의 전국 부흥청으로 다양한 산업들을 위해 큰손들과 서로 힘을 합쳐 '규정들'을 마련했다. OPA는 제2차 세계대전 중 물품 가격 상승을 억제했던 가격행정 사무국이며, OPM은 같은 시기 생산 관리국이다. WPB는 산업을 지휘했던 전시 행정국이다. 번젤의 『미국 소기업』 118페이지를 참고하라.
30. 번젤은 "작은 사업체에서 이루어지는 일들은 그야말로 '미국인의 일상'을 위한 것들이다"라고 이야기한다. 위의 책, p.20.
31. 내가 본 것 중 가장 주목할 만한 우파의 반기업 정서 관련 표현은 워싱턴의 어느 티파티 소속 정치컨설턴트가 2010년에 익명으로 밝힌 것이다. 그는 그해 가을에 보내기로 했던 표적 우편 활동 과정에서 일반 대중이 구제금융에 대해 품었던 분노에 문화전쟁의 초점을 맞추려 했음을 폭로했다.

"어느 가공의 월 가 간부가 노동계급 납세자에게 보낼 감사장을 작성한다면, 다른 어떤 메시지 캠페인보다 효과적일 것이다. 최신식 변수 설정 인쇄기술에 힘입어, 이 엽서는 개인화되며 킨코스에서 하룻밤 사이에 인쇄된 것으로는 보이지 않을 것이다.

친애하는 ○○씨,

저는 여러분과 다른 납세자분들이 내신 돈으로 부실자산 구제프로그램의 수표를 받게 되었습니다. 그래서 개인적으로 당신과 당신의 돈에 감사를 드립니다. 이제 저는 세 번째 자동차를 살 수 있고, 〔인근의 휴양지 이름〕로 놀러갈 수 있게 되었습니다."

"Rogues of K. Street: Confessions of a Tea Party Consultant," *Playboy*, June 2010, p.102.

32. 이 말은 그의 다음 에세이에 나온다. Paul Ryan, "Down with Big Business", *Forbes*, December 11, 2009.
33. C. Wright Mills, *White Collar: The American Middle Classes*(New York: Oxford University Press, 1953), pp.35, 49, 52, 53, 34.
34. Banking deregulation: 2007년 4월 세인트 루이스 연방준비은행이 발행한《리저널 이코노미스트》에 실린「은행 규제 완화가 작은 사업체 소유주의 수입 안정화에 이바지한다」를 보라. 이는 2007년 금융위기의 첫 번째 충격이 있은 지 불과 한 달 뒤에 나온 것이다. NAFTA: 1993년 헤리티지 재단의 보고서『왜 주지사들이 나프타를 지지 하는가(그리고 워싱턴 중앙 정부는 왜 그렇게 하지 않는가)Why the Governors Support the NAFTA(and Washington Doesn't)』를 살펴보라. http://www.heritage.org/research/reports/1993/06/bg946nbsp-why-the-governors-support-the-nafta.
35. 딕 아메이를 예로 들어보자. 그는 마이크 허커비Mike Huckabee가 공화당 내에서 꽤나 잘나가던 2008년에 이 같은 당혹스럽기 그지없는 진술을 내뱉었다. 그는 당시 프리덤워크스의 웹 사이트에 다음과 같이 적었다. "자신은 '월 가가 아닌 미국 중산층'의 이해관계를 대변한다는 이야기는 그(허커비)가 즐겨 쓰는 말 중 하나다. 하지만 이 말은 왠지 둘의 이해관계가 동일선상에 있지 않으며, 오직 어느 한쪽의 희생을 통해서만 다른 한쪽이 이익을 얻는 것처럼 들린다. 그는 미국 노동자들 그리고 작은 마을의 일자리와 생계는 거대한 경제와 아주 밀접하게 연결되어 있다는 점을 미처 생각하지 못한 것이다." 다음을 참고하라. http://www.freedomworks.org/news/huckabees-counterproductive-sweet-talk.
36. Phil Gramm, "Reform Will Simplify Banking", *Cleveland Plain Dealer*, September 16, 1999.
37. 이 대화는 2011년 8월 12일에 이루어진 것으로, 실제로 보지 않고서는 아무리 이야기해도 소용이 없다. 유튜브에 있는 다음의 동영상을 보라. http://www.youtube

.com/watch?v=jAWvVTMz5o0&feature=player_embedded#!.

38. Dan Eggen, "GOP Freshman Pompeo Turned to Koch", *Washington Post*, March 20, 2011.

39. Ryan, "Down with Big Business."

40. Dan Eggen and T. W. Farnam, "GOP House Leaders See Corporate Donations Surge", *Washington Post*, January 22, 2011.

41. 첫 번째 인용은 미국 국립 공공정책 연구센터의 에이미 라이데노어Amy Ridenour가 2010년 10월 29일 블로그에 올린 내용에서 가져왔다. 두 번째 인용은 공공정책 연구센터의 자유 기업 체제 프로젝트를 맡고 있는 톰 보렐리Tom Borelli의 말이다. 「기회주의적 기생충」이라는 글귀는 2010년 7월 28일 처음 나타난 말이다. 다음을 살펴보라. http://www.nationalcenter.org/PR-GE_jet_072810.html.

42. 수많은 우익들은 전국에 걸친 티파티 파업이라는 생각을 아주 그럴싸한 것처럼 이야기했고, CNN은 2010년 1월 4일 있었던 파업을 정치 자막 뉴스를 통해 보도했다. 내가 인용하는 말들은 이 파업의 열렬한 지지자 중 하나인 마이크 맥거원Mike McGowan의 말들이다. 그는 2010년 1월 5일 블로그를 통해 이 주제를 다루었다. 다음을 참고하라. http://whenfallsthecoliseum.com/2010/01/05/the-tea-partys-national-day-of-strike.

7. 좌파를 흉내 내어 좌파를 넘어선다

1. 냉소주의, 저항 전략, 게릴라 팬 층, 칼럼니스트 따라잡기 전략: 내가 쓴 『난파선의 선원들The Wrecking Crew』 3장과 6장을 보라. Weyrich: John S. Saloma Ⅲ, *Ominous Politics: The New Conservative Labyrinth*(New York: Hill and Wang, 1984), p.49.

2. 이에 대해 더 알고 싶다면, 내가 쓴 다음의 글을 참고하라. Thomas Frank, "The Confessions of Glenn Beck", *Harper's*, March 2011.

3. 또 다른 사례를 하나 들어보자. 2009년 당시 글렌 벡은 거의 매일같이 버락 오바마가 온 나라를 "뼛속까지 바꿔 놓으려" 한다며 분통을 터트렸다. 그러나 2011년에 들어서자, 벡은 저 말을 자신의 상징 문구로 삼고자 마음먹었다. 이제 "뼛속까지 변화하는 것"이 "필요"하단다. 이 같은 표현은 벡 특유의 자질구레한 말들 뒤에 나타났다. 2011년 1월 4일자 그의 텔레비전 프로그램을 보라. glennbeck.com에 올라온 기록에 따르면, 뉴트 깅리치에 대한 벡의 이야기는 2011년 5월 17일 당시 그의 라디오 쇼를 듣던 청취자들과 관련되어 있었다.

4. David Kahane(Michael A. Walsh), *Rules for Radical Conservatives: Beating the Left at Its Own Game to Take Back America*(New York: Ballantine, 2010), pp.155, 159.
5. 위의 책, pp.180, 217, 226, 160.
6. 당연한 말이겠지만 그 같은 일은 일어나지 않았다. 정치학자 데이비드 캠벨David Campbell과 사회학자 로버트 퍼트남에 따르면, 티파티 운동가들은 2009년 티파티가 신문들의 첫머리를 화려하게 장식하기 이전에는 매우 편파적인 공화당원들이었다. 다음을 살펴보라. David Campbell and Robert Putnam, "Crashing the Tea Party", *New York Times*, August 16, 2011.
7. 예를 들어 다음을 보라. http://www.washingtonexaminer.com/opinion/blogs/Examiner-Opinion-Zone/matthew-vadum-The-Lefts-Blueprint-for-perpetual-power-94527604.html.
8. 다음을 참고하라. Naomi Klein, *The Shock Doctrine*(NY: Metro-Politer., 2007), pp.6~7.
9. Glenn Beck, *The Overton Window*, p.147.
10. 위의 책, pp.74, 276, 286, 296~297 그리고 303~304에 다시 등장한다.
11. 미 연방재난관리청의 계획들은 또한 파업을 불법화했을 것이다. 이에 대해 잭 앤더슨Jack Anderson이 적은 1984년 9월 25일자 칼럼을 보라. 더불어 다음의 글 역시 참고하라. Alfonso Chardy, "Reagan Advisers Ran 'Secret' Government", *Miami Herald*, July 5, 1987.
12. 역사학자 데이비드 코트David Caute에 따르면, 이 법은 "국가적 비상사태, 외부로부터의 침략, 내부로부터의 반란 발생 시 1949년 1월 1일 이후 공산당원이 된 사람이라면 재판 없이도 누구든 구금할 수 있는 수용소 허용"이라는 조치를 포함하고 있었다. 다음을 살펴보라. David Caute, *The Great Fear*(New York: Simon and Schuster, 1978), p.39. 해리 트루먼Harry Truman이 매캐런 법에 거부권을 사용했음에도 이 법은 끝내 통과되었고, 이후 이 법의 대부분은 대법원에 의해 폐지되었다.
13. Charly Gullett, *Official Tea Party Handbook: A Tactical Playbook for Tea Party Patriots*(Prescott, AZ: Warfield Press, 2009), pp.39~40.
14. Michael Graham, *That's No Angry Mob, That's My Mom*(Washington, DC: Regnery 2010), pp.5~6.
15. 매튜 콘티네티Matthew Continetti의 「자유주의 정치에서 나타나는 피해망상적인 방식」은 2011년 4월 4일자 《위클리스탠더드》에 실렸다. 이 잡지의 커버는 코크 형제가 화형

을 당하는 모습을 그리고 있는데, 이들의 모습은 잔 다르크를 떠올리게 한다.

16. David Limbaugh, *Crimes Against Liberty*(Washington, DC: Regnery, 2010), pp.210, 213, 231, 219, 221, 220, 233.

17. "그들의 방식으로 그들을 무찌른다." 프리덤워크스의 추천 도서를 보자. Rate Zernike, *Boiling Mad: Inside Tea Party America*(New York: Times Books, 2010), pp.47, 38~39, 46. Armey and Kibbe, *Give Us Liberty*, pp.97, 167, 174. 프리덤워크스에 영감을 심어준 비폭력 저항에 관한 책은 피터 애커먼Peter Ackerman과 잭 듀발Jack Duvall의 『더욱 강력한 힘A Force More Powerful』이다. 제르니케Rate Zernike는 그것이 프리덤 워크스에 어떻게 영향을 주었는지를 위에 언급한 자신의 책 47페이지를 통해 밝히고 있다. 프리덤워크스의 캠페인을 지휘하는 브랜든 슈타인하우저가 2009년 4월 쓴 다음의 에세이 또한 참고하라. http://www.freedomworks.org/blog/bstein80/we-are-all-community-organizers-now.

18. Zernike, Boiling Mad, p.39.

8. 억만장자여, 단결하라

1. 쉴레이즈에 따르면, 루스벨트 이전에 "잊힌 사람"이란 정부의 애국주의적 사업에 강제 동원된 보통 납세자를 지칭했다. 그녀는 앤드류 멜론이나 새뮤얼 인설 같은 '불쌍한 억만장자' 들에게도 그 문구의 대상을 확대시키고, 그들이 1930년대의 진짜 희생자라고 했다.

쉴레이즈의 2007년 출간 책, 『잊힌 사람』에서는 더 큰 목표가 반영되었는데, 말하자면 이는 루스벨트의 뉴딜이 국가를 대공황의 늪에서 건져낸 것이 결코 아니라는 보수파의 신조를 풀어놓은 것이었다. 저자는 이 목적을 이루고자 국민경제를 두 가지 기준으로 평가한다. 다우존스 지수와 실업률이다. 이 중 첫 번째는 보통사람이 체험하는 경제와 별 상관이 없다. 두 번째 지표는 사실 루스벨트를 공격하기 위해 조작된 것이다. 쉴레이즈는 정부의 단기 일자리를 얻은 사람도 실업자로 친다. 따라서 저자는 공공사업진흥국(WPA)의 일자리 덕분에 숨통이 트였던 수백만의 사람들이 루스벨트에게 보낸 열정적 지지를 미스테리로 만들어버린다. 좋은 경제의 표준적 기준인 GDP 성장률에 관해서는, 쉴레이즈는 단 한 차례도 언급하지 않는다.

누구든 1930년대의 실상에 대해 비판하고 싶은 사람이 있다면, 여기 쉽게 써먹을 수 있는 통계수치가 있다. GDP가 1929년에서 1933년 사이에 극적으로 하락했다. 그러다가 루스벨트가 집권한 뒤부터는 다시 급상승하기 시작했다. "실질 GDP 성장률은 1934년에 11퍼센트, 1935년에 9퍼센트, 1936년에 13퍼센트 올랐다." 경제학자 크리스티나 로머의 말이다. 그리고 그런 지표를 보면 1980년대와 1990년대, 그리고 2000년대의 성장률은 참으로 형편없어 보인다. 사실 로머에 따르면 "1933년에서 1937년 사이의 경제성장은 전시를 제외하고는 미국사에서 유례가 없는 것이다"(이 내용은 2009년 3월 9일자 브루킹스연구소에서 낸 그녀의 보고서, "2009년의 경제회복을 위해 대공황기가 주는 교훈"에서 인용했다. 로머는 당시 오바마의 경제자문위원회 위원장을 맡고 있었다). 또한 2007년 7월 5일자 《슬레이트》에 역사학자 에릭 로치웨이Eric Rauchway가 쓴 쉴레이즈 책에 대한 비평을 보라.

2. 『오즈의 마법사』에 대한 이야기는 벡의 모든 작품마다 지겹도록 나타난다. 내가 여기서 설명한 정치적 사용(예를 들어, 2010년 4월 《퓨전》에 실린 벡의 "환영"을 보라)에 덧붙여, 그는 십대들을 깨우치기 위한 책 『세상에서 가장 따뜻한 선물Christmas Sweater』을 내놓았다. 주인공의 도덕적 통찰을 그린 이 책은 앞의 영화와 아주 비슷한 구성을 갖고 있다. 한 소년이 엄청난 폭풍우의 소용돌이를 뚫고 "제자리로 돌아가겠다" 마음먹고는, 끔찍한 흑백 옥수수 밭을 떠나 '총천연색'으로 이루어진 아름다운 곳을 향한다. 이야기는 소년이 깊은 잠에서 깨어나 그 모든 것들이 꿈이었음을 깨닫는 장면과 함께 끝이 난다. 다음을 보라. Glenn Beck, *The Christmas Sweater*(NY: Threshold Editions, 2008).

3. 2009년 3월 13일자 〈글렌 벡 특집 방송: 당신은 혼자가 아닙니다〉의 도입부. 이것은 벡이 온 나라가 테러와의 전쟁으로 하나 되었다는 그날의 이름을 따 만든 9 · 12 프로젝트에 소개했던 이야기다. 프랭클린 루스벨트의 이름 높은 1932년의 "잊힌 사람" 연설 역시 과거 하나가 되었던 시기를 되돌아보았다. 다만 루스벨트가 이야기한 1917년의 나날들은 우드로 윌슨 정부가 제1차 세계대전을 위해 마련한 전시경제의 정부지출과 통제의 경험이었다.

4. 다음을 따랐다. Alexander Zaitchik, *Common Nonsense: Glenn Beck and The Triumph of Ignorance*(Hoboken: Wiley, 2010), p.88.

5. 이들 각각은 2009년 11월 17일자 그리고 2010년 11월 30일자 글렌 벡의 프로그램에 등장했다.

6. 인용된 부분은 글렌 벡의 "당신은 혼자가 아닙니다"에서 9 · 12 프로젝트를 소개하는 도입부와 독백에서 가져왔다.

7. 이 인용들은 벡의 웹 사이트에 있는 9 · 12 관련 페이지에서 따왔다. 다음을 참고하라. http://www.glennbeck.com/content/articles/article/198/21018.

8. 『오버턴의 창문』: 이 말들은 책에 나오는 인물들 중 하나가 집회에서 했던 연설로, 티파티 운동을 따라 했던 것이다. 『오버턴의 창문』 62페이지를 보라. 세인트루이스

의 티파티 사람들: 2010년 9월 22일 빌 헤네시Bill Hennessy의 블로그에 올라온 「누가 두려워하는가」를 참고하라. http://hennessysview.com/2010/09/22/who-has-the-fear/?utm_source=feedburner&utm_medium=feed&utm_campaign=Feed%3A+hennessysview%2FXahR+%27s+View%29.

헤네시는 다가오는 권력 다툼을 블루칼라 노동자들이 건방지고 오만한 상류층에 맞서 들고 일어나는 것으로 그려냈다. 그는 다음과 같이 선언한다. "워싱턴의 전미 교육협회와 워싱턴 사립 대학교〔세인트루이스에 위치한 오만한 대학교〕는 자신들이 '특정한 육체노동을 하도록' 프로그램해두었던 사람들이 자주적으로 생각하고 투표한다는 생각에 몸서리치고 있다"('육체노동'이라는 말은 우드로 윌슨의 말에서 따왔다).

9. 리처드 비거리의 이메일 소식지인 "전선에서 날아온 뉴스"와 이후 "보수주의자 본부닷컴"은 보수주의 활동가들에게는 꽤나 흥미 있는 저널리즘을 간추린다. 때때로 '지배계급'이라는 말 또한 이 소식지에 나타나며, 그저 비거리가 간추려둔 글에만 등장하기도 한다. 2011년 1월 현재 "지배계급을 말하다"는 고유의 웹 사이트를 갖고 있다. http://www.outwiththerulingclass.com/에 "2010년 선거 승리를 위한 보수주의자 본부"를 살펴보라.
10. 나는 다음을 인용하고 있다. Angelo Codevilla, *The Ruling Class: How They Corrupted America and What We Can Do About It*(New York: Beaufort Books, 2010), pp.69, 87, 63.
11. 위의 책, p.31.
12. 위의 책, pp.54, 66.
13. 에인 랜드에 대한 론 존슨 상원의원의 애착은 2010년 5월 27일자 조지 윌George Will의 칼럼에 나와 있다. 폴 라이언은 2009년 자신의 페이스북에 올린 비디오를 통해 에인 랜드 소설이 가진 선견지명에 대한 자신의 생각을 드러냈다.
14. 데이비드 슈와이커트: 현재 올 비즈니스에 다시 등장한 2008년 10월 7일자 《애리조나 리퍼블릭》에 실린 이야기를 보라. http://www.allbusiness.com/government/government-bodies-offices-regional/11948149-1.html. 릭 크로포드: 2010년 2월 5일 그가 포스팅한 http://twitter.com/#%21/rickcrawfish/status/8709825148을 살펴보라. 랜드 폴: Rand Paul, *The Tea Party Goes to Washington*(Nashville: Center Street), p.251.
15. Kendra Marr, "Ayn Rand Goes Mainstream", Politico, Nov. 12, 2009.
16. 레너드 페이코프Leonard Peikoff가 쓴 1996년판 『아틀라스』의 서문을 참고하라.

17. 여기서 철강 일을 하는 행크 리어든Hank Rearden은 초강력, 초경량 금속을 만들어낸다. 『아틀라스』는 이후 리어든이 정부에 괴롭힘을 당하는 이야기에 많은 분량을 할애하고 있다. 정부는 먼저 그의 특허를 매입하려 했고, 그다음에는 그의 특허장을 빼앗아 다른 사람에게 주어서 그 금속을 생산하게 하려고 했다. 리어든은 그의 일꾼들에게 사랑받는 사람이었지만, 광적인 폭도들이 공장을 습격하는 상황에 처한다.

1935년도의 『꼬마 고아 애니』에는 화학자인 엘리 에온Eli Eon이 등장한다. 그는 에오나이트라고 이름 붙인, 파괴되지 않는 물질을 발명했다. 그는 사업의 천재인 대디 워벅스Daddy Warbucks(그도 종업원들에게 사랑받는다)의 도움으로 이 물질을 생산하려 한다. 에온과 워벅스는 특허권을 팔라는 제의를 거절하고, 사업상 경쟁자들, 노동운동가들, 그리고 휴이 롱 스타일의 선동정치가 등의 공격을 받는다.

워벅스가 스스로 홍보전을 펼치며 맞설 것을 권유받았을 때, 그는 간결한, 랜드 스타일의 답변을 한다. "나는 일꾼이야. 생산자이고, 사업가지. 나는 싸구려 정치꾼이 아니야. 대체 정치인이 생산하는 게 뭐지?" 결국 워벅스의 적들은 대중을 선동하여 에오나이트 공장을 부수고 엘리 에온을 살해하게 만든다. 워벅스는 에오나이트로 세상에 "번영과 행복"을 가져오려고 했다. 그러나 좌파들의 거짓된 애국주의가 그 꿈을 망쳐버렸다.

이는 『아틀라스』의 교훈과 거의 정확히 일치한다. 그리고 사실 이런 재활용은 만화에서 먼저 시도했다. 해롤드 그레이Harold Gray의 "멍멍! 꼬마 고아 애니의 삶과 고난, 1935~1945"(New Rochelle, NY: Arlington House, 1970)이 그것이다. 워벅스의 인용된 발언은 1935년 8월 8일자 만화에서 찾을 것.

18. "『아틀라스』는 사회주의 리얼리즘으로의 후퇴다"라고 랜드의 전기작가인 제니퍼 번즈는 썼다. "그 판에 박은 듯한 등장인물들은 제각기 큰 이데올로기에 복무하고 있다"〔번즈, 『시장의 여신』(New York: Oxford University Press, 2009), 179쪽〕.

이 소설이 프롤레타리아 스타일의 소설과 비슷하다는 사실은 결코 우연이 아니다. 소련에서 학창 시절을 보낸 랜드는 정치화된 공산주의 교육을 철저히 받았다. 그리고 그녀가 미국으로 망명해 공산주의와 싸우는 삶을 살기로 한 이후, 마치 그녀가 증오하는 빨갱이들의 말과 행동을 베끼는 것이 그런 투쟁의 방법처럼 되어갔다. "나는 너희들의 이상을 증오한다. 하지만 너희들의 방법은 존중하지." 랜드의 분신과 같은 등장인물이 어느 소련 정치장교에게 하는 이 말은 그녀의 1936년작 『우리, 살아가는 사람들』에서 나온다〔번즈, 『시장의 여신』, 16쪽, 앤 헬러, 『에인 랜드와 그녀의 세계』(New York: Anchor, 2010), 87쪽〕.

세월이 흐른 뒤, 랜드는 「개인주의 선언」을 쓴다. 『공산당선언』에 응수하기 위해

씌어진 이 글에는 그녀가 선전선동의 방법으로 쓰이는 소설을 얼마나 쓰기 좋아하는지가 나타나 있다. 번즈에 따르면, 그녀의 목적은 "우익 진영의 존 스타인벡이 되는 것"이었다. 스타인벡은 1939년에 이주노동자의 고난을 그린 고전적 소설, 『분노의 포도』를 쓴 사람이다. 1940년대에 한 친구에게 쓴 편지에서, 랜드는 이렇게 말했다. "이제는 깨달을 때야. 빨갱이들이 하듯, 우리의 사상을 소설의 형태를 빌어 널리 퍼뜨리는 것은 강력한 무기라는 사실을." 그녀는 말년에 그녀를 숭배하는 집단을 이끌며 엄격한 정치적, 미적 준칙을 세웠는데 그 엄격함이란 미국 공산당의 전성기 시절에 마련된 것들과 비할 만했다. 그녀는 교리에 조금이라도 어긋난 언행을 했다고 여겨지는 사람을 '인민재판'에 부쳤고, 뉘우치는 기색이 부족할 경우에는 파문해버렸다(번즈, 『시장의 여신』, 61, 95, 92, 182쪽).

19. 이 책의 히어로들은 세 가지 유형으로 구분할 수 있다.

1. '덴den'과 '댄(단, dan)'이 이름에 들어가는 사람들: 행크 리어든, 래그너 댄스쾰트, 켄 대내거, 틴 대니얼스, 프랜시스코 단코니아.

2. '애그Agg', '오그Ogg', '액스Acks가 이름에 들어가는 사람들: 대그니 태거트, 저지 내러갠세트, 오웬 켈로그, 휴 액스턴.

3. 에이치H 발음이 된소리로 나는 이름을 가진 사람들: 리처드 핼리, 로렌스 해몬드, 닥터 헨드릭스.

20. 인용된 부분들은 위의 책 536, 925, 937페이지에서 찾아볼 수 있다.

21. 위의 책, p.680.

22. 위의 책, pp.534, 685.

23. 1958년 1월 23일자 편지에 나온 내용. 재발행된 것은 다음을 보라. *Journal of Libertarian Studies*, Winter 2007, p.11.

24. 이 소설의 일정 지점에서, 랜드는 파업 지도자인 존 갤트에게 자본가란 "인류 역사상 파업에 나선 적이 없는 사람들이다"라는 사실을 인정하도록 한다. 그러나 경제학자 소스타인 베블런Thorstein Veblen이 1921년에 지적했듯, 태업과 병 핑계대기는 사실 자본주의가 대부분의 산업에서 살아남는 방법이다. 예를 들어 생산공장이 모든 작업시간에 전력을 다해 가동된다면, 가격이 수익성을 갖는 수준까지 유지될 수가 없다. 과잉 생산은 곧 문제의 제조업체를 파산시킬 것이다. 베블런은 이렇게 썼다. "따라서 나라의 지속적인 번영은 그 나라의 공업생산을 책임진 사업가들의 '양심적인 효율성 포기'(베블런이 파업을 표현하는 용어다)에 달려 있다고 할 수 있다. 사업가 계급은 언제나 어느 정도까지는 파업을 해왔다. 그들에게 다른 방식으로 사업하는 일은 그들 스스로의 파멸을 불러오게 될 것이다〔랜드, 『아틀라스』(1996년도

판) 677쪽. 베블런, 『엔지니어와 가격체제』(in *The Portable Veblen*(New York: Viking, 1948), 436쪽).

25. 모든 인용들 2011년 5월 31일 http://www.ishrugged.org/의 "으쓱거림을 드높이는 페이지"를 참고하라.

26. 랜드가 묘사하는 대규모 열차 사고는 분명 정치가 경제에 개입하는 것을 은유한 것이다. 그것은 아주 적절한 은유인데, 19세기에 열차 사고는 수없이 많은 법률 소송, 규제, 조사, 그리고 반기업적 발언의 홍수 등을 낳았기 때문이다.

    그러나 열차 사고의 원인을 승객에게 돌리는 경우는 극히 드물다. 사실 전문가의 자문을 구하고 내 스스로 관련 문헌을 훑어본 결과, 실제로 못된 승객이 열차 전체의 사고를 유발한 사례는 단 한 건만 찾아낼 수 있었다. 1882년에 누군가 비상급정거스위치를 당겨 열차를 세우고, 결국 충돌하게 만든 사건이 뉴욕 주 스위텐뒤빌에서 일어났었다.

    열차 사고 이야기는 『아틀라스』의 중심 사건인데, 그 전말은 1910년에 워싱턴 주의 캐스케이드 터널에서 일어난 그레이트노던 철도 열차 사고와 어느 정도 비슷한 데가 있다. 랜드는 이 실제 사건을 토대로 하되 사건의 원인이 희생자 중 한 사람에게 있는 것으로 바꿔 놓았다.

9. 자본주의 유토피아에 대한 환상 혹은 망상

1. 공식 인용은 다음을 참고하라. Sir John Gieve, "'Capitalism Is Still the Only Game in Town': Bankers and Regulators See Little Sign of Change", *Guardian Weekly*, August 13, 2010, p.1.

2. 아마도 그 때문에 최악의 공격자인 글렌 벡이 자신의 주장의 신뢰성을 더하고자 이론적 배경에 의지하는 것이라 여겨진다. 2009년의 대부분 기간 동안, 그의 무대 세트에는 백악관으로 직접 연결되는 붉은색 전화기가 놓여 있었다. 벡이 방송 중에 뭔가 잘못을 하면, 행정부가 할 수 있는 것이란 그에게 전화를 걸어 잘못을 시정하도록 하는 것밖에 없었다. 그 전화는 한 번도 울리지 않았다. 그 사실로 보자면, 글렌은 옳았다. 2010년 11월 8일에 그가 조지 소로스George Soros에게 퍼부은 악명 높은 공세에서, 벡은 자기 시청자들은 자신이 제시하는 사실이 옳음을 확신할 수 있다, 왜냐하면 그의 이미지가 그의 텔레비전 방송국 세트 어디서나 깜박거리기 때문이라고 주장했다. "이 지구상에서 가장 강력한 인물(즉, 소로스)에게 이런 이야기를 하면서, 만약 그게 사실이 아니라면, 나는 계속 방송을 할 수가 없을 겁니다." 그는 말했다.

3. 아주 전형적인 사례로 2003년 3월 19일자 《내셔널 리뷰》에 실린 데이비드 프럼의

에세이를 들 수 있는데, 그는 여기서 이라크 전쟁 행사에 참여하지 않은 보수주의자들을 맹렬히 비난했다. 그들의 죄상 중에는 "전쟁을 반대하는 보수주의자들의 웹 사이트들은 만족스럽다는 듯이 존 필저John Pilger, 로버트 피스크Robert Fisk, 노암 촘스키, 테드 랄Ted Rall, 고어 바이덜Gore Vidal, 알렉산더 콕번Alexander Cockburn을 비롯한 극좌파 반미주의자들의 글을 입에 담고 또 링크한다"가 있다. 실로 충격적인 점은 프럼 자신이야말로 스스로 이야기한 이 같은 자주적 보수주의 방식의 운동으로부터 거의 축출 당했다는 사실이다.

4. Jill LePore, *Whites of Their Eyes: The Tea Party's Revolution and the Battle over American History*(Princeton, NJ: Princeton University Press, 2010), p.38.
5. "꿈에 사로잡힌 사람은 의심하지 않는다"는 쉐이머스 오쉘Shaemus O'Sheel이 쓴 시의 제목이다. 미레이 캠턴Murray Kempton은 다음의 책을 통해 이를 자세히 논평했다. Murray Kempton, *Part of Our Time: Some Ruins and Monuments of the Thirties*(New York: Simon and Schuster, 1955).
6. Kempton, *Part of Our Time*, p.155.
7. 위의 책, p.159.
8. Harvey Swados, *The American Writer and the Great Depression*(Indianapolis: Bobbs-Merrill, 1966), x viii.
9. Malcolm Cowley, *New York Times Book Review*, December 13, 1964, p.BR5.
10. Kepton, Part of Our Time, p.11.
11. Jerome Tuccille, *It Usually Begins With Ayn Rand: Revised and Updated*(Kindle edition, 2010), n.p.
12. 붕괴 이후, 몇몇 블로거들은 주택 거품에 대한 생각을 비웃었던 경제학자들과 정부 관료들의 명단을 만들어두었다. http://economicsofcontempt.blogspot.com/2008/07/official-list-of-punditsexperts-who.html과 http://bubblemeter.blogspot.com/search/label/Falshback을 살펴보라.
13. 나는 이 이론을 "아주 잘 알려진 것"이라 이야기하는데, 왜냐하면 그것은 실제로 교과서에 적혀 있기 때문이다. 다음을 살펴보라. Frank Easterbrook and Daniel Fischel, *The Economic Structure of Corporate Law*(Harvard University Press, 1996), p.283. 가장 널리 알려진 시장 자동 조절 기능의 옹호자는 아마도 앨런 그린스펀일 것이다. 전하는 바에 따르면, 1996년 그는 상품 선물 거래위원회의 브룩슬리 본Brooksley Born에게 그녀가 내놓은 그 같은 사기에 대처하는 법규 따위는 전혀 만들 필요가 없다고 이야기했다(릭 슈미트Rick Schmitt가 2009년 3/4월 판《스탠포드 동문

회지》에 적은 본의 프로필 "선지자 그리고 패배"를 보라). 『금융위기조사보고서』는 저 믿음의 결과물들을 아주 폭넓게 기록하고 있다. 특히 4장을 참고하라.

14. Jim DeMint, *Saving Freedom: We Can Stop America's Slide into Socialism*(Nashville: Fidelis, 2009), p.29. 「사회주의의 유혹」은 이 서글픈 이야기와 관련된 장의 제목이다.

15. 위의 책, p.29.

16. Gibert Seldes, *Mainland*(New York: Scribner's, 1936), p.394.

17. 위의 책, pp.394~395.

10. 민주당은 아직도 정신 차리지 못했다

1. 로머가 나중에 또 다른 맥락에서 이야기한 것처럼, "만약 우리가 전문가의 말에 귀를 기울였다면 정책은 한결 나아졌을 것이다." 로머의 2009년 연설은 다음을 보라. http://www.brooking.edu/~/media/Files/events/2009/0309_lessons_romer.pdf.

   그녀는 2011년 8월 빌 마허Bill Maher에게 전문가들에 대해 논평했는데 이는 http://www.realclearpolitics.com/video/2011/08/06/christina_romer_on_credit_downgrade_were_darned_fked.html에서 살펴볼 수 있다.

2. 대통령이 자신의 이데올로기적 사건을 만드는 데 계속해서 실패하는 모습을 검토한 심리학 교수 드루 웨스턴Drew Westen은 2011년 다음과 같이 적었다. "미국인들은 자신들의 대통령이 그들이 지금까지 겪어온 것이 무엇인지, 무엇이 그것을 불러왔는지, 그리고 그것이 어떻게 끝나게 될 것인지에 대해 이야기해주기를 원했다." 그에 따르면, 이야기를 해주는 일은 유감스럽게도 지금까지 소홀히 여겨지던 부분이었으나, 이는 세부적인 것이 아닌 대통령의 아주 핵심적인 직무다. 다음을 참고하라. Drew Westen, "What Happened to Obama's Passion", *New York Times*, August 7, 2011.

3. 다음을 보라. James Stuart Olson, *Herbert Hoover and the Reconstruction Finance Corporation, 1931~1933*(Ames: Iowa State University Press, 1977), pp.51~60.

4. 위의 책 53페이지에서 인용.

5. James Stuart Olson, *Saving Capitalism: The Reconstruction Finance Corporation and New Deal, 1933~1940*(Princeton, NJ: Princeton University Press, 1988), pp.42, 44, 47. Jesse Jones with Edward Angly, *Fifty Billion*

Dollars(New York : Macmillan, 1951), pp.49, 70, 107, 110, 144.

6. Olson, p.60.

7. 이런 순간들이 아무런 언급도 필요 없을 만큼 하찮다는 뜻은 아니다. 가령 티파티 지도자 마크 윌리엄스가 2010년 7월에 'NAACP'를 대표해서 '에이브러햄 링컨'에게 쓴 정신 나간 패러디 편지가 있다. 그 내용으로 티파티는 인종차별과 무관하다는 말을 할 수 없게 되었는데, 어처구니 없을 정도로 어리석은 내용인지라 여기에 요약하지는 않겠다. 읽고 싶다면 이곳을 보라. http://politicalcorrection.org/blog/201007150012.

8. Barack Obama, *The Audacity of Hope*(New York : Crown, 2006), pp.113~114.

9. 위의 책, p.114.

결론: 약한 놈을 짓밟아라

1. Karl Polanyi, *The Great Transformation*(Boston : Beacon, 1957 [1944]), pp.140, 73.

2. "약자를 짓밟아라"는 테드 뉴전트Ted Nugent가 자신의 정치적 관점을 간추린 것이다(또한 듣자하니 이것은 그의 2010년 투어 제목이기도 했다). 다음을 살펴보라. Ted Nugent, "Trample the Weak, Hurdle the Dead", *Washington Times*, June 24, 2010.

실패한 우파가 어떻게 승자가 되었나

1판 1쇄 발행 2013년 2월 14일
1판 2쇄 발행 2013년 4월 12일

지은이 토마스 프랭크 | 옮긴이 함규진 · 임도영
기획 임병삼 | 편집 김지환 백진희 | 표지 디자인 가필드

펴낸이 김경수 | 펴낸곳 갈라파고스
등록 2002년 10월 29일 제13-2003-147호
주소 121-838 서울시 마포구 합정동 376-27 국제빌딩 5층
전화 02-3142-3797 | 전송 02-3142-2408
전자우편 galapagos@chol.com

ISBN 978-89-90809-48-3 03340

이 도서의 국립중앙도서관 출판시도서목록(CIP)은 e-CIP 홈페이지
(http://www.nl.go.kr/cip.php)에서 이용하실 수 있습니다. (CIP 제어번호: CIP 2013000508)